Andrés Francisco Rengifo Martínez

EL TEMPLO COMO ARTEFACTO DE ORIENTACIÓN
Tres ermitas contemporáneas latinoamericanas

Rengifo Martínez, Andrés Francisco
El templo como artefacto de orientación. Tres ermitas contemporáneas latinoamericanas /Andrés Francisco Rengifo Martínez. - 1ª ed . - Ciudad Autónoma de Buenos Aires : Diseño, 2024.
290 p. ; 21 x 15 cm. - (Textos de arquitectura y diseño / Camerlo, Marcelo)
ISBN: 978-1-64360-785-6
1. Arquitectura . 2. Teoría. 3. Investigación.
CDD 720.1

Textos de Arquitectura y Diseño

Director de la Colección:
Marcelo Camerlo, Arquitecto

Diseño de Tapa:
Liliana Foguelman

Diseño gráfico:
Cecilia Ricci

Imagen de tapa: Remi Jouan

Hecho el depósito que marca la ley 11.723

La reproducción total o parcial de esta publicación, no autorizada por los editores, viola derechos reservados; cualquier utilización debe ser previamente solicitada.

© de los textos, Andrés Francisco Rengifo Martínez
© del prólogo, Juan Carlos Aguilera Rojas
© de las imágenes, sus autores
© 2024 de la edición, Diseño Editorial

ISBN: 978-1-64360-785-6
ISBN EBOOK: 978-1-64360-786-3

Enero de 2024

Andrés Francisco Rengifo Martínez

EL TEMPLO COMO ARTEFACTO DE ORIENTACIÓN
Tres ermitas contemporáneas latinoamericanas

EL TEMPLO COMO ARTEFACTO DE ORIENTACIÓN

TRES ERMITAS CONTEMPORÁNEAS LATINOAMERICANAS

Para Laura, José y mis padres.

ÍNDICE

9	AGRADECIMIENTOS
10	**RELOJES, BRÚJULAS Y ASTROLABIOS** por Juan Carlos Aguilera Rojas
16	**INTRODUCCIÓN**
34	**TRES ERMITAS LATINOAMERICANAS VISTAS DESDE EL TERRITORIO, EL RECORRIDO Y EL ACONTECIMIENTO**
35	Capilla de San Bernardo, Nicolás Campodónico, 2010-2015
35	Un *monte* en la Llanura Pampeana
41	Trayecto horizontal con desenlace central
62	El interior del edificio como sala de proyección
75	Capilla Porciúncula de La Milagrosa, Daniel Bonilla, 2003-2004
75	Una ladera en los Cerros Orientales
80	Trayecto ascendente con desenlace lineal
100	La apertura de la «caja de los milagros»
116	Capilla del Retiro, Cristián Undurraga, 2008-2009
116	Un valle en la Cordillera de los Andes
122	Trayecto descendente con desenlace radial
140	El fenómeno de la gravedad en suspensión
154	**MECANISMOS DE ORDEN PROYECTUAL EN EL PROCESO DE CONFORMACIÓN DEL LUGAR DE LAS TRES CAPILLAS**
156	La re-creación del territorio: mecanismos de orden formal en la implantación de las obras

156	Sucesión concéntrica (descentrada) de recintos
168	Un aula transformada en pórtico y abierta hacia un recinto
180	Síntesis entre un aula-pabellón y un recinto enterrado
194	La re-significación del paisaje: mecanismos de orden visual en la relación interior-exterior de las obras
194	La proyección en el espacio de la línea del horizonte
207	La transformación en retablo del paisaje cercano
217	El reflejo sobre la superficie del paisaje lejano
230	La escenificación del tiempo a través del movimiento: mecanismos de orden ritual en la vivencia de las obras
230	La representación de un viacrucis simbólico como tiempo percibido
243	La locomoción del edificio como tiempo vivido
254	La recreación de un rito en andas como tiempo concebido
268	**LA FORMA Y SU RELACIÓN CON LA ORIENTACIÓN**
269	La forma y su relación con el lugar
273	La forma y su relación con la actividad
277	La forma y su relación con la utilidad
284	**BIBLIOGRÁFÍA**

Agradecimientos

A la Universidad Nacional de Colombia, por la beca de maestría que ha dado origen a este libro.

Al cuerpo docente y administrativo de la Maestría en Arquitectura, y a todos los autores en cuyas indagaciones previas me apoyo.

A Juan Carlos Aguilera, por sus enseñanzas y generosidad a lo largo de los años; y por compartir conmigo su pasión hacia la investigación.

A Carlos Naranjo, Cristina Vélez y Víctor Hugo Velásquez, por dedicar su tiempo y esfuerzo a la revisión del texto, y por sus valiosos comentarios.

A los arquitectos Nicolás Campodónico, Daniel Bonilla y Cristian Undurraga, por su obra, y por brindarme los documentos que han desencadenado la investigación.

A Paula Andrea Guayara, María Sofía Blanco y Juan Camilo Rubiano, por su inmejorable disposición y ayuda en la entrega final de la tesis.

A Luis Sebastián Aranguren, por engancharme al viaje de publicar este libro.

A Ricardo Daza y Laura Sepúlveda, por su apoyo al sueño de hacer de la investigación un proyecto.

A Marcelo Camerlo, por la paciencia.

A Francisco Rengifo, por su cariño y dedicación a la revisión de estilo del texto.

Y por último, aunque no menos importante, a Laura Pineda, por siempre estar ahí.

RELOJES, BRÚJULAS Y ASTROLABIOS

Ese titán del arte había amontonado el Panteón sobre el Partenón y había hecho San Pedro de Roma. Gran obra que merecía ser única, última originalidad de la arquitectura, firma de un artista gigante al pie del colosal registro de piedra que se cerraba. Muerto Miguel Ángel, ¿qué hace aquella miserable arquitectura que se sobrevivía a sí misma en estado de espectro y de sombra?[1]

Víctor Hugo (1831)

Aterrorizado y a la vez deslumbrado se encuentra el arcediano, hombre del santuario quien investido por su dignidad en las iglesias catedrales se atreve a sentenciar de forma categórica: «Esto matará a aquello. El libro matará al edificio»[2], tras reconocer que, con el invento de Gutenberg, la arquitectura ha sido destronada de su papel como escritura principal. Con la imprenta, el pensamiento escrito en piedra empieza una lenta y miserable agonía: la Biblia escrita cede ante la Biblia impresa.

Las aceradas palabras de Víctor Hugo anticipan una situación contemporánea de la arquitectura, la cual «se despelleja, se deshoja, adelgaza a ojos vistas. Es mezquina, es pobre, es nula. Ya no expresa nada, ni siquiera el recuerdo del arte de otra época. Reducida a sí misma, abandonada por las otras artes porque el pensamiento humano la abandona, recurre a artesanos a falta de artistas»[3] [...]. «La arquitectura ha quedado reducida a piel y huesos, se deseca poco a poco, se atrofia y se descarna»[4][...]. «El libro arquitectónico ya no pertenece al sacerdocio, a la religión, a Roma; es de la imaginación, de la poesía, del pueblo»[5].

El templo como artefacto de orientación, que aborda el estudio de tres capillas contemporáneas latinoamericanas consagradas al culto católico, no es un texto sobre arquitectura religiosa. Tampoco tiene que ver

---

[1] Víctor Hugo, *Notre Dame de Paris* (Charpentier, Libraire-Éditeur, Paris), 1831, p. 271.
[2] Ibid. p. 255.
[3] Ibid. p. 257.
[4] Ibid., p. 266.
[5] Ibid., p. 268

con las consideraciones locales propias de la arquitectura en la pampa argentina, los valles chilenos o las cordilleras colombianas, ni con los promotores de las obras, ni con sus futuros feligreses.

¿Cómo ir más allá del «encargo religioso», que determina, señala e impone relaciones entre el cuerpo y el espacio, y determina «...soluciones en las que "a veces un pórtico, una fachada o una iglesia entera presenta un sentido simbólico absolutamente ajeno al culto o incluso hostil a la iglesia..."»[6]?

Hay quienes no quedaron encallados, incrustados o paralizados por las circunstancias del encargo religioso. Basta con ver cómo Wright, en el Templo Unitario en Chicago, plantea ante todo una filosofía del edificio, al eliminar «en el arte y oficio de la arquitectura cualquier referencia literaria a formas simbólicas. [...] ¿Por qué un campanario para la pequeña iglesia? ¿Por qué apuntar al cielo? »[7]. O cómo Le Corbusier, más allá de resolver los problemas planteados por las comisiones de arte sacro para desarrollar el proyecto de *Notre Dame du Haut* en Ronchamp; o de continuar el desarrollo de la arquitectura de los monjes dominicos en La Tourette, iniciado en el siglo XIII, encuentra, entre otras, la oportunidad para enfrentar la pregunta fundamental de lo que ha considerado arquitectura: más cerca que al canónigo Ledeur se encuentran las reflexiones propiciadas por las atentas lecturas del Orfeo de Schuré.[8] Basta con entender cómo a Louis Kahn no le impidió resolver un templo unitario el hecho de ser judío, puesto que la pregunta que se hacía era la misma que en cualquier proyecto: cómo reafirmar el significado de los elementos esenciales en la arquitectura.

Las reflexiones podrían ser muchas más, pero si algo tienen en común Wright, Le Corbusier o Kahn, es que todos desarrollaban conscientemente una investigación sobre el proyecto arquitectónico.

---

[6] Ibid., p. 262
[7] Frank Lloyd Wright, *Autobiografía 1867-1944* (El Croquis Editorial, Madrid, 1998), p. 191.
[8] Eduard Schuré, *Les Grands Initiés. Esquisse de l'histoire secrète des religions.* (París, 1889).

Andrés Rengifo, con agudeza armestiana, presenta una investigación que se aproxima al aspecto esencial de la arquitectura, y es cómo la arquitectura, además de proteger la vida, tiene una segunda función esencial, la de orientar. Los ejemplos aquí analizados, a modo de artefactos tales como relojes, brújulas, astrolabios, mapas, esferas armilares, sextantes o nocturlabios, le permiten al autor revaluar el concepto de orientación en arquitectura, entendiéndola como un proceso activo en la definición de la forma arquitectónica. La noción de orientación que presenta el autor ofrece tres acepciones: aquella que tiene que ver con la disposición de un sujeto u objeto con relación a un entorno o contexto, es decir de carácter espacial; otra relacionada con el sujeto y su capacidad para sentirse localizado y ubicado, de carácter personal; y una última, de carácter temporal, que alude al acto de tomar conciencia del tiempo pasado, presente o por venir.

En cada ermita se plantean soluciones a la congregación religiosa, pero más allá de esto se presentan mecanismos para adquirir conciencia de la orientación *en* la arquitectura, *con* la arquitectura y *para* la arquitectura, donde cuerpo y edificio están en constante tensión; ambos orientan de forma complementaria y recíproca. No está lejos la reflexión de Josep Quetglas, quien entiende un cuerpo como un mecanismo físico que «se dobla, se tensa, salta» y que es a la vez «agente y el resultado de la acción»; es un cuerpo que «actúa sobre el entorno, incide sobre él, lo atraviesa y altera»[9]. Para que estas ermitas-máquina funcionen de tal manera, es necesario que alguien desencadene su movimiento. Alguien que comprenda las tres acepciones planteadas, tanto desde el punto de vista topológico como el cronológico: entender el movimiento del sol, enmarcar y hacer visible aquello que está pero no es percibido, y hacer evidente el paso del tiempo. Las tres ermitas así lo confirman: estar a nivel, sobre o bajo tierra son condiciones inherentes al acto de hacer arquitectura. Es devolver la arquitectura a sus antiguas condiciones. La arquitectura es «el gran libro de la humanidad», nos cuenta quiénes somos, dónde estamos y de dónde venimos.

---

[9] Josep Quetglas, *Montaje corbusier: cultura física* en *Escritos colegiales* (Actar, Barcelona, 1997), p. 127.

En palabras del propio Víctor Hugo: «La arquitectura empezó como toda escritura. Primero fue alfabeto. Se colocaba una piedra en vertical, y era una letra, y cada letra era un jeroglífico, y sobre cada jeroglífico descansaba un grupo de ideas como el capitel sobre la columna. Eso hicieron las primeras generaciones, en todas partes, en el mismo momento, en la superficie del mundo entero. Encontramos la "piedra erguida" de los celtas en la Siberia asiática y en las pampas americanas»[10].

Juan Carlos Aguilera Rojas

---

[10] Víctor Hugo, op. cit., p. 257.

INTRODUCCIÓN

Creo que, en estos tiempos, como Karl Kraus en la vieja casa del lenguaje, toca ser servidor de un viejo templo, toca repetir como rito recordado las operaciones que antes eran arquitectura[1].

Josep Quetglas (1998)

---

[1] Josep Quetglas, *Miscelánea* (1998), en *Artículos de Ocasión* (Barcelona: Editorial Gustavo Gili, 2004, pp. 227-243), p. 241.

Esta investigación revalúa el concepto de orientación en arquitectura, entendiéndolo como un proceso activo en la definición de la forma arquitectónica. El argumento presentado a lo largo del documento es que un edificio no solo «se orienta» respecto a un emplazamiento sino que a la vez «lo orienta» –es decir, le da un orden y un sentido–, y por lo tanto orienta a quienes lo recorren y lo habitan, en la medida en que configura y visualiza una estructura de lugar antes oculta o inadvertida. El interés fundamental del texto reside en presentar la orientación en arquitectura desde una concepción más amplia y compleja que la mera disposición de un edificio respecto a un punto cartesiano, donde la orientación se convierte en un mecanismo a través del cual un proyecto arquitectónico *re-crea*[2] y *re-significa*[3] un lugar.

La investigación parte de la premisa establecida por Antonio Armesto respecto a la doble utilidad de la arquitectura, en donde por un lado define que la arquitectura preserva la vida de la intemperie física y garantiza el desarrollo de las actividades humanas[4], mientras que por el otro lado expone que la arquitectura preserva la vida de la intemperie moral al transformar un sitio en un lugar, y que al hacerlo resguarda a los seres humanos de la desorientación espaciotemporal[5]. A esta última, en contraposición con la primera, Armesto la determina como la «genuina utilidad de la arquitectura»[6], argumento que ilustra a través de la siguiente reflexión:

«La piedra espetada [e] hincada en el suelo no es un recipiente (Fɪɢ. 1)*: no guarda, no almacena, no permite guarecerse. ¿Por qué, entonces, un grupo de seres famélicos hace el descomunal esfuerzo de arrastrarla y cambiarla*

---

[2] recrear: crear o producir una cosa a partir de otra ya existente. Definición tomada del diccionario de Oxford Languages (2020) (https://www.lexico.com/es/definicion/recrear).
[3] resignificar: otorgar un nuevo valor a algo cuyo significado adquiere nuevas características en un contexto determinado. Definición adaptada de *definición.de* (https://definicion.de/resignificacion/).
[4] Véase en Antonio Armesto, *Arquitectura contra natura. Apuntes respecto a la autonomía de la arquitectura con respecto a la vida, el sitio y la técnica* (2008), en *Arquitectura y naturaleza* (Alicante: CTAA, 2009, pp. 79-119), p. 90.
[5] Ibid.
[6] Ibid.

Fig.1. Menhir Jean en Belle-Ile, 2008. Créditos: Remi Jouan.

de posición para erigirla en un sitio elegido? [...] Porque esta disposición convierte a la piedra en un utensilio que formaliza el espacio y el tiempo: instaura un centro y una periferia, y es un calendario y un reloj; les libra a todos de la intemperie moral, de la desorientación, sin que sea necesario hablar aquí de religión, de trascendencia o de magia, pues se trata de un hecho inmanente laico y genuinamente humano»[7].

Armesto insinúa una aparente «inutilidad» en el hecho de que la piedra no provea un resguardo físico, y es precisamente de esa «inutilidad» que se desprende aquello que, para él, constituye la genuina utilidad de la arquitectura; a saber, el hecho de que la piedra produce orientación. Sin embargo, varios sentidos de orientación están implícitos en el ejemplo y habría que precisarlos. Hay en primer lugar un sentido de orientación espacial, dado que la piedra actúa como punto de referencia y le permite alguien moverse y ubicarse respecto a ella. Hay un sentido de orientación hacia el futuro, pues el estudio del movimiento cíclico de su sombra permite regular y anticipar el porvenir. Hay un sentido de orientación hacia el pasado en tanto que el elemento queda como vestigio conmemorativo de la presencia humana. Y finalmente hay un sentido de orientación atemporal –quizá el más importante–, el cual surge del hecho de que un grupo de personas se identifica y congrega en torno a la piedra, y en tales circunstancias da forma a un lugar. «Un lugar es, por definición, un sitio visitado [...] sobre el que se [tienen] una serie de experiencias humanas [...]; un sitio atravesado por un tiempo-memoria [...], al que los humanos se refieren. Se van [de él] y regresan a él»[8].

Armesto se refiere a este acontecimiento como un hecho genuinamente laico, y lo es en la medida en que, al margen de cualquier función o connotación religiosa que pueda atribuírsele a la piedra, esta es, ante todo, un mecanismo primigenio a través del cual los seres humanos consagran y dan sentido a un lugar. «La verdadera arquitectura sagrada –dice Esteban Fernández Cobián– no es de naturaleza sentimental o psicológica, sino

---

[7] Id. *Entre dos intemperies. Apuntes sobre las relaciones entre el foro y el mercado* (Revista Proyecto, Progreso, Arquitectura, 2010, N2, pp. 15-23), pp. 18-19.
[8] Id. *Arquitectura contra natura*, p. 91.

ontológica y cosmológica»[9]. «El *homo religiosus* es *"homo naturalis"* en primer lugar»[10].

El principio según el cual un objeto arquitectónico actúa como mediador en la relación que los seres humanos construyen con el mundo, es exactamente el mismo que interviene en el ejercicio de orientación de un edificio respecto al espacio que lo circunda. En tal hecho, aquello que adquiere una relevancia capital no es tanto la dirección del objeto respecto a un punto u otro, sino la riqueza de relaciones y significados que la incentivan y que aparecen con ella. Definir una orientación y un sentido en arquitectura implica el entendimiento del espacio como algo heterogéneo en donde no todas las direcciones son iguales, sino que hay hechos y circunstancias que le confieren a cada una significados potenciales propios, cuyo desvelamiento supone necesariamente un ejercicio de reconocimiento e interpretación por parte de quien proyecta y construye.

Quizá el ejemplo más ilustrativo de este tipo de comprensión espacial sea el que se encuentra expresado en la mayoría de los templos y espacios sagrados de la antigüedad, y específicamente en la forma en que estos se orientan de manera sistemática respecto a los movimientos del sol.

Según expone Ernst Cassirer en el segundo volumen de *La Filosofía de las Formas Simbólicas,* podría afirmarse con relativa certeza que la gran mayoría de culturas antiguas construyeron un simbolismo mítico universal en torno a los puntos cardinales, en donde «el este, en cuanto a origen de la luz, [representa] el origen y fuente de toda la vida; [mientras que] el oeste, en cuanto a lugar del sol poniente, [queda] rodeado por los hálitos estremecedores de la muerte»[11].

---

[9] Esteban Fernández-Cobián, *De Jean Hani a Le Corbusier: la arquitectura litúrgica y el cosmos,* en *Le Corbusier 2015-1965: modernidad y contemporaneidad* (Argentina: Editorial Diseño Editorial, 2015, pp. 88-109).
[10] Mircea Eliade, citado en: Luis Martínez, *El árbol, el camino, el estanque, ante la casa,* (Barcelona: Fundación Caja de Arquitectos, 2004), p. 16.
11 Ernst Cassirer, *The Philosophy of Symbolic Forms, Volume 2: Mythical Thinking* (1923), (London: New Haven, Yale University Press, 1955), p. 98.

La creencia en torno a esta común interpretación espacial del mundo supuso que, para distintas culturas y en distintos momentos históricos, la orientación de templos, tumbas e hitos religiosos, aquellos espacios que determinaban el punto máximo de cercanía entre lo humano y lo divino, se decantara predominantemente hacia el sol naciente o poniente, como emblema máximo del punto de encuentro temporal entre el cielo y la tierra[12].

La puesta y salida del sol no era tan solo un punto de referencia, sino el núcleo de toda una estructura de significación que daba forma y sentido a la espacialidad y temporalidad de los seres humanos en la Tierra. A través de la resonancia que establecían entre naturaleza y arquitectura, distintas culturas eran capaces de: primero, dar cuenta de las leyes que rigen el universo; segundo, regular los ciclos estacionales con los ciclos de la vida; y tercero, imprimir un carácter divino a los hechos y fenómenos de la naturaleza, mediante símbolos que acentuaban y preservaban los fundamentos de su cosmovisión.

Son evidencia de este tipo de comprensión espacial numerosas construcciones megalíticas asociadas a prácticas rituales: desde menhires «tumbados» en suelo y orientados en sentido este-oeste a modo de «brújulas» primigenias; hasta cámaras funerarias conformadas por dólmenes volcados hacia el sol naciente[13]; y por supuesto Stonehenge, cuya construcción constituye quizá el ejemplo más representativo y contundente de una reflexión arqueo-astronómica del neolítico, tal y como lo demuestra la precisa orientación del conjunto respecto a la puesta y salida del sol de los solsticios de invierno y verano[14].

Son evidencia de ello los templos incas y mayas y en especial sus templos solares en Machu Picchu y Dzibilchaltún, pues en el primero la «ventana principal» de la estructura enmarca la salida del sol durante los solsticios

---

[12] Véase: Antonio Gottarelli, *Contemplatio: Templum solare e culti di fondazioni*, (Bologna: Te.m.pl.a., 2013), p. 148.
[13] Véase: Michael Hoskin, *El estudio científico de los megalitos. La arqueoastronomía*, (*PH Boletín del Instituto Andaluz del Patrimonio Histórico*, nº 67 Especial, agosto 2008, pp. 84-91).
[14] Ibid., p. 87.

de invierno[15], y en el segundo el sol se pone «en medio» de la puerta del edificio durante los equinoccios de otoño y primavera.

Son evidencia ello los templos egipcios, y como caso puntual el templo de Karnak, orientado también según el orto solar del alba en los solsticios de invierno[16]; son evidencia de ello un importante número de templos griegos, en donde la disposición de la fachadas principales hacia el este y la ubicación de los altares a cielo abierto junto a ellas sugiere una reciprocidad predominante de las actividades rituales respecto al sol de la mañana[17].

Y asimismo son evidencia de ello los espacios sagrados romanos, desde los altares fundacionales orientados según el orto solar de jornadas conmemorativas a fin de recrear anualmente los ritos que dieron paso al establecimiento de las ciudades[18], hasta los propios templos de los dioses, en donde el posicionamiento de la cella hacia poniente buscaba que «aquellos que llegasen a realizar [sus] sacrificios [y] ofrendas mirasen simultáneamente el oriente y la imagen divina, pareciendo ser que [esta última] surgiera a la par con el sol»[19].

La orientación de los templos cristianos heredó el antiguo simbolismo mítico de los puntos cardinales, puesto que según lo señalado por autores como Juan Plazaola[20] o el propio Cassirer[21], la Iglesia mantuvo los emblemas paganos asociados al surgimiento del sol en la mañana como máxima representación de lo divino, pero los tradujo según principios teológicos propios, siendo quizá el más significativo de ellos la resurrección[22].

---

[15] Véase: Gary Urton, *El sistema de orientaciones de los incas y de algunos quechuahablantes actuales tal como queda reflejado en su concepto de la astronomía y del universo.* (Anthropologica, 1(1), 209-238, 1983), pp. 217-218.
[16] Véase: Richard H. Wilkinson, *The Complete Temples of Ancient Egypt,* (London, Thames & Hudson, 2000), pp. 154-172.
[17] Véase: Alun Salt, *An analysis of astronomical alignments of Greek Sicilian Temples* (2009), p. 23.
[18] Véase: Gottarelli, *Contemplatio: Templum solare e culti di fondazioni,* pp. 97-102.
[19] Vitruvio, *De Architectura.* Versión en español *Los diez libros de la arquitectura* (Madrid: Edición Alianza Forma, 1995) Libro IV, Capítulo V, p. 106-107.
[20] Juan Plazaola, *El arte sacro actual,* (Madrid: BAC, 1965), pp. 243-251.
[21] Véase: Cassirer, *The Philosophy of Symbolic Forms, Vol 2,* p. 102
[22] Ibid.

De ahí que, ante la eventual libertad de implantación de sus templos en contextos urbanos o rurales –desde las más imponentes basílicas y catedrales insertadas en centros cívicos, hasta las más modestas capillas y ermitas situadas en medio de la naturaleza–, se estipulara que los altares tuvieran que estar volcados a oriente, a fin de que tanto los devotos como los oficiantes pudieran orar mirando en dirección a la salida del sol[23]:

«Recorriendo el templo de pies a cabeza –apunta Joaquín Arnau-Amo–, el creyente transita de la muerte (occidens) a la vida (oriens): camina a contracorriente del sol, como de la noche (umbra mortis) al día (et vita erat lux)»[24].

Allí, igual que en los casos precedentes, la orientación del edificio asume un papel fundamental en la consolidación de una estructura espacio-temporal:

«Al arquitecto hábil le sería posible referir el ciclo litúrgico al de las estaciones, haciendo de solsticios y equinoccios solares señales del rito anual. No es una locura. Ni una novedad. Ciertas iglesias románicas han orientado sus ábsides de modo que el rayo solar incida en el altar al tiempo, día y hora, de su fiesta mayor. De esa manera, la orientación del templo, que a todo arquitecto que se honre de serlo preocupa, se convierte en Orientación del año litúrgico. El templo sería en este caso como un calendario solar que [señala] con su luz los tiempos del rito que en su interior se celebra» [25].

(*)

---

[23] Ante esta decisión Juan Plazaola expone claramente las dos posibles posturas planteadas por la Iglesia en el ocaso de la época clásica y el inicio de la época medieval: «¿Era la fachada del edificio o el ábside el que había de mirar al Este? La primera solución tenía la ventaja de que el celebrante oraba mirando al Oriente y al mismo tiempo se situaba de frente a la asamblea. Esta fue la solución adoptada en algunas de las antiguas iglesias romanas (…). Sin embargo fue la orientación del ábside la solución que se impuso en la mayoría de las iglesias cristianas porque, entre otras razones, permitía a los fieles, vueltos al altar, contemplar al mismo tiempo al sol naciente». *El arte sacro actual*, pp. 146-147.
[24] Joaquín Arnau-Amo, *Arquitectura, ritos y ritmos* (Madrid: Calamar Ediciones, 2014), p. 56.
[25] Id. *El espacio, la luz y lo santo*, (España: COACM, 2014), p. 164.

Si volvemos sobre los ejemplos citados podemos corroborar que, al margen del uso de destino o de una determinada profesión religiosa, en todos ellos queda patente el rol que la arquitectura ha ejercido históricamente en el desarrollo de la conciencia espaciotemporal del ser humano; un rol que, en la actualidad –tal y como lo argumenta Peter Blundell–, parece haberse diluido[26].

En el caso cercano y puntual de los templos católicos, gran parte de la pérdida de este sentido se debe inevitablemente a cuestiones reformistas, pero desde una visión más amplia y general del problema, se debe también a una progresiva desconexión del ser humano con el mundo; circunstancia que, en palabras de Álvaro Galmés Cerezo, «no ha hecho otra cosa que desgastar [aún] más nuestra ya de por sí endeble relación con el universo»[27].

Para Esteban Fernández Cobián, la falta de conciencia en la actualidad sobre la orientación de los templos se debe a dos cuestiones fundamentales: la carencia de pensamiento simbólico en la sociedad contemporánea, y la adopción de la «correcta» orientación de los edificios desde una postura irreflexiva[28].

Como hemos insinuado, la cuestión no es tanto que el edificio esté orientado según una normativa prestablecida, sino que este sea útil como dispositivo de revelación y apropiación de un lugar. Si la arquitectura sólo encuentra «la plenitud de su sentido» en la medida en que conserva y orienta la vida[29], un templo que no «orienta» es tan sólo un espacio de reunión. «La liturgia permite ordenar el [programa]. [El cosmos [...] ordena toda la edificación»[30].

---

[26] «[En el mundo moderno], la forma en que entendemos y categorizamos el espacio se aparta cada vez más de una conciencia del cuerpo. Tanto en la arquitectura como en la ingeniería, la geometría técnica creó hace mucho tiempo un mundo ordenado abstractamente que podría recrearse a nuestro alrededor sin referencia a nuestro sentido de dirección, nuestra geometría corporal o nuestro sentido del lugar, dependiendo en cambio de coordenadas cartesianas abstractas (...). La relación entre personas y edificios ha cambiado, rompiendo las conexiones locales y las tradiciones a pequeña escala». Peter Blundell, *Architecture and ritual: How buildings shape society*, (London: Bloomsbury Publisher, 2016), pp. 343.
[27] Álvaro Galmés Cerezo, *La luz del sol*, (Valencia: Editorial Pre-textos, 2019), p. 10.
[28] Fernández-Cobián, *La arquitectura litúrgica y el cosmos*, p. 102.
[29] Armesto, *Entre dos intemperies*, p. 17.
[30] Fernández-Cobián, *La arquitectura litúrgica y el cosmos*, p.108.

El ejemplo del menhir citado al inicio del documento es ilustrativo porque sustrae de la ecuación las operaciones que estarían encaminadas al resguardo físico en las actividades humanas, y por lo tanto visibiliza aquellas enfocadas en cómo la arquitectura produce orientación. Sin embargo la realidad es que, con bastante frecuencia, la arquitectura da cabida a estas dos necesidades simultáneamente, y la forma como responde a ambos frentes es, hasta cierto punto, lo que determina por qué un edificio adopta una determinada configuración.

Esta investigación indaga sobre cómo se establece esta doble relación en el caso específico del edificio de culto, mediante el análisis de los procedimientos a través de los cuales un proyecto produce orientación, y la manera en que estos repercuten en la definición de la forma arquitectónica.

Para ello se aborda el estudio de tres capillas contemporáneas latinoamericanas –todas ellas consagradas al culto católico– en donde la dicotomía de la forma respecto a la actividad y al lugar se establece desde un punto de vista disruptivo, como resultado de una serie de anomalías con relación a los cánones que soportan el desarrollo de la actividad religiosa, dando prelación a la tematización de determinados componentes específicos del lugar.

Las obras en cuestión son: la *Capilla de San Bernardo* de Nicolás Campodónico, situada en la Llanura Pampeana (La Playosa, Argentina) y proyectada entre 2010 y 2015; la *Capilla Porciúncula de la Milagrosa* de Daniel Bonilla, situada en los Cerros Orientales (La Calera, Colombia) y proyectada entre 2003 y 2004; y la *Capilla del Retiro* de Cristian Undurraga, situada en el Valle de los Andes (Auco, Chile) y proyectada entre 2008 y 2009 (Fig. 2).

Los tres casos de estudio son ermitas –lo que quiere decir que están apartadas de un contexto urbano y por ende inmersas en la naturaleza[31]–, y si bien comparten unas condiciones semejantes de uso, escala, temporalidad y situación en el paisaje, tienen unas características singulares

---

[31] «Ermita: capilla o santuario, generalmente pequeños, situados por lo común en despoblado y que no suelen tener culto permanente». Definición tomada del diccionario del diccionario de la RAE (2020) (https://dle.rae.es/ermita).

Fig.2. Fotografía exterior general de los tres casos de estudio: Capilla de San Bernardo (a), Capilla Porciúncula de La Milagrosa (b) y Capilla del Retiro (c). Créditos: Nicolás Campodónico (a), Natalia Borda (b) y Leonardo Finotti (c).

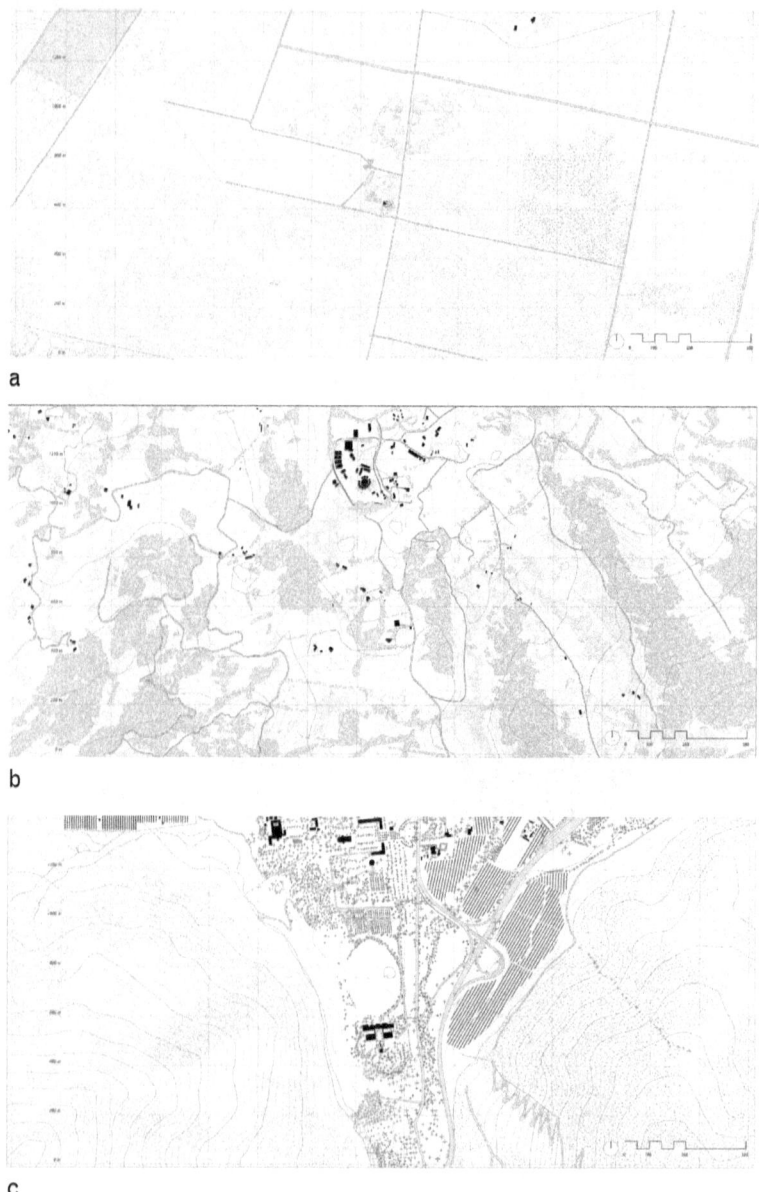

Fig.3. Planos de localización de las tres ermitas: la Capilla de San Bernardo está implantada en medio de la llanura pampeana en Argentina (a); la Capilla Porciúncula de La Milagrosa está implantada en medio de una de las ramificaciones intermedias de los Cerros Orientales en Colombia (b); y la Capilla del Retiro está implantada en medio del Valle de Los Andes en Chile (c). Créditos: Laura Pineda.

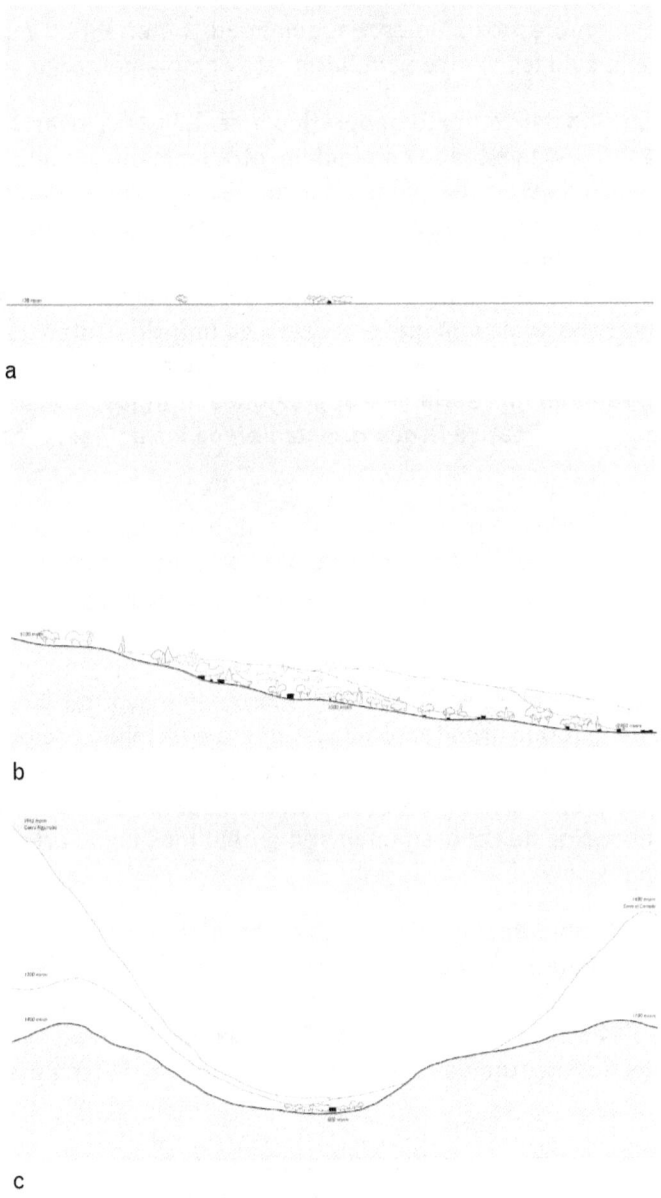

Fig.4. Secciones a lo largo del emplazamiento geográfico de cada capilla. La Capilla de San Bernardo está implantada en un terreno llano (a); la Capilla de La Milagrosa está implantada en una ladera (b); y la Capilla del Retiro está implantada en medio de un valle (c). Créditos: Laura Pineda.

de emplazamiento, aproximación, espacialidad, materialidad y conceptualización, lo cual las vuelve peculiarmente complementarias ente sí.

La particularidad del contexto geográfico en el que está insertada cada capilla (Fig. 3-4), –una situada en planicie, otra en medio de una ladera y la última dentro de un valle–, sumada a condiciones singulares del encargo o del contexto, vuelcan la atención hacia cómo cada una da cuenta de la individualidad de su emplazamiento, y cómo cada una reinterpreta sus cualidades específicas; una pesquisa que, por si lo anterior fuera poco, adquiere una relevancia aún mayor a partir de una circunstancia concreta, y es que si bien las tres obras están consagradas al culto católico, todas ellas presentan una serie de trasgresiones litúrgicas considerables, siendo la más significativa la *des-orientación* de los edificios respecto al este.

Aquello que en primera instancia pudiese parecer una equivocación por parte de los arquitectos, es en este caso un propulsor analítico, pues como intentaremos demostrar a lo largo del documento, el desacato de la «norma» en los tres ejemplos responde a decisiones proyectuales conscientes, cuyo objetivo no es otro que el establecimiento de resonancias entre el sitio y la obra, las cuales subordinan mayoritariamente el desarrollo de la forma arquitectónica respecto a la construcción de una idea de lugar. Los tres proyectos, de forma análoga al caso del menhir, son entendidos aquí al margen de su «utilidad aparente»; es decir, antes que como espacios de congregación son entendidos como artefactos de orientación (Fig. 5).

El objetivo fundamental del análisis no es develar un procedimiento común sobre la forma en que cada arquitecto trabaja respecto al sitio, sino que, en sentido contrario, aquello que se busca identificar y dilucidar es –dentro de unos parámetros específicos– la operatividad de distintos mecanismos arquitectónicos que intervienen en el proceso de conformación de un lugar.

El método de análisis empleado en la totalidad de la investigación es de carácter analógico. Esto quiere decir que, para comprender mejor determinados hechos o circunstancias que se producen en cada proyecto, nos serviremos de otros ejemplos contemporáneos o extemporáneos en

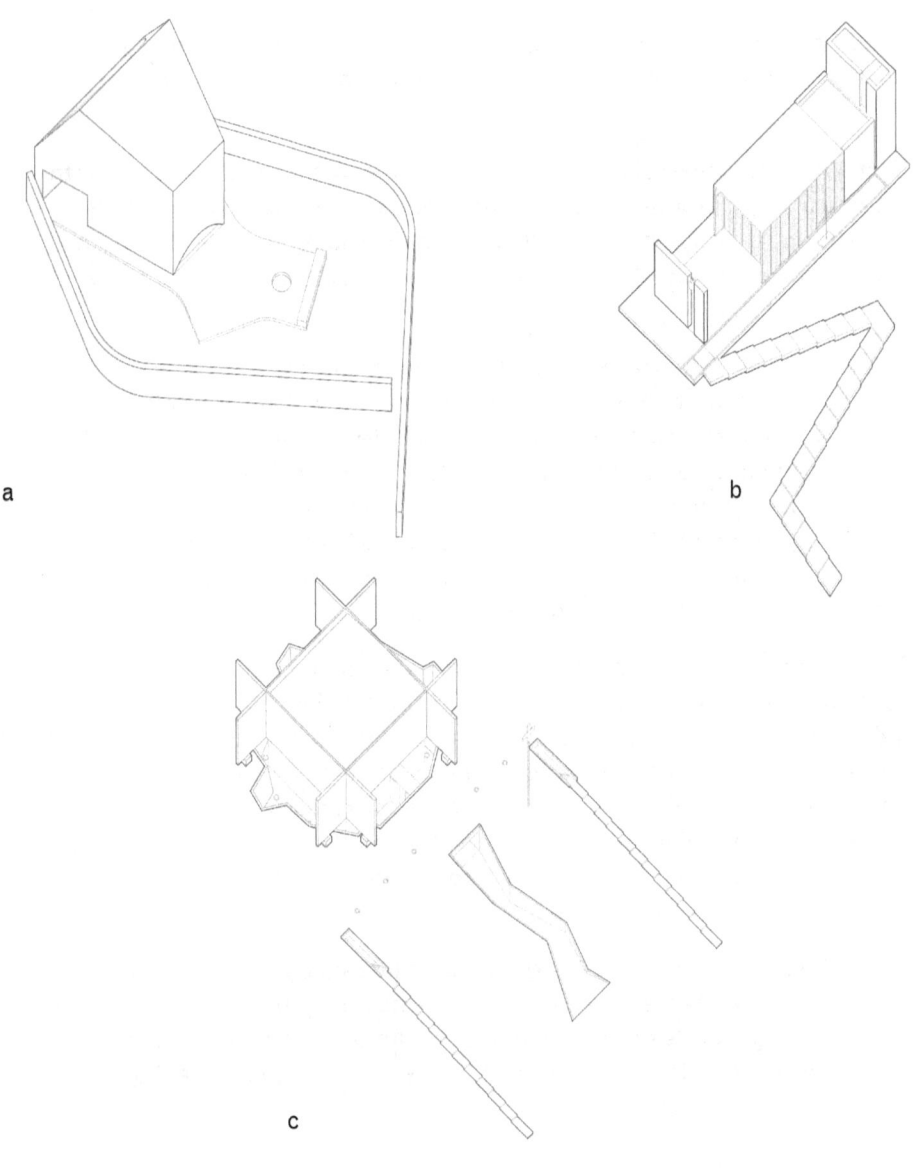

Fig.5. Vista axonométrica general de las tres ermitas: Capilla de San Bernardo (a), Capilla Porciúncula de La Milagrosa (b) y Capilla del Retiro (c). Créditos: elaboración propia.

donde puedan evidenciarse búsquedas comunes, a fin de que la analogía entre ambos permita develar el fundamento de aquello que los hace semejantes.

Dicho esto, el desarrollo del análisis pivota sobre tres ejes fundamentales que a la vez ordenan la estructura del texto: la relación entre forma y territorio, la relación entre forma y paisaje, y la relación entre forma y acontecimiento. Tales temas discurren trasversalmente a lo largo de tres capítulos.

El primero de ellos ofrece una descripción minuciosa de los casos de estudio, la cual sirve como sustento de los análisis e interpretaciones que se realizan en los apartados posteriores. Este primer capítulo permite una aproximación a las obras a partir de tres instancias sucesivas: el reconocimiento inicial de las condiciones predominantes de cada emplazamiento, un recorrido direccionado hacia y a través de las tres capillas, y finalmente la descripción de una serie de acontecimientos que se producen en el interior de cada edificación.

El segundo capítulo presenta un análisis de los procedimientos proyectuales que intervienen en la conformación del lugar en cada ermita, mediante la descripción de tres escenarios de síntesis que se producen entre proyecto y emplazamiento: uno formal, referido a las estrategias de implantación de las tres obras; otro visual, referido a los mecanismos de relación entre el interior y el exterior; y un último espaciotemporal, referido al modo en que cada proyecto escenifica el tiempo través de una representación de orden ritual.

Por último, el tercer capítulo expone una síntesis derivada de los hallazgos precedentes, en donde a modo de conclusión se plantean enunciados más generales respecto a la orientación en arquitectura, a partir de una serie de reflexiones sobre la forma y su relación con el lugar, la actividad y la utilidad.

TRES ERMITAS LATINOAMERICANAS VISTAS DESDE EL TERRITORIO, EL RECORRIDO Y EL ACONTECIMIENTO

Capilla de San Bernardo, Nicolás Campodónico, 2010-2015

Un *monte* en la llanura pampeana

La Capilla de San Bernardo –obra del arquitecto rosarino Nicolás Campodónico–, está localizada en plena llanura pampeana al este de la provincia argentina de Córdoba, cerca del punto de confluencia entre los departamentos de Río Segundo, Tercero Arriba y General San Martín. Allí, el territorio es una estepa con una topografía lo suficientemente plana como para que el horizonte se perciba como una línea recta, la cual se extiende de forma ininterrumpida a lo largo de los 800 km que separan a las ciudades de Córdoba (625 msnm) y Buenos Aires (25 msnm)[32] (Fig. 6).

El solar en el que está insertado el proyecto es un lote de contorno trapezoidal de 3 ha de superficie –situado a 10 km de la vía pavimentada más cercana–, el cual forma parte de un extenso conjunto de parcelas comprendidas entre las localidades de Los Zorros (249 msnm) y La Playosa (138 msnm) (Fig. 7-8). Dentro del lote –un predio apenas definido por una serie de caminos destapados–, la Capilla se encuentra relegada hacia el cuadrante sureste del mismo, justamente en el claro de una pequeña arboleda de poco menos de 0.2 ha de extensión.

A este tipo de biomas –boscajes dentro de paisajes yermos– se les conoce en el territorio argentino como *montes* (Fig. 9), por el hecho de que desde la distancia se perciben como pequeños montículos de tierra. Los *montes* –de forma semejante a los oasis en los desiertos, a las ringleras en las planicies holandesas y a los morichales en los llanos orientales– instauran en el paisaje neutro una referencia tanto física como visual; y en el caso específico de La Pampa coinciden con los puntos de localización de las casas de campo que se encuentran erigidas en la región.

---

[32] Esto es, en términos generales, una superficie de casi 60 millones de hectáreas –delimitada por las Sierras Pampeanas y el Océano Atlántico–, con un porcentaje prácticamente nulo de inclinación del terreno y apenas dos hitos topográficos significativos: las Sierras de Tandil (524msnm) y las Sierras de la Ventana (1239msnm).

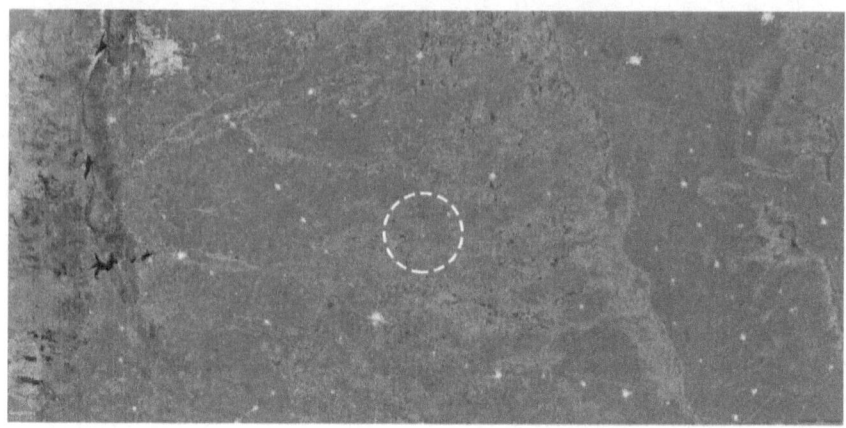

Fig.6. Aerofotografía de la Provincia de Córdoba (a) y de la zona norte del Departamento General San Martín en Argentina (b).

a

b

Fig.7. Aerofotografía de las parcelas agrícolas y ganaderas situadas en medio de las localidades de Los Zorros y La Playosa (a); y aerofotografía del predio de inserción de la Capilla de San Bernardo (b).

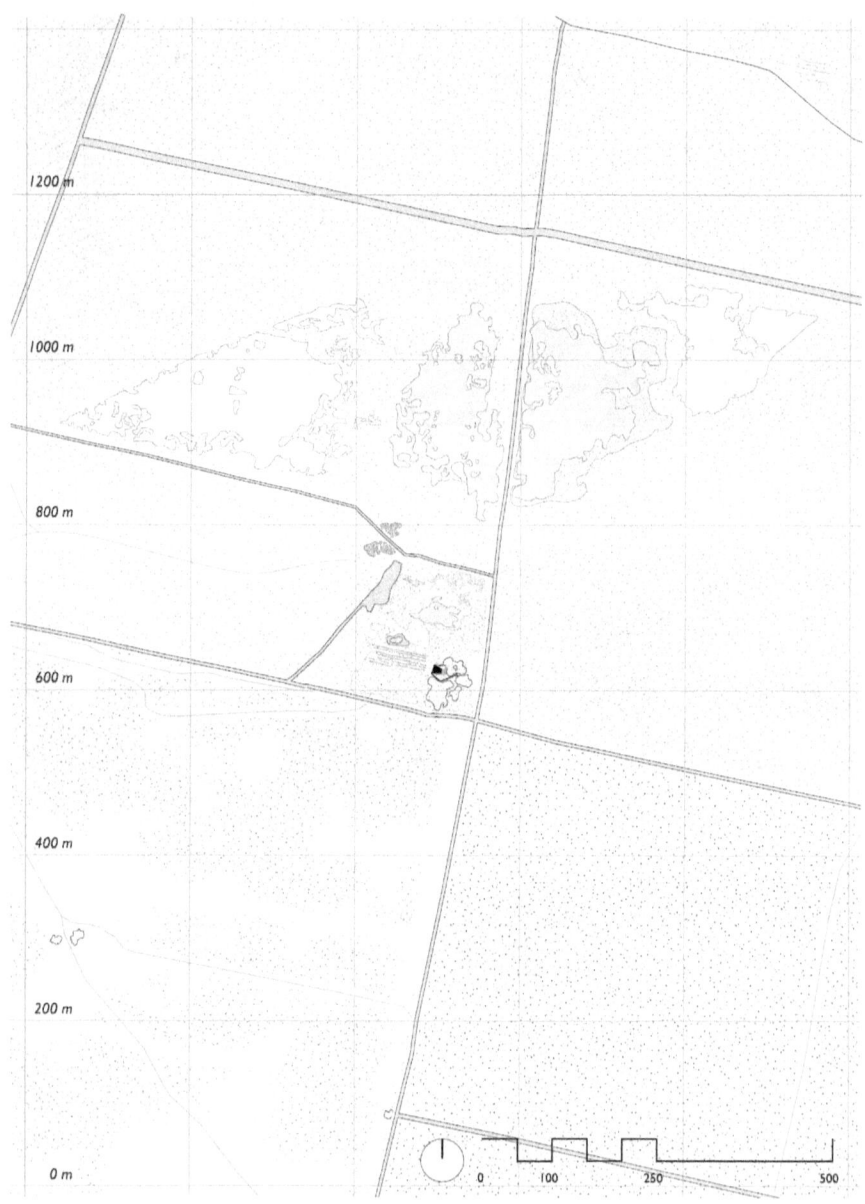

Fig.8. Plano de localización de la Capilla de San Bernardo en medio de las localidades de Los Zorros y La Playosa en Córdoba. Créditos: Laura Pineda.

a

b

Fig.9. Fotografía de un paisaje pampeano (a) y del monte en el que está implantada la Capilla, divisado en el horizonte (b).

Los *montes* provienen de una arboricultura; es decir, los árboles que los conforman no son propios del paisaje nativo de La Pampa, sino que originalmente fueron plantados por los grupos de personas que en algún momento se asentaron junto a ellos. En efecto, según relatan algunos cronistas e historiadores[33], el paisaje de la llanura argentina era sustancialmente distinto al que conocemos hoy en día, en tanto que antes de la llegada de los españoles los suelos estaban colmados por altos pajonales que impedían el crecimiento de una vegetación de mayor porte; si había árboles, estos debían de estar ubicados en torno a los ríos y arroyos que atraviesan las llanuras, y no directamente sobre la superficie de la explanada[34].

En este orden de ideas, la aparición de los *montes* al interior de la planicie está fuertemente ligada a la aparición de la arquitectura, o para decirlo de una forma más precisa, a la formalización dentro del territorio de una serie variable de asentamientos agrícolas y ganaderos; a saber, los hombres que empezaron a trabajar dichas tierras edificaron sus casas en medio de la estepa, y sembraron árboles en torno a ellas para protegerse de las inclemencias del clima, como fuente de resguardo frente a las incidencias del viento y el sol. Por esto mismo, en La Pampa, los *montes* son considerados como la representación vegetativa de la vida doméstica, circunstancia atribuida al hecho de que, en ellos, se produce una particular síntesis entre naturaleza y arquitectura, en la que resulta imposible concebir una parte sin la otra.

El solar en el que está implantada la capilla corresponde a un *monte* previamente ocupado por un casa de campo, la cual había sido desmantelada poco tiempo antes de la concepción de la obra. De la previa existencia de la casa hay tres componentes que de una u otra manera serán determinantes en el desarrollo del proyecto: uno espacial, correspondiente al vacío dejado por la huella del edificio, la cual define el área disponible para implantar la capilla; otro natural, concerniente a los árboles del

---

[33] Basado en la información publicada en la página del Municipio de Morón. Anónimo, *La región antes de la llegada de los españoles*, Honorable Concejo Deliberante de Morón. Recuperado el 14 de junio de 2020, en http://www.hcdmoron.gob.ar/institucional/la-region-antes-de-la-llegada-de-los-blancos/

[34] Ibid.

monte, quizá plantados por quienes antes ocuparon, habitaron y dieron forma a un lugar; y un último componente material correspondiente a los ladrillos de la casa, los cuales serán cuidadosamente removidos y conservados durante el proceso de desmantelamiento de la vivienda, a fin de ser reutilizados en el revestimiento de las superficies exteriores del conjunto.

Fuera del *monte* el entorno circundante es sustancialmente baldío e inhóspito; al sitio no llegan servicios públicos[35] y no hay hechos predominantes en el paisaje más allá de la explanada y, al fondo de esta, la línea del horizonte.

Trayecto horizontal con desenlace central

(Fig. 10-16).

Quien se aproxima a la Capilla de San Bernardo ha de hacerlo atravesando un paisaje rural. Sin importar si dicha aproximación se produce desde los cascos urbanos de las localidades de Los Zorros o de La Playosa, o bien desde la ruta nacional (158) que comunica las ciudades de Villa María y San Francisco, el visitante debe «sumergirse» dentro del terreno campestre, guiado por los senderos destapados que conforman las veredas de las distintas parcelas ganaderas y agrícolas de la región. La capilla está situada justamente al oeste de uno de los caminos que atraviesan la explanada en sentido norte-sur; y su ubicación la designa desde la distancia –tal y como ya hemos mencionado–, la presencia lejana de los árboles de un *monte* (Fig. 17).

El conjunto arquitectónico del proyecto puede descomponerse fundamentalmente en dos piezas: un recinto que excluye el paisaje cercano y conforma un espacio de antesala con relación al cielo (Fig. 18a); y un aula exenta que alberga el espacio principal de congregación y que, al estar posicionada sobre el límite occidental del recinto, se sitúa de cara al horizonte (Fig. 18b). La primera pieza está definida por dos muros curvos ubicados en los extremos norte y sur del claro; y la segunda por un volu-

---

[35] Según la propia descripción del proyecto que figura en la página oficial del Estudio.

Fig.10. Capilla de San Bernardo. Axonometría general del conjunto visto desde el costado sureste. Créditos: elaboración propia en colaboración con Laura Pineda y Sofía Blanco.

Fig.11. Capilla de San Bernardo. Planta de cubiertas. Créditos: elaboración propia en colaboración con Laura Pineda.

Fig.12. Capilla de San Bernardo. Planta baja. Créditos: elaboración propia en colaboración con Laura Pineda.

Fig.13. Capilla de San Bernardo. Planta de segundo nivel. Créditos: elaboración propia en colaboración con Laura Pineda.

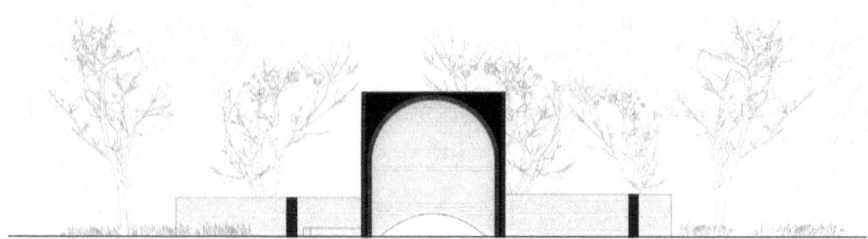

Fig.14. Capilla de San Bernardo. Cortes generales. Créditos: elaboración propia en colaboración con Laura Pineda.

Fig.15. Capilla de San Bernardo. Alzados transversales. Créditos: elaboración propia en colaboración con Laura Pineda.

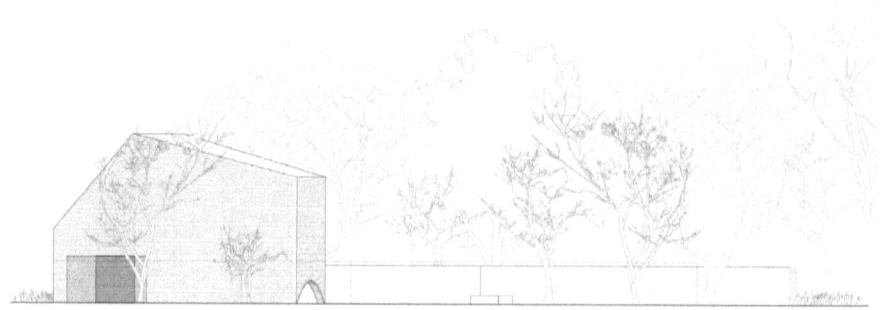

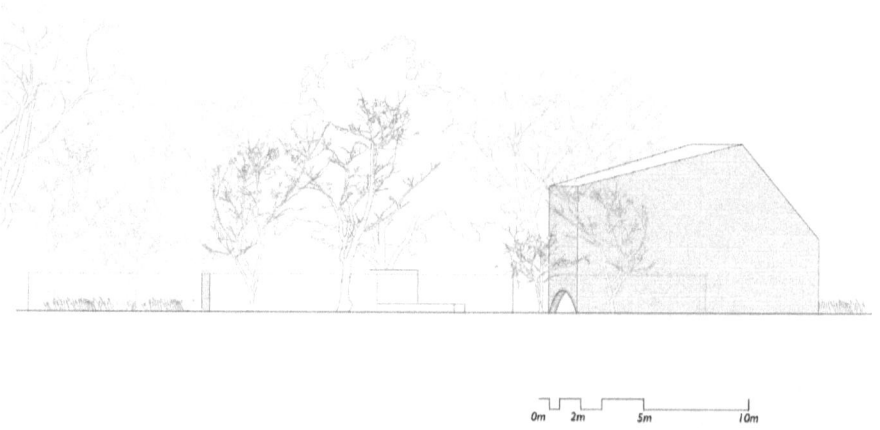

Fig.16. Capilla de San Bernardo. Alzados longitudinales. Créditos: elaboración propia en colaboración con Laura Pineda.

Fig.17. Capilla de San Bernardo. Fotografía del trayecto de aproximación hacia la ermita por una de las veredas que atraviesa la explanada en sentido norte-sur; a la izquierda de la imagen y a lo lejos se observa el monte en el que está implantada la obra.

men de planta trapezoidal y cubierta a dos aguas en sentido este-oeste: ambas piezas están revestidas en el exterior por los mampuestos reciclados durante el proceso de desmantelamiento de la vivienda preexistente.

El volumen principal se encuentra situado sobre una losa irregular pavimentada en bloques de ladrillo macizo (Fig. 19a), la cual divide el patio en dos zonas: una blanda y cóncava, que retiene consigo a un grupo de árboles pertenecientes al *monte*; y otra dura y convexa, que constituye el espacio en donde se asienta el bloque de la capilla. Adicionalmente, hacia uno de los bordes de la superficie de la losa, Campodónico dispone una banca[36] orientada hacia el testero este del volumen –hecha también con bloques de ladrillo reciclado–, y una hendidura circular en el pavimento[37] que hace las veces de hoguera, y que junto a la banca configuran un pequeño espacio exterior de reunión en torno al fuego (Fig. 19b).

Tanto los muros del patio como los de la capilla constituyen elementos constructivos independientes, y las juntas configuradas entre cada par de piezas definen tres posibles accesos al patio desde el noroeste, el suroeste y el este. Los dos primeros obligan a recorrer por fuera de los límites construidos del recinto (Fig. 20), y el visitante debe bordear la superficie externa de los muros hasta su extremo opuesto, en donde encontrará, tras girar sobre sí mismo, el ingreso al patio junto a uno de los laterales de la capilla. El acceso sureste está definido, en sentido contrario, por la separación que se produce entre los extremos orientales de los muros sur y norte, los cuales configuran un acceso estrecho de 75 cm (Fig. 21); allí, el recorrido queda definido por la dirección del primer tramo recto del muro norte, el cual «recoge» al visitante desde la vía destapada y «lo conduce» hasta el interior del patio, forzándolo a un encuentro frontal con el volumen principal.

Desde el ingreso oriental y, en dirección al volumen de la capilla, son visibles dos aperturas en los muros (Fig. 22): una ventana baja inscrita dentro de un arco escarzano[38], ubicada en la zona inferior de la fachada

---

[36] De 40 cm de alto, 70 cm de ancho y 5.3 m de largo
[37] De 70 cm de radio
[38] De 1 m de altura, 5 m de luz y 13.4 m de radio

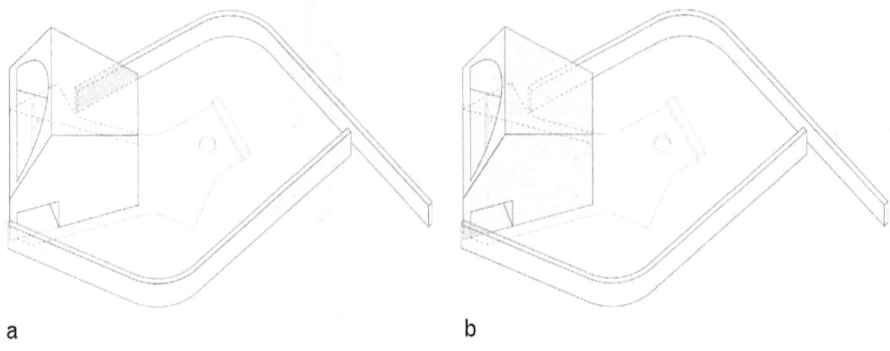

Fig.18. Capilla de San Bernardo. Esquemas axonométricos del conjunto con los muros que conforman el patio (a) y el volumen principal (b) resaltados. Créditos: elaboración propia.

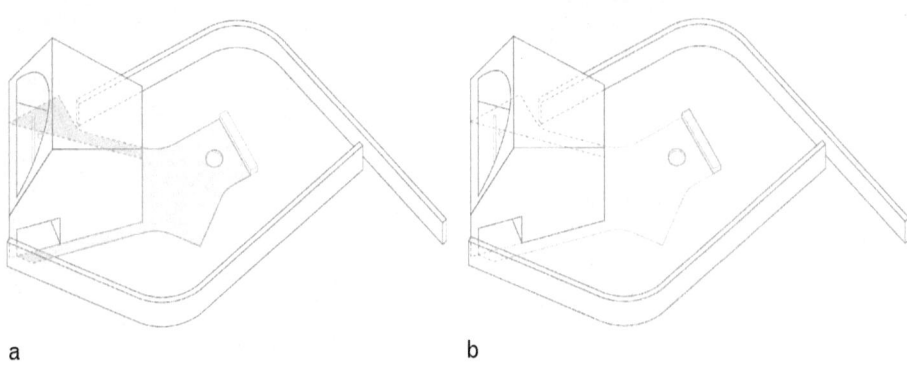

Fig.19. Capilla de San Bernardo. Esquemas axonométricos del conjunto con la terraza sobre la que se inserta el volumen de la capilla (a) y la zona de la banca junto a la hoguera (b) resaltadas. Créditos: elaboración propia.

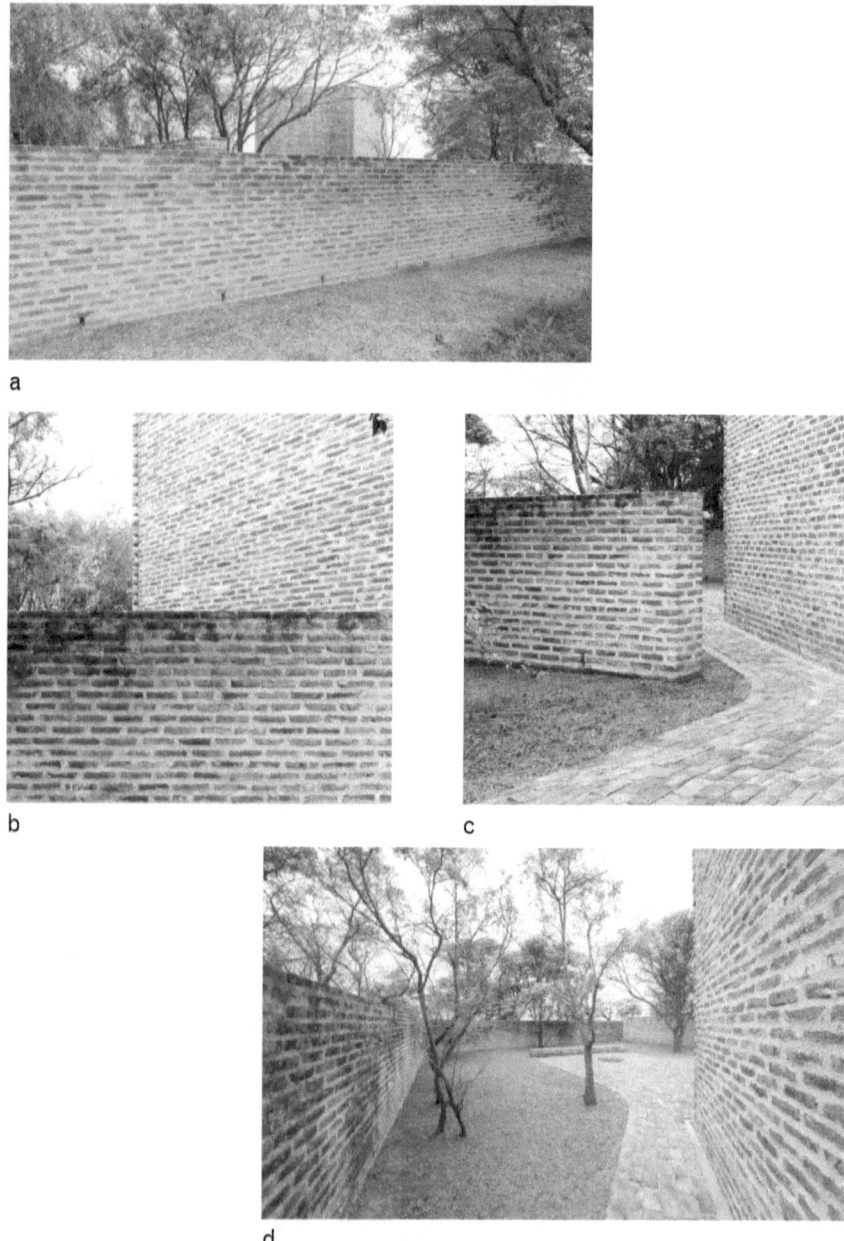

Fig.20. Capilla de San Bernardo. Fotografías de la secuencia del trayecto de ingreso al patio por el acceso noroeste. Créditos: Nicolás Campodónico (en adelante N.C.).

Fig.21. Capilla de San Bernardo. Fotografías del tramo recto del muro norte (a-b), el cual 'recoge' a los visitantes desde la vía destapada y 'los conduce' hasta el interior del patio; vista aérea de un grupo de personas ingresando al patio por el acceso oriental (c); y vista frontal del volumen principal tras el ingreso (d).

este; y un vano rectangular de 2.2 m de altura y 3.75 m de ancho, situado en el extremo occidental de la fachada sur, que configura el único acceso al volumen.

El ámbito de ingreso (Fig. 23a) se compone de dos planos verticales secantes –uno dado por el muro occidental de la capilla y el otro por un tabique interior que divide las zonas de acceso y congregación–; y dos planos horizontales paralelos –uno dado por la losa del suelo, y el otro por un techo rebajado, situado a 2.2 m de altura–. Si bien la disposición de los ladrillos en los muros es la misma que en el exterior de la capilla, en el techo y en el suelo los mampuestos están dispuestos en retículas homogéneas de bloques rectangulares. El corredor se reduce progresivamente en el interior por la rotación que el tabique presenta hacia afuera, y remata en una puerta de madera de 2 m de ancho –compuesta por 10 listones de madera burda, separados entre sí por dilataciones de 4 cm–; la puerta, al abrirse (Fig. 23b-c), pivota sobre un leño vertical de base cuadrada, que por un lado se encuentra incrustado al terreno, mientras que por el otro traspasa el nivel del entresuelo, perforando, en consecuencia, ambos pavimentos: tanto el del piso como el del techo.

Tras cruzar la puerta el visitante accede a un segundo umbral en donde la composición de la superficie cambia por completo (Fig. 23d), tanto en las dimensiones de los ladrillos como en el aparejo de los mampuestos[39], hecho que marca sutilmente la transición del espacio exterior al interior, y por consiguiente, del espacio profano al sacro. Asimismo, 2 m más allá de la puerta, el tabique empieza a curvarse hacia el interior del volumen, y obliga al visitante a girar nuevamente sobre sí mismo, para ingresar tangencialmente al espacio de congregación (Fig. 23e-f).

El espacio principal de la capilla está definido por una especie de domo inscrito dentro del volumen exterior del edificio y abierto hacia uno de los faldones de la cubierta, desde donde ingresa la mayor cantidad de luz natural (Fig. 24). La superficie continua que el visitante percibe desde el interior es el resultado de la unión geométrica de tres piezas (Fig. 25):

---

[39] En la zona exterior del volumen se utiliza el ladrillo reciclado de la vivienda demolida (de 6 x 16 x 28 cm) con las piezas dispuestas a soga; mientras que hacia la zona interior se utiliza un ladrillo nuevo (de 5 cm x 10 cm x 20 cm), con las piezas dispuestas a tizón.

Fig.22. Capilla de San Bernardo. Fotografía del volumen principal desde la zona sur del patio (a), y fotografía del acercamiento al umbral de acceso sobre la fachada sur (b). Créditos: N. C.

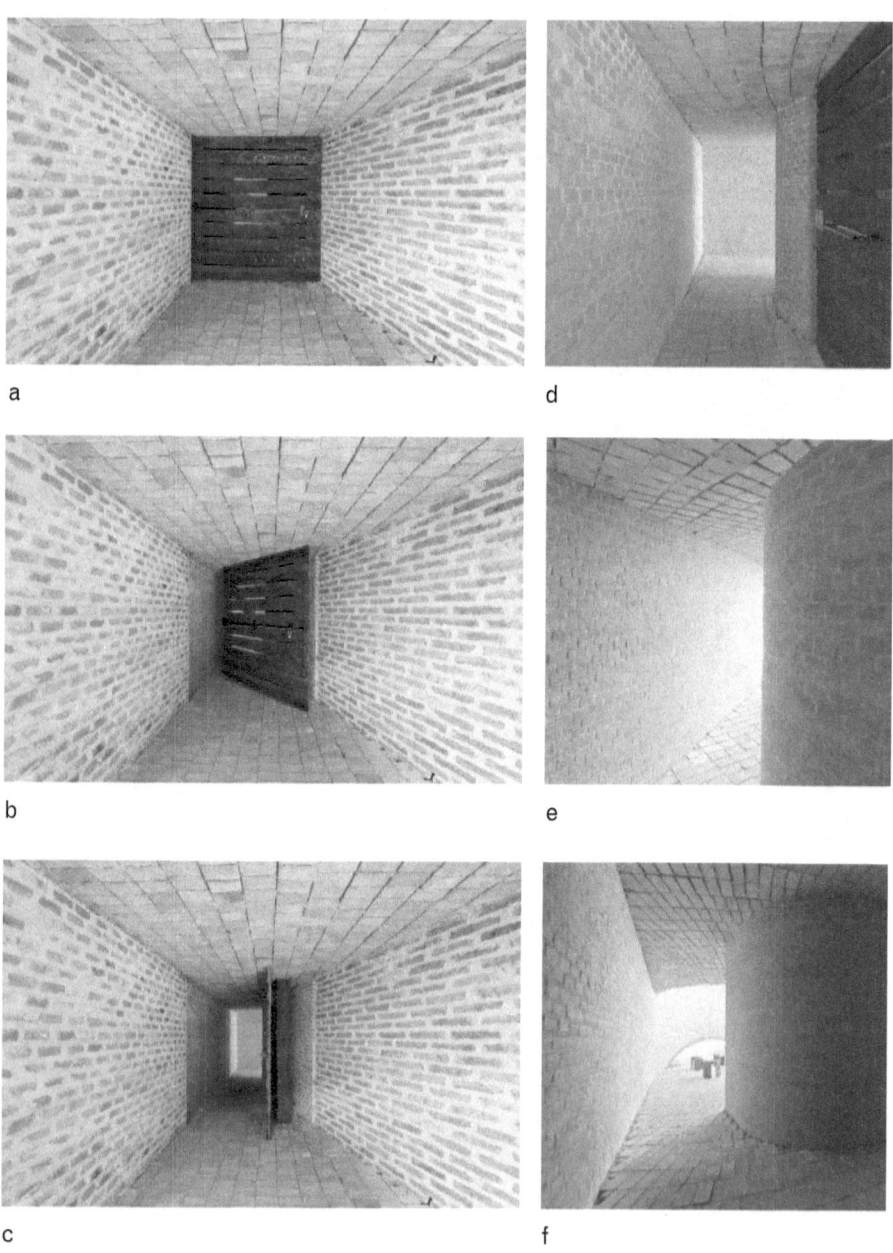

Fig.23. Capilla de San Bernardo. Secuencia de la apertura de la puerta de madera (a-c), y secuencia del giro del recorrido en la esquina noroccidental (d-f). Créditos: N. C.

a

b

Fig.24. Capilla de San Bernardo. El espacio de congregación visto desde ángulos opuestos: la esquina noroeste (a) –por donde se ingresa a la sala–, y la esquina suroeste (b). Créditos: N. C.

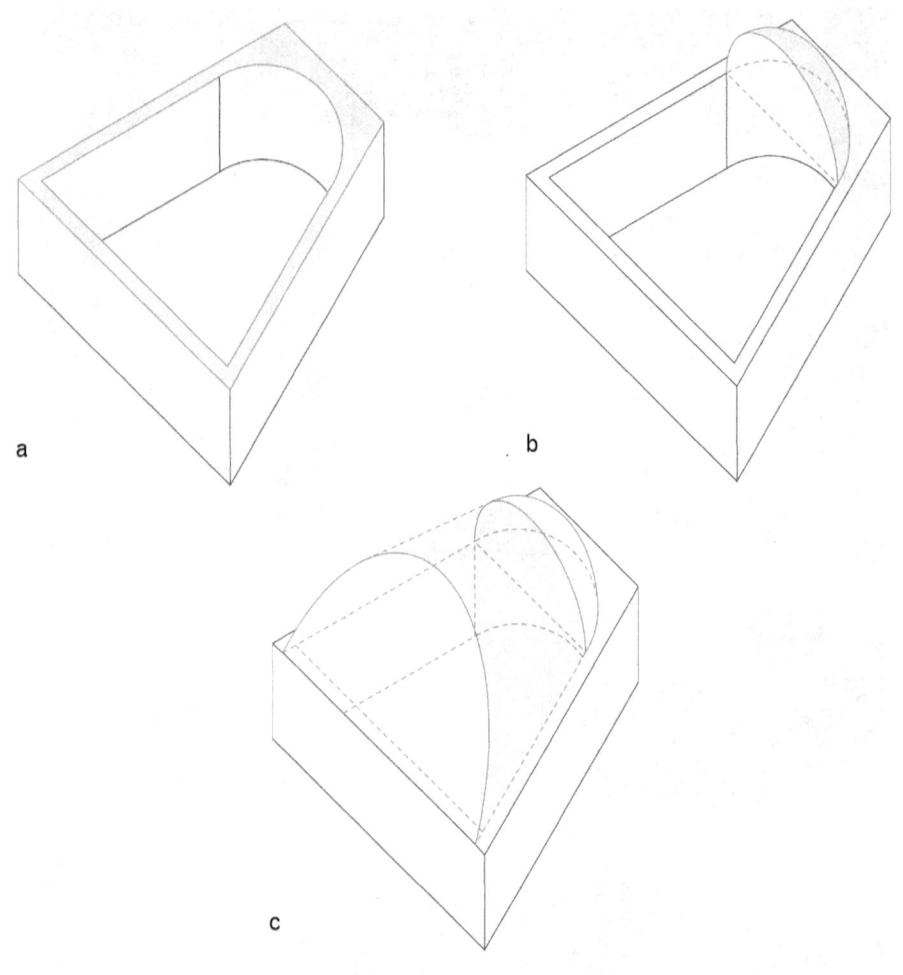

Fig.25. Capilla de San Bernardo. Esquemas axonométricos de la conformación geométrica de la superficie interior del volumen principal: el tambor (a), la cúpula (b) y la bóveda cónica (c). Créditos: elaboración propia.

un tambor de planta trapezoidal con media sección de un cilindro de 3 m de radio inscrito sobre su base menor (a); una bóveda de un cuarto de esfera situada sobre la base del medio cilindro (b); y finalmente, una bóveda cónica adjunta al cuarto de esfera, cuyo arco menor inicia en donde finaliza el gajo de esta última, y cuyo arco mayor queda inscrito dentro del faldón occidental de la cubierta, en correspondencia con el ancho de la base mayor de la planta trapezoidal (c).

Así pues, la zona oriental del espacio interior queda definida por un ábside cuyo lenguaje curvilíneo se contrapone al lenguaje rectilíneo del volumen visto desde el exterior; como elemento de mediación entre ambas partes está la abertura en forma de arco escarzano hacia la zona baja del volumen, la cual comunica visualmente el patio de antesala con el espacio de congregación. La superficie en la que se encuentra inscrita dicha abertura es plana hacia adentro y cóncava hacia afuera; en el exterior, la abertura está enmarcada por las aristas menores de la planta, mientras que en el interior se encuentra embebida dentro de la superficie continua del tambor.

En el ámbito de congregación la composición del pavimento está definida por una pieza circular en mármol, la cual coincide en planta con el centro geométrico de la esfera que determina la forma del espacio interior; en torno a esta pieza, los ladrillos se encuentran dispuestos radialmente, con los bloques de las primeras 7 hiladas hechas con cuartos de ladrillo, las siguientes 14 con bloques de medio ladrillo, y las hiladas restantes con bloques de ladrillos completos. Esta disposición de los mampuestos enfatiza la centralidad del espacio, cuya forma circular solo se ve interrumpida en el primer umbral de acceso de la capilla, donde la disposición de los bloques es paralela respecto al muro occidental. Tal y como hemos visto, una vez cruzada la puerta de madera las hiladas del pavimento empiezan a curvarse ligeramente hacia al interior, quedado así atraídas por el centro compositivo del solado, que a la vez constituye el centro de gravedad espacial del conjunto en general.

En cuanto a los componentes de la asamblea, estos son una serie de muebles rústicos hechos con la misma madera de la puerta de ingreso, entre los que se distinguen diez butacas de base cuadrada y una mesa rectangular que ejerce como elemento del altar. Ambos bloques están compuestos por dos piezas: unos cajones que sirven como tapa tanto de la mesa como del asiento; y tres tablas ancladas perpendicularmente a los bordes de dichas cajas, a modo de patas o apoyos. Ninguno de los muebles mantiene una posición fija en el espacio sino que, en función del tipo de celebración que se oficie, estos pueden ser ubicados libremente para cada ocasión, dejando abierta la posibilidad de que el altar quede des-orientado[40].

Volviendo al punto de ingreso a la sala, aunque esta vez dirigiendo la mirada hacia la parte derecha del encuadre de la imagen, se puede observar que el tabique que conduce al visitante hacia el interior presenta en su envés una serie de ladrillos dispuestos a tresbolillo, los cuales sobresalen de la superficie para disponer sobre ellas cirios y veladoras. Junto a estas salientes, cerca de la zona exacta en la que el visitante ingresa al espacio, una sutil perforación circular en la placa del entresuelo –de 60 cm de diámetro–, cuyo centro coincide con el de la curvatura del tabique, permite el ingreso de un haz de luz focalizado hacia a una escultura en madera de San Bernardo (patrono del lugar).

El cielorraso que cubre al visitante durante el recorrido de ingreso se interrumpe poco después del final del tabique, llegando a techar una parte del espacio, pero a la vez enfatizando la doble altura del ambiente principal (Fig. 26). El borde de dicho alero se encuentra definido por el encuentro de dos antepechos: el primero de ellos, de 1.35 m de altura, es paralelo a las bases del trapecio y coincide con el punto en el que se intersecan el muro sur y la cara interna del tabique; mientras que el segundo, de 92 cm de altura, discurre tangencialmente respecto a la circunferencia que define la zona del espacio de congregación.

Sobre el nivel de este entresuelo, el mismo madero vertical sobre el cual pivota la puerta de acceso sobresale a una altura de 3.6 m, y configura el

---

[40] A propósito de este conflicto, Juan Plazaola ha hecho una serie de comentarios respecto a la inconveniente ambigüedad que trae consigo el uso de la planta circular en un edificio de culto, puesto que en ella no queda determinada la dirección del santuario ni la de la asamblea. «Un círculo tiene, de por sí, infinito número de ejes». Véase en Juan Plazaola, *El arte sacro actual*, pp. 243-251.

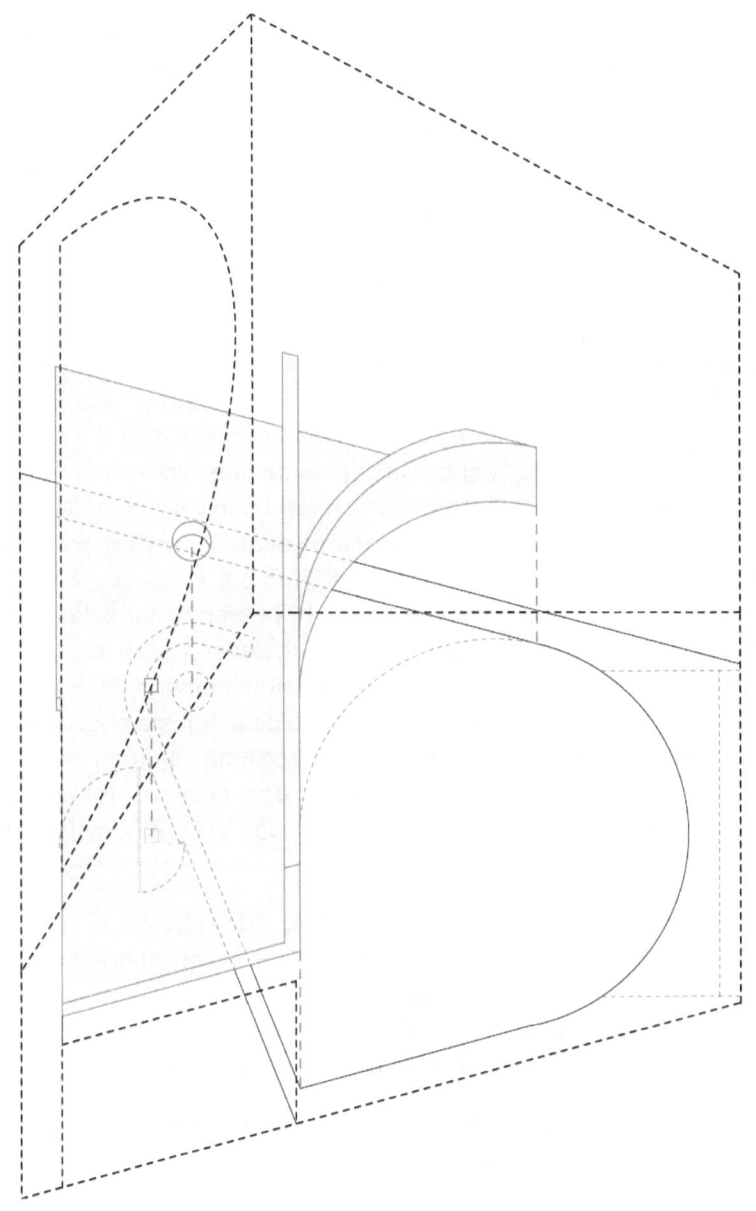

Fig.26. Capilla de San Bernardo. Esquema axonométrico de la situación del nivel del entresuelo respecto al volumen principal. Créditos: elaboración propia.

estipe de una cruz cuyo patíbulo se encuentra separado y suspendido de la losa de la entreplanta mediante un sistema de varillas tensadas y ancladas a la placa. A la figura de los dos maderos se contrapone el fondo del cielo enmarcado por la abertura semicircular del faldón occidental de la cubierta, la cual constituye, además, el punto de remate del sistema de bóvedas del espacio interior.

El interior del edificio como sala de proyección

En algunas de las conferencias en las que se ha referido al proyecto[41], Campodónico afirma que en la concepción de la obra fue constante su predilección por subvertir determinados simbolismos del edificio de culto católico, en aras de desligar la capilla de una asociación religiosa específica, y conformar así un espacio de reflexión y oración de carácter mucho más universal[42]. En ciertos aspectos espaciales y programáticos del proyecto, tales como el ingreso atípico por el lateral, la omisión deliberada de toda referencia figurativa, y la ya mencionada desorientación del altar, el arquitecto rosarino consigue llevar a cabo su particular deseo transgresional; pero al plantear la posible omisión del elemento iconográfico de la cruz, símbolo constitutivo de la iglesia cristiana, Campodónico se encuentra con una clara y rotunda negativa por parte de los clientes, quienes reclaman la necesidad de que la cruz forme parte integral del proyecto, aun cuando no especifican el modo preciso en que esta deba de aparecer.

Tal circunstancia abre una nueva compuerta desde el punto de vista proyectual, pues le permite a Campodónico plantear un escenario concertado entre ambas partes, en donde la cruz podría no aparecer necesariamente de forma física en el espacio, sino de una forma etérea e intangible, mediante la tematización de los efectos perceptuales de la luz.

Valiéndose de condiciones del paisaje de la llanura de La Pampa, y la subsecuente incidencia horizontal del sol en el alba y en el ocaso,

---

[41] Véase por ejemplo su conferencia en la Sala de Actos del COAC en Barcelona, el 2 de mayo de 2017; o la realizada en la Sociedad Francesa de Arquitectos el 9 de mayo de 2019.
[42] Ibid.

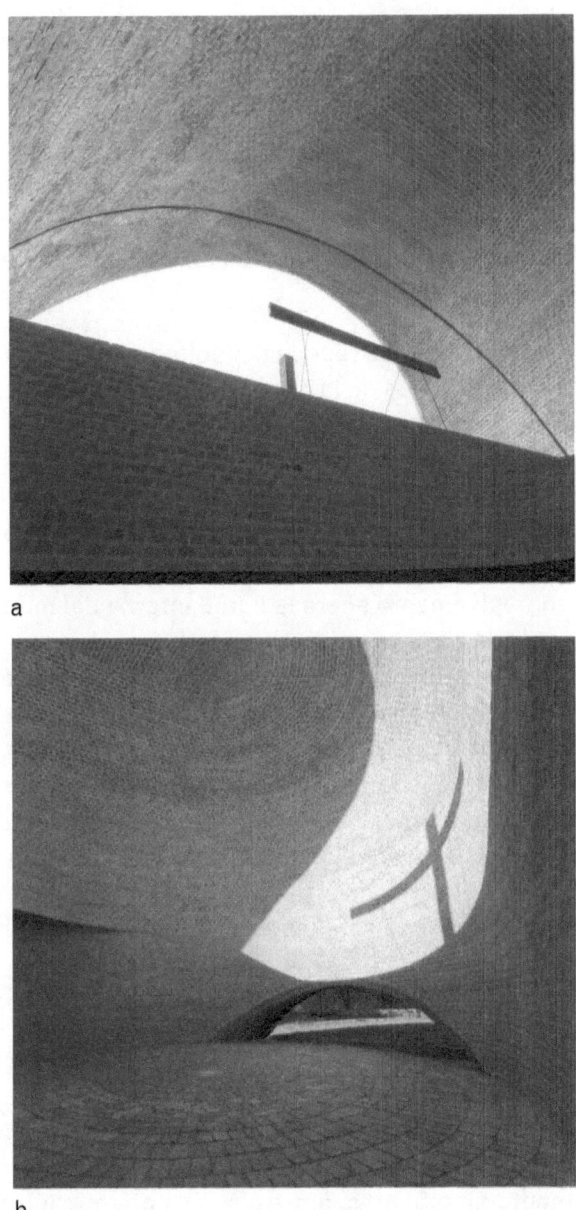

Fig.27. Capilla de San Bernardo. Fotografía de los dos maderos separados en el nivel del entresuelo (a) y de la proyección conjunta de su sombra sobre la superficie del domo (b) Créditos: N. C.

Campodónico concibe el interior de la capilla como una auténtica sala de proyección abierta hacia el sol de tarde, en donde si bien no existe una cruz en el sentido literal de la palabra –dado que los dos maderos que emergen por encima del entresuelo se encuentran completamente separados entre sí–, una vez el sol incide perpendicularmente sobre ambas piezas su sombra se ve proyectada de forma conjunta sobre la superficie del domo, formalizando así temporalmente el elemento de la cruz (Fig. 27).

La relevancia del evento no se reduce tan solo a la instantaneidad del momento en el que la silueta de la cruz se proyecta en el espacio, sino que por el contrario, la sucesión de hechos que resultan en el acontecimiento deviene en una secuencia narrativa que se produce a lo largo de la tarde, el cual adquiere un innegable carácter simbólico y ritual (Fig. 28): pasadas las 12 del mediodía (véase la tabla anexa), la luz del sol ingresa al recinto por la apertura del faldón occidental de la cubierta y empieza a proyectarse progresivamente sobre la pared interna del muro sur. Pocos minutos más tarde, la sombra del madero horizontal irrumpe sobre el haz de luz entrante, y entre una hora y cuarto y dos horas después –según el momento del año– la sombra del madero vertical hace lo mismo. En el inicio del atardecer, la sombra de los dos elementos se proyecta separada sobre la superficie del domo, pero a medida que el sol desciende en dirección al suroeste se produce un progresivo acercamiento entre las siluetas de los maderos, hasta que, finalmente –más temprano en invierno y más tarde en verano–, ambas sombras convergen sobre el ábside de la capilla, conduciendo de este modo a la conformación virtual de la figura de la cruz.

A las 5:30 de la tarde del 20 de agosto, día en que se celebra la fiesta de San Bernardo –por quien lleva su nombre la Capilla–, ocurre un acontecimiento aún más relevante, y es el hecho de que en dicha jornada la figura conformada por el entrecruzamiento de las sombras de los maderos queda situada justamente sobre el eje del ábside del edificio, produciendo así un alineamiento significativo entre el eje de orientación de la capilla y el del recorrido del sol (Fig. 29). Tales circunstancias suponen un importante nivel de conciencia por parte del arquitecto respecto a la posición del objeto arquitectónico en el sitio, en tanto que revelan la necesidad de

a

	Luz	Sombra MH	Sombra MV	Cruz	Base de la Cúpula	Ocaso	Centro Ábside	
20-dic	1:01pm	1:26pm	3:23pm	4:26pm	5:33pm	8:16pm		S. Verano
20-ene	1:08pm	1:33pm	3:26pm	4:29pm	5:49pm	8:19pm		
20-feb	12:57pm	1:19pm	3:04pm	4:04pm	5:48pm	7:57pm		
20-mar	12:33pm	12:54pm	2:30pm	3:27pm	5:26pm	7:23pm		E. Otoño
20-abr	12:03pm	12:25pm	1:51pm	2:46pm	4:46pm	6:45pm	5:25pm	
20-may	11:56am	12:08pm	1:28pm	2:22pm	4:10pm	6:20pm		
20-jun	12:00pm	12:05pm	1:22pm	2:16pm	3:50pm	6:15pm		S. Invierno
20-jul	12:04pm	12:18pm	1:34pm	2:26pm	4:11pm	6:28pm		
20-ago	12:09pm	12:28pm	1:55pm	2:49pm	4:45pm	6:47pm	5:32pm	
20-sep	12:16pm	12:38pm	2:14pm	3:12pm	5:07pm	7:06pm		E. Primavera
20-oct	12:26pm	12:49pm	2:34pm	3:33pm	5:18pm	7:26pm		
20-nov	12:42pm	1:06pm	3:00pm	4:05pm	5:24pm	7:52pm		
20-dic	1:01pm	1:26pm	3:23pm	4:26pm	5:33pm	8:16pm		S. Verano.

b

Fig.28. Capilla de San Bernardo. Secuencia del desplazamiento coordinado de luz y sombra en el interior de la sala durante la tarde (a); y tabla indicativa de la hora exacta* en la que ocurre cada intervalo a lo largo del día y del año (b). Créditos: elaboración propia a partir de las fotografías tomadas por N.C. (a) y elaboración propia (b).

que la capilla esté orientada de un modo específico[43], para que dentro de esta se produzca un hecho singular durante una fecha en particular.

En este sentido, las plantas del proyecto que se publican en los medios especializados[44] son equívocas, puesto que en ellas la capilla aparece directamente orientada hacia el punto cardinal del oeste, cuando en realidad –como puede llegar a corroborarse en cualquier aerofotografía– el conjunto se encuentra girado 16° hacia el norte respecto a la línea oriente-occidente. Una comprobación contundente demuestra dicho desatino, y es el hecho de que con la orientación que figura en los planos publicados del proyecto –tomando la fecha del 20 de agosto como referencia– la cruz no llegaría a formarse sobre el eje del ábside, sino que lo haría, a lo sumo, con un considerable descentramiento hacia el costado sur de la pared interior. En el escenario opuesto, con la orientación sugerida por la aerofotografía, la cruz sí llegaría a formarse en el centro del ábside hacia las 5:30 pm, tal y como hemos adelantado en el párrafo anterior.

En todo caso, el itinerario del sol durante la jornada del 20 de agosto constituye tan solo un punto de referencia: el centro de gravedad de un péndulo en funcionamiento, puesto que, como resulta lógico, el constante movimiento de la tierra implica que la formación y posición de la cruz cambie según la variación de la trayectoria diurna del sol; es decir, según su cambiante posición y altura respecto al horizonte (FIG. 30). A largo del año, la posición de la cruz en el domo oscila entre dos extremos opuestos que se corresponden, naturalmente, con las jornadas del solsticio de invierno (21 de junio) –cuando el sol recorre su trayecto más bajo y asentado hacia el norte–, y el solsticio de verano (21 de diciembre)– cuando el sol recorre su trayecto más alto y asentado hacia el sur–. En el primer caso, la cruz se posiciona tendencialmente hacia el punto más alto y alejado del centro del ábside hacia el sur; mientras que en el segundo caso, por el contrario, la cruz se posiciona tendencialmente hacia el punto más

---

[43] Para que esto pudiera ocurrir se realizó una maqueta de yeso a escala 1:20, la cual fue posteriormente llevada al sitio el 20 de agosto de 2011 a fin de realizar el replanteo de obra y calcular la posición y orientación exactas del volumen en el lugar. Véase la entrevista realizada al arquitecto por *Plataforma Arquitectura*, el 1 de junio de 2016.

[44] Véanse los planos publicados en *Archdaily*, por ejemplo (https://www.archdaily.co/co/787722/capilla-san-bernardo-nicolas-campodonico), o en la propia página del estudio del arquitecto (https://nicolascampodonico.com/290/capilla-san-bernardo).

a

b

Fig.29. Capilla de San Bernardo. Fotografía del espacio de congregación con la cruz formada en el centro del ábside. Créditos: N.C.

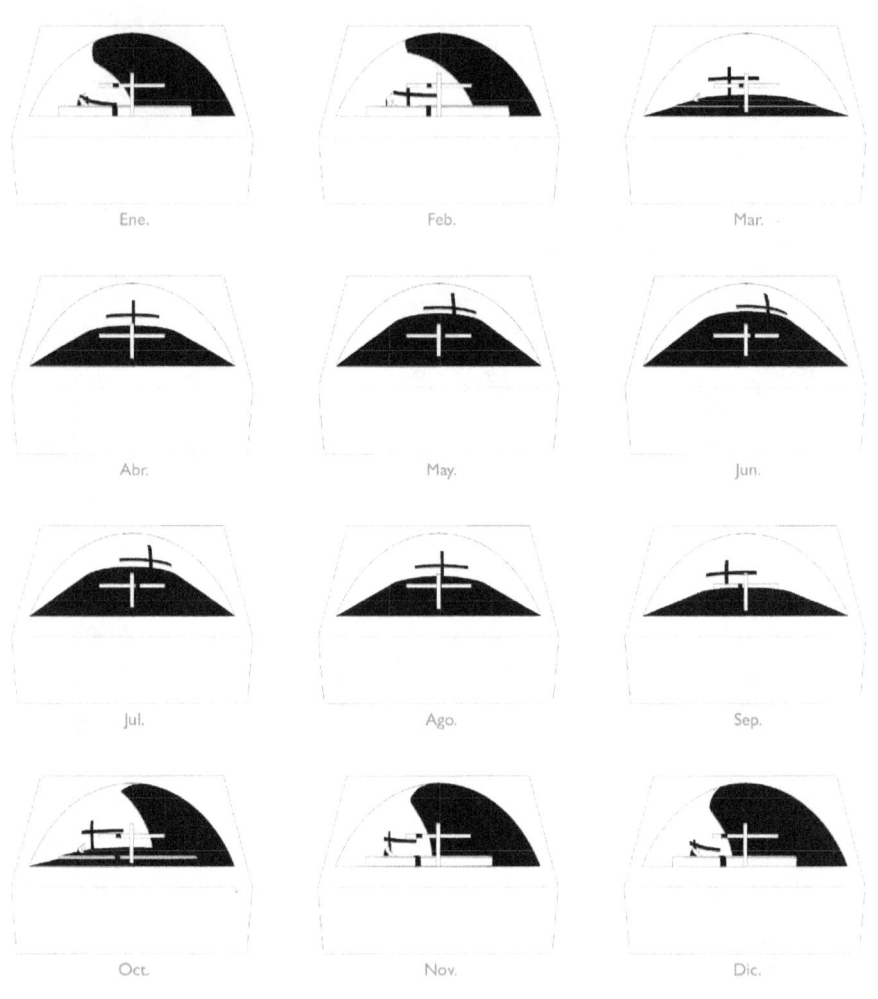

Fig.30. Capilla de San Bernardo. Esquemas ilustrativos de la posición de la cruz a lo largo del año el día 20 de cada mes. Créditos: elaboración propia.

bajo y alejado del centro del ábside hacia el norte. En todas las demás fechas del año, la posición de la cruz cambia progresivamente de un extremo a otro del espacio de la siguiente manera: del 21 de junio al 21 de diciembre, la traslación de la figura de la cruz va del extremo sureste al noreste del interior de la capilla, quedando situada eventualmente en el centro del espacio en torno a la jornada del 20-21 de agosto; mientras que del 21 de diciembre al 21 de junio, la traslación de la figura de la cruz se produce en el sentido contrario, quedando nuevamente en el centro del espacio en torno a la jornada del 21 de abril.

El evento del *viacrucis* representado dentro del espacio de congregación se contrapone a un segundo acontecimiento que tiene lugar en el patio de antesala, y tiene que ver con la particular forma en que se percibe la incidencia de la luz vespertina en el interior de la ermita a través de la ventana baja de la fachada oriental. El color rojizo que adquieren las superficies de los ladrillos por los efectos lumínicos del ocaso, junto al hecho de que la constitución hermética del volumen de la capilla produce un efecto de aparente apresamiento de la luz, son circunstancias que conllevan a que, desde afuera, la imagen del edificio se asemeje a la de un horno de carbón ardiendo (Fig. 31).

Tal coincidencia no es fortuita, puesto que como lo confirma el mismo Campodónico en una entrevista de *Plataforma Arquitectura*[45], la referencia a los hornos de carbón argentinos –también llamados hornos de media naranja– es de enorme importancia dentro del desarrollo formal y material de la obra. Tal referencia se manifiesta en la definición de las dimensiones del domo (Fig. 32), y en el método de replanteo de las hiladas de los mampuestos (Fig. 33), así como en el sistema constructivo empleado para la conformación de la superficie interior (Fig. 34).

Al margen de estas correspondencias técnicas, la idea del volumen de la capilla como un dispositivo que captura y guarece la luz de la tarde –como una especie de chimenea invertida en relación con el sentido descendente de la luz–, hace que la pieza actúe como contrapunto de otra dependencia del proyecto, y es la zona pavimentada del patio junto al volumen principal, en cuya superficie se encuentra la ya mencionada

---

[45] Nicolás Campodónico, en entrevista con *Plataforma Arquitectura,* el 1 de junio de 2016.

a

b

Fig.31. Imagen comparativa entre el volumen principal de la capilla durante la tarde (a) y un horno de carbón argentino (b). Créditos: N. C. (a).

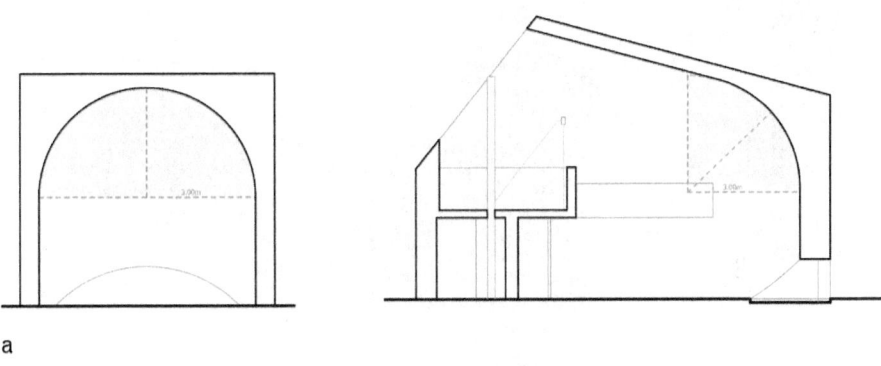

a

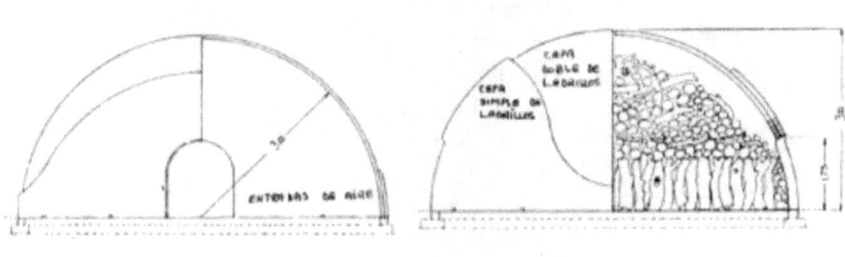

b

Fig.32. Imagen comparativa entre la sección de un horno de media naranja (a) y el interior de la capilla (b). Campodónico replica las dimensiones de la cúpula de 3m de radio de los hornos de carbón argentino, y con base en ella determina las dimensiones del cuarto de cúpula de la superficie interior. Créditos: elaboración propia (a).

a

b

Fig.33. Imagen comparativa entre el proceso constructivo de la capilla (a) y el de un horno de carbón argentino (b). Créditos: N. C. (a).

Fig.34. Imagen comparativa del sistema de replanteo de los ladrillos en la capilla (a), y en un horno de media naranja (b); en ambos casos se utiliza un compás anclado al centro geométrico del espacio, el cual permite trazar homogéneamente el nivel curvo de cada una de las hiladas de los ladrillos. Créditos: N. C. (a).

hoguera circular. Una vez se produce el ocaso y, por consiguiente, una vez la representación del *viacrucis* simbólico llega su fin, quienes se han congregado en el interior de la capilla para presenciar el evento pueden reunirse ahora en torno al fogón y encender allí una fogata, con el fin de iluminar el recinto tras el ocultamiento del sol. En un sentido poético, la extinción de un fuego figurado deviene en la iniciación de un fuego literal, cuya razón de ser coincide, en ambos casos, con el sentido semperiano del fuego como foco de congregación.

Capilla Porciúncula de La Milagrosa, Daniel Bonilla, 2003-2004

Una ladera en los Cerros Orientales

La Capilla Porciúncula de La Milagrosa –obra del arquitecto colombiano Daniel Bonilla– está localizada en una de las ramificaciones intermedias de la Cordillera Oriental, en el departamento de Cundinamarca, Colombia, área rural del municipio de La Calera. El contexto geográfico en el que está implantada la capilla corresponde a una ladera situada dentro de la conformación montañosa con la que colinda hacia el este el Valle del Río Teusacá, prácticamente en el límite que separa las localidades de San Isidro y El Edén (Fig. 35).

Si bien el proyecto se encuentra en plena cadena montañosa, es importante señalar que, dentro de tales circunstancias, el sitio aludido corresponde a una zona de depresión topográfica en donde confluyen las faldas de cuatro cumbres: al norte, el Cerro de La Paloma (3150 msnm); al oeste, el Cerro de El Líbano (3050 msnm); al este, la loma del Cachimal (3300 msnm); y al sur, el Cerro de El Edén (3300 msnm). En este sentido, la pendiente del terreno en el que se inserta la capilla no es excesivamente pronunciada –como podría llegar a pensarse inicialmente–, sino que presenta una topografía ligeramente escarpada en un sentido ascendente norte-sur; esto responde fundamentalmente al hecho de que el predio está situado en las faldas del mencionado Cerro de El Edén (3300 msnm), cuyo pico se localiza tan solo 2.5 km al suroeste del emplazamiento de la capilla (3000 msnm).

Con las numerosas subidas y bajadas del relieve en direcciones contrapuestas, el trazado rural del territorio es heterogéneo (Fig. 36-37), y la definición de los contornos de las vías y de los límites de los predios se adapta a las condiciones orográficas del suelo. En cuanto a la vegetación, a diferencia de los casos de La Playosa y Auco, el suelo es predominantemente fértil, y la imagen del paisaje oscila entre una lógica de llenos y vacíos (Fig. 38), con los primeros dados por las masas de árboles que se forman en torno a los picos de los cerros, y los segundos dados

a

b

Fig.35. Aerofotografía de la Cordillera Oriental a la altura del área metropolitana de Bogotá (a); y aerofotografía del casco rural de La Calera.

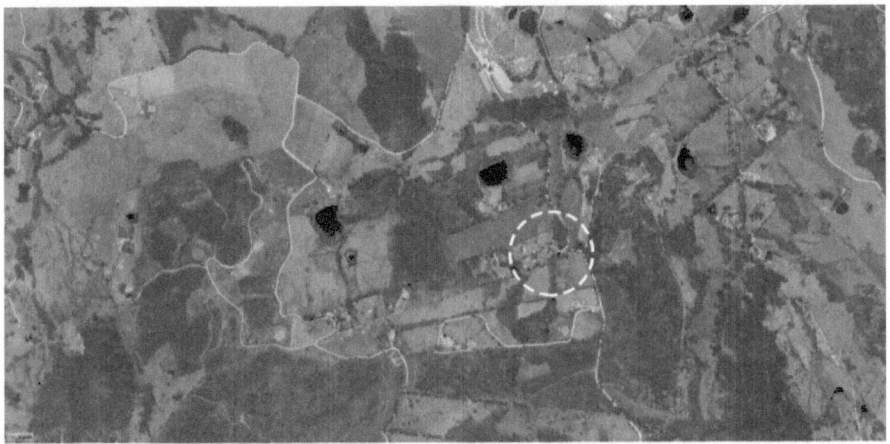

a

b

Fig.36. Aerofotografía del área rural del Municipio de La Calera (a) y del lote de inserción de la Capilla de La Milagrosa.

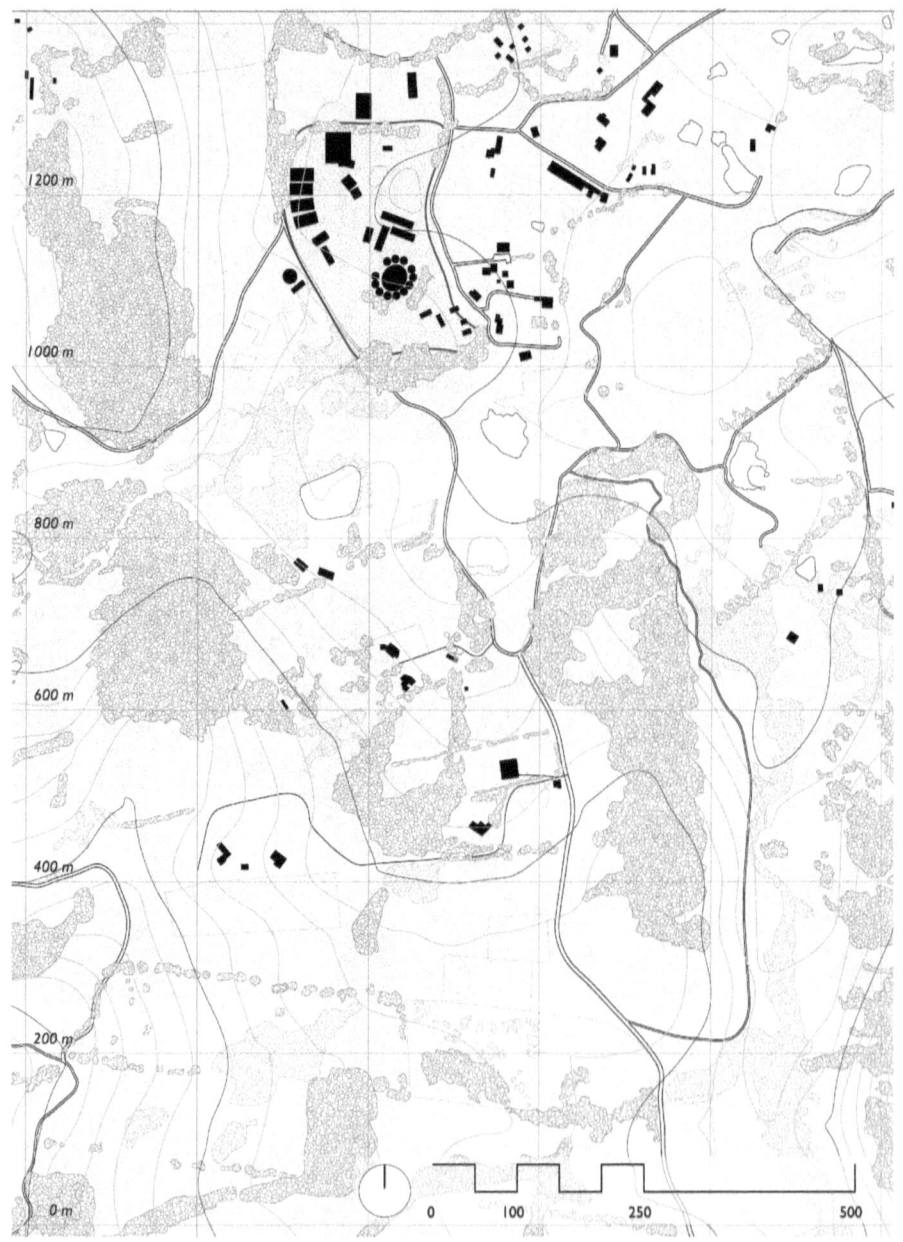

Fig.37. Plano de localización de la Capilla de La Milagrosa dentro de la zona rural de La Calera. Créditos: Laura Pineda.

a

b

Fig.38. Fotografías de las inmediaciones del predio de la Capilla. Créditos: elaboración propia (a) y Daniel Bonilla (b).

por los claros que conforman las distintas parcelas agrícolas y residenciales.

El lote en el que está implantado el edificio es un predio alargado de contorno irregular –orientada en sentido noreste-suroeste–, el cual posee un área de aproximadamente 6 ha de extensión. Dicha parcela está situada 10 km al sur del casco urbano de la ciudad de La Calera y 25 km al nororiente del centro de Bogotá, y se accede a esta por medio de una vía destapada ubicada en la zona norte del predio, la cual eventualmente desemboca en la vía pavimentada de conexión entre las ciudades de La Calera y Bogotá.

De acuerdo con lo expuesto previamente, el terreno en cuestión presenta una pendiente ligeramente pronunciada y descendente hacia el noreste, con el punto más alto del predio situado en el extremo suroccidental. Al igual que varias de las parcelas circundantes, esta también se encuentra flanqueada en sus linderos por cinturones de árboles de copa alta, los cuales delimitan y concentran el espacio vacío del predio hacia el interior.

La parte alta del terreno está ocupada por la casa de campo de los clientes, la cual deja un terreno disponible para implantar la capilla de aproximadamente 3 ha de extensión; tal espacio representa la mitad más baja del terreno y se encuentra delimitada hacia el norte por el trazado de la vía de ingreso, y hacia el suroeste por el cordón de árboles que separa la casa de la superficie de la explanada.

Trayecto ascendente con desenlace lineal

(Fig. 39-45).

Para llegar a la Porciúncula de La Milagrosa es necesario escalar una pequeña colina de 4 m de altura. Al pie de la loma el visitante se aproxima al templo desde oriente, obteniendo una visualización en escorzo del edificio (Fig. 46); desde allí se vislumbran íntegramente las fachadas sureste y noroeste del volumen de la capilla, suficientes quizá para descifrar la complexión del conjunto arquitectónico en su totalidad.

Fig.39. Axonometría general del conjunto visto desde el costado oriental. Créditos: elaboración propia en colaboración con Laura Pineda y Sofía Blanco.

Fig.40. Capilla de La Milagrosa. Planta de cubiertas. Créditos: elaboración propia en colaboración con Laura Pineda.

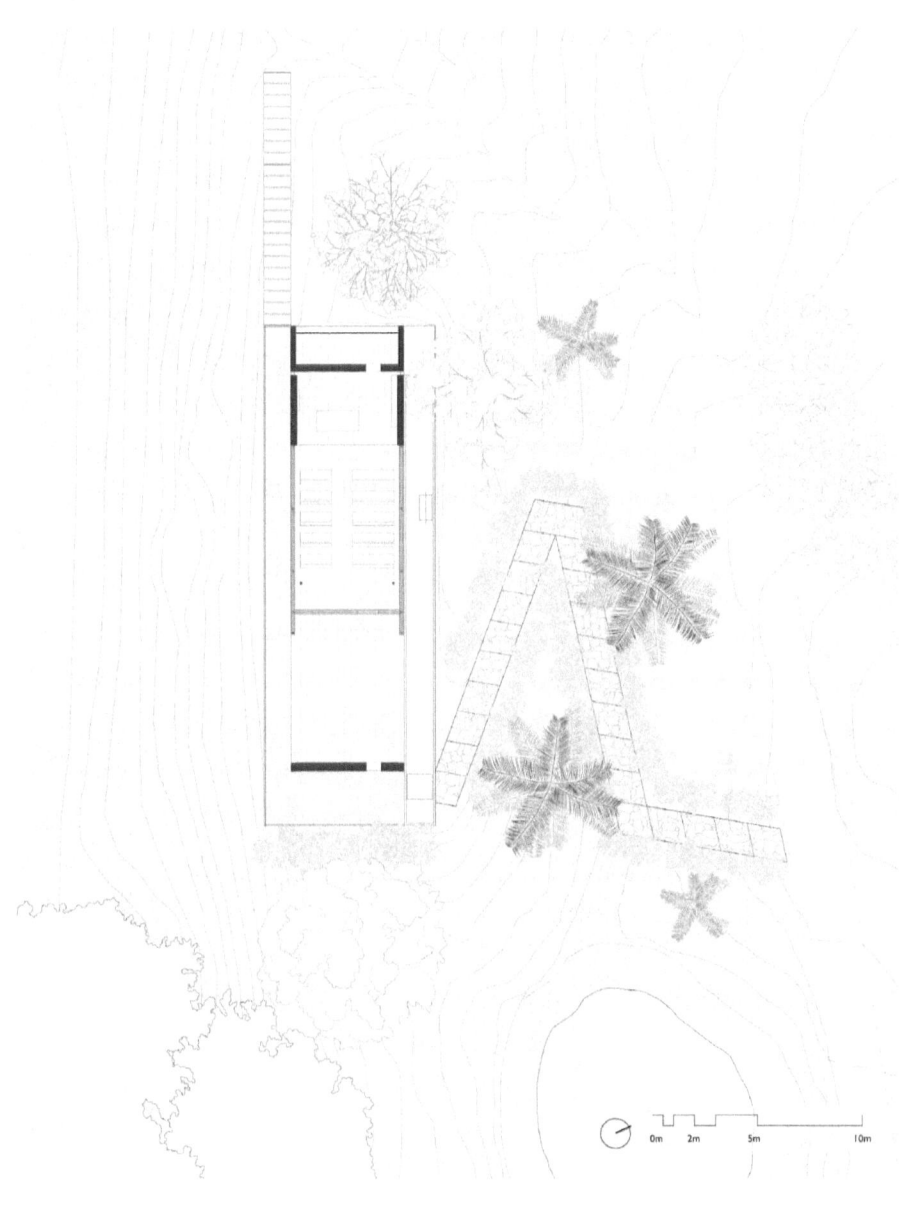

Fig.41. Capilla de La Milagrosa. Planta general. Créditos: elaboración propia en colaboración con Laura Pineda.

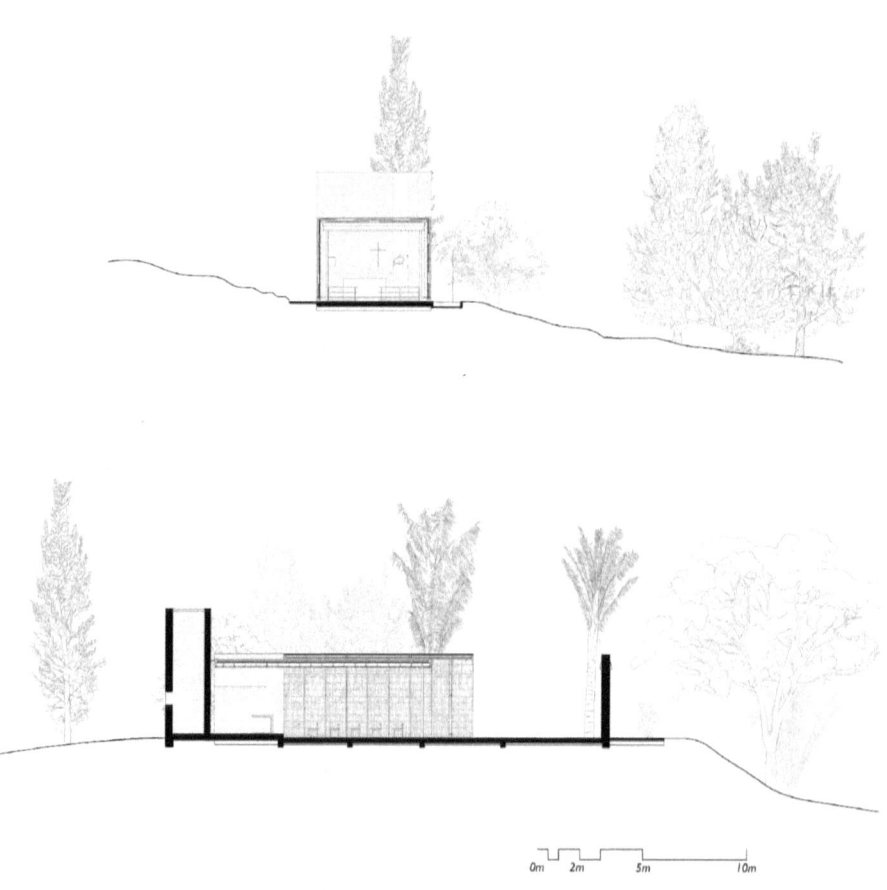

Fig.42. Capilla de La Milagrosa. Cortes generales. Créditos: elaboración propia en colaboración con Laura Pineda.

Fig.43. Capilla de La Milagrosa. Alzados transversales. Créditos: elaboración propia en colaboración con Laura Pineda.

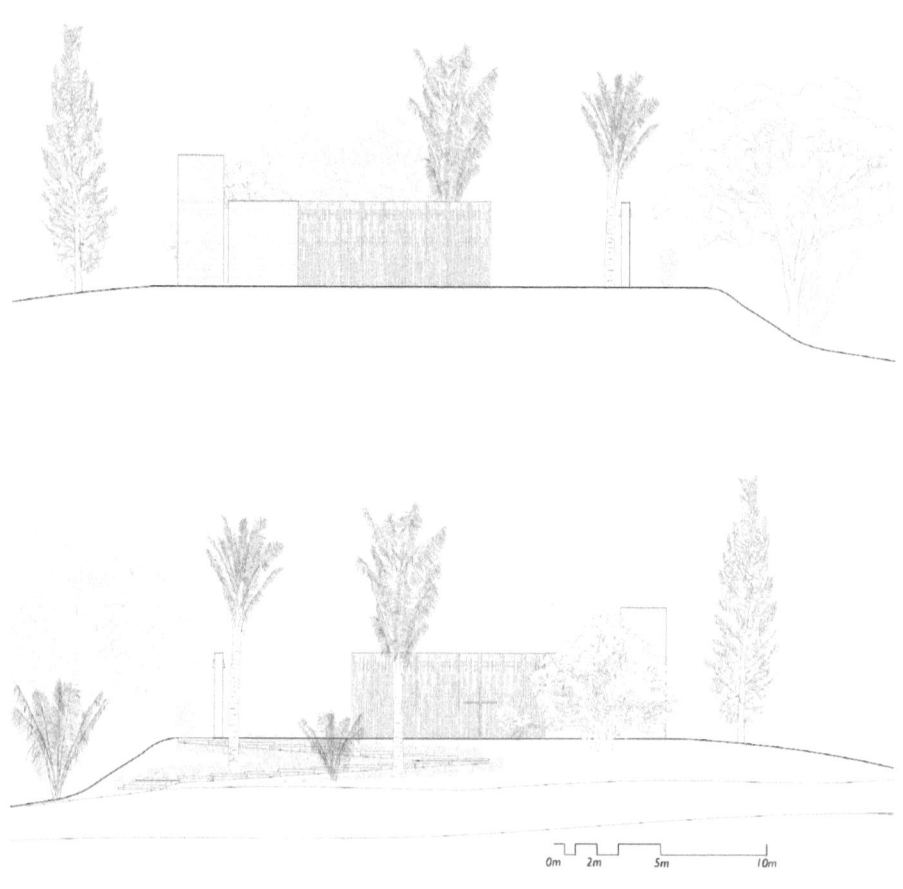

Fig.44. Capilla de La Milagrosa. Alzados longitudinales. Créditos: elaboración propia en colaboración con Laura Pineda.

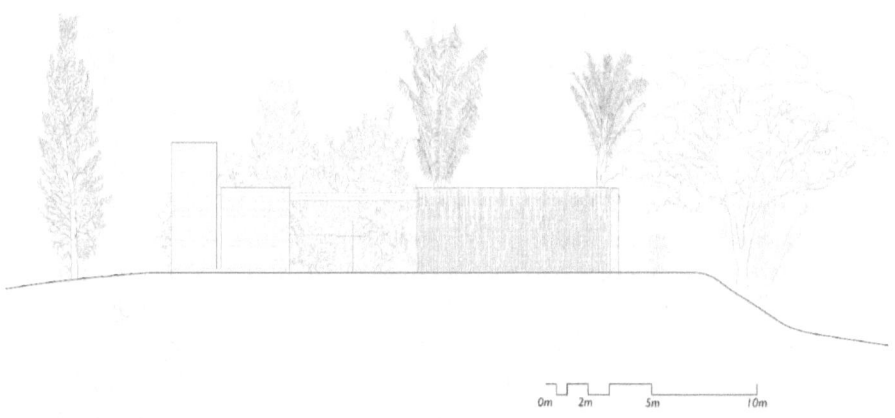

Fig.45. Capilla de La Milagrosa. Alzado suroeste con la capilla abierta. Créditos: elaboración propia en colaboración con Laura Pineda.

Fig.46. Capilla de La Milagrosa. Vista general del edificio desde el camino de aproximación al predio. Créditos: Natalia Borda.

En términos volumétricos, el edificio de la Capilla de La Calera es bastante sencillo y se encuentra compuesto por una lógica aditiva de franjas programáticas, en donde cada componente de la secuencia es completamente diferenciable según sus características materiales o formales (Fig. 47). Toda la edificación puede inscribirse dentro de una planta rectangular de 5.5 m por 23.75 m, la cual está subdividida transversalmente para albergar las distintas dependencias del programa. Así pues, de sur a norte, el edificio se compone de las siguientes estancias o elementos: el atrio descubierto (A) –de 2.7 m de profundo respecto a la longitud de la planta–, el campanario (C) –0.4 m–, el patio de antesala (X) –6 m–, la nave o sala de congregación (N) –9 m–, el presbiterio (P) –3.5 m–, y finalmente la sacristía (S) –2.15 m–. Todo este programa supone una superficie de tan solo 130 m2, la cual se asienta sobre un basamento que separa la totalidad de la edificación de la irregularidad del terreno prexistente.

El ascenso por la colina discurre a lo largo de una escalera de tres tramos[46], compuesta por peldaños romboidales de bloques de piedra caliza. El primer trecho, de cinco escalones y 8 m de extensión, recoge al visitante desde la puerta que da ingreso al predio, y lo redirige hacia el suroeste, en sentido perpendicular al eje longitudinal del basamento (Fig. 48a-b). Un segundo tramo, de diez escalones y 16 m de largo, cambia la dirección del recorrido y obliga al visitante a caminar de forma casi paralela a la nave de la capilla, hasta dejarlo de cara a una cruz metálica, clavada dentro de un estanque de agua que flanquea el borde noreste del basamento (Fig. 48c-d). El último tramo –de mismo número de huellas que el segundo– reconduce al visitante hacia el sur, alejándolo del cuerpo de la nave, y situándolo frente al último peldaño del trayecto: una baldosa cuadrada de cemento abujardado[47] que flota sobre el espejo de agua y simboliza el punto final de la ascensión[48] (Fig. 48e-f).

---

[46] La escalera de acceso es distinta en el proyecto respecto a la versión construida. En la obra la extensión del escalera es menor y los tramos recorren un trayecto mucho más recogido hacia el noreste. No obstante, en lo que respecta a esta investigación consideraremos la versión de la escalera según como estaba planteada en el proyecto y no como fue finalmente construida.
[47] De 1.2 m de lado.
[48] Nótese la similitud del trayecto de ascenso hacia la capilla respecto al del Templo de Apolo en Delfos, cuyo recorrido ha sido descrito analíticamente por Rex Martienssen *La idea del espacio en la arquitectura griega* (1956).

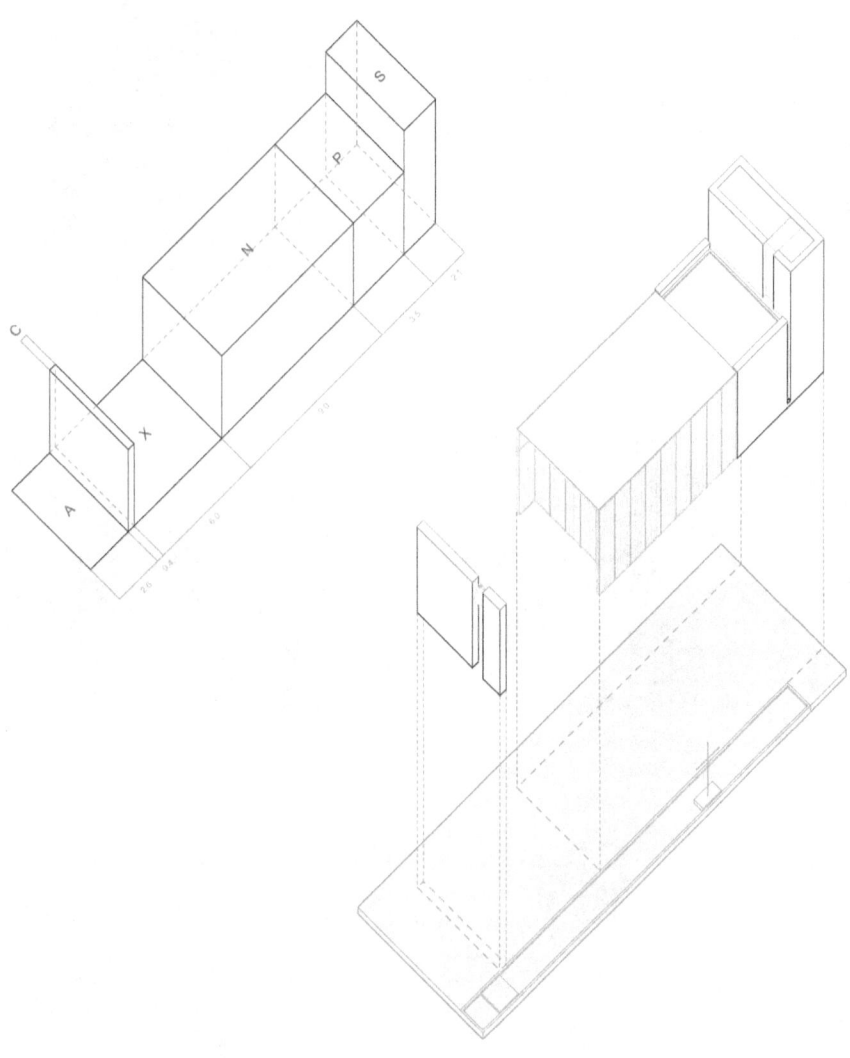

Fig. 47. Capilla de La Milagrosa. Esquema axonométrico con las distintas franjas programáticas que componen la planta de la edificación (a), todas ellas dispuestas sobre un basamento de planta rectangular (b). De sur a norte, el edificio se compone de las siguientes estancias o elementos: el atrio descubierto (de 2.7 m de profundo respecto ala longitud de la planta), el campanario (0.4m), el patio de antesala (6m), la sala de congregación (9 m), el presbiterio (3.5 m), y finalmente la sacristía (2.15 m). Créditos: elaboración propia.

Fig.48. Capilla de La Milagrosa. Fotografías de la secuencia de ascenso de la colina por los distintos tramos de la escalera. Créditos: elaboración propia.

Tras cruzar este último umbral, el devoto se encuentra en el extremo opuesto de la cabecera del templo y de cara al eje de circulación principal de la capilla, definido por los dos muros que conforman el campanario (Fig. 49). Dichos muros son bloques de hormigón revestidos por lajas de piedra, separados entre sí mediante una dilatación de 70cm ligeramente descentrada hacia el noreste, en medio de la cual pende en la parte superior una modesta campana de hierro. Pasando por la ranura que divide ambos muros, el espacio contiguo es un recinto abierto hacia este y oeste –bautizado «el patio de confesiones»–, el cual sirve como una especie de atrio o nártex externo que separa al volumen principal del campanario, al tiempo que configura la antesala desde la que se ingresa al espacio de congregación (Fig. 50).

Los muros del campanario marcan un límite entre el adentro y el afuera –o si se quiere, entre el espacio profano y el sagrado–, acentuado además por el despiece del pavimento, que sobre la zona del atrio está compuesto por tablones de madera perpendiculares al eje de la planta, mientras que a partir del campanario –es decir, desde la superficie que va desde el patio de confesiones hasta el espacio de la sacristía–, lo conforman baldosas rectangulares de cemento pulido color ocre, dispuestas en un aparejo a «matajuntas» en sentido paralelo al eje longitudinal de la edificación.

El volumen contiguo al patio de confesiones es aquel que recubre la zona de la asamblea, y consiste en un paralelepípedo de 5.5 m de ancho, 9 m de largo y 4m de alto, cerrado en cada uno de sus costados menos en aquel que vincula los espacios de la nave y el altar (Fig. 51). Dicho volumen está constituido por un armazón de piezas tubulares, al cual se adhiriere modularmente un conjunto de bastidores metálicos de 1 m de ancho; estos últimos tienen una serie de pasadores instalados cada 30 cm, a través de los cuales se ensamblan los múltiples listones de madera que revisten el cuerpo de la nave, tanto en el interior como en el exterior (Fig. 52). El revestimiento lo componen tan solo cuatro tipos de pieza (de 50, 75, 150 y 200 cm), las cuales, al estar perforadas en los costados según las distancias establecidas por los pasadores, han sido ensambladas y apiladas *in situ,* con la intención de recrear, según

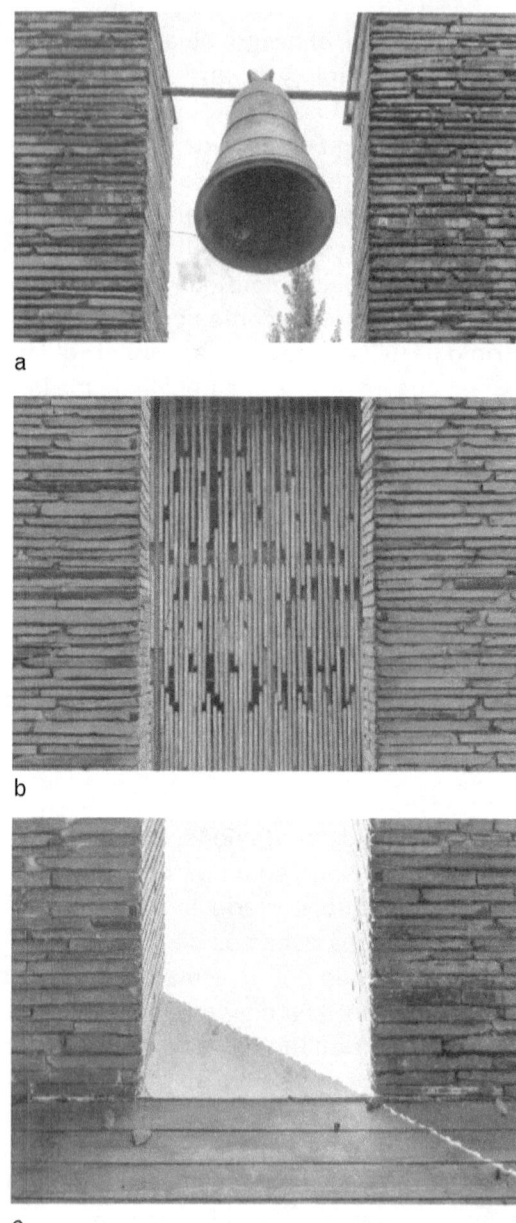

Fig.49. Capilla de La Milagrosa. Fotografías de la dilatación entre los muros que conforman el elemento del campanario. Créditos: elaboración propia (a y c) y Santiago Ballén (b).

a

b

Fig.50. Capilla de La Milagrosa. Fotografías del patio que da acceso al espacio principal, visto frontalmente (a) y lateralmente (b). Créditos: Natalia Borda (a) y elaboración propia (b).

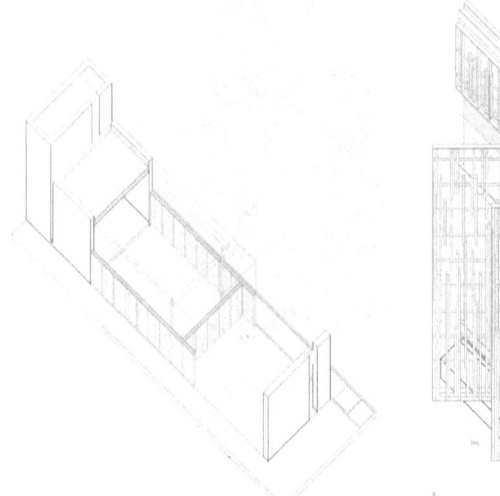
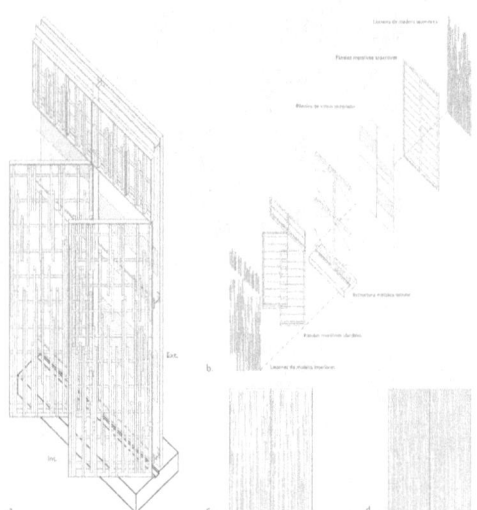

Fig.51. Capilla de La Milagrosa. Esquema axonométrico del volumen del espacio de congregación. Créditos: elaboración propia.

Fig.52. Capilla de La Milagrosa. Detalle axonométrico comprimido (a) y explotado (b) del cerramiento del volumen del espacio de congregación. Créditos: elaboración propia, inspirada en los dibujos previos de Chad Scwartz en Introducing Architectural Tectonics, p. 161.

Fig.53. Capilla de La Milagrosa. Fotografía del costado suroeste del volumen de la asamblea. La composición de la fachada crea una resonancia visual con la imagen de los troncos raídos del paisaje lejano. Créditos: Natalia Borda.

Bonilla, la imagen de los troncos raídos de un bosque lejano, situado justamente hacia el noroeste de la capilla[49] (Fig.53).

En total, son nueve los bastidores que recubren –a cada lado de la estructura– los costados oriental y occidental del cerramiento vertical de la nave; y cinco los que recubren el costado suroriental. Estos últimos están ligeramente retranqueados hacia el interior, de modo que, en planta, el conjunto presenta una configuración en forma de «H», cuyo patíbulo se encuentra descentrado hacia el exterior (Fig. 54). Este leve retroceso conforma, además, un pequeño alero de 1 m de ancho, que, al modo de los umbrales en los templos *in antis*, precede al espacio de congregación.

La responsabilidad de dar ingreso al espacio principal la asume –sin ningún gesto formal que lo distinga, aunque en correspondencia con el eje de circulación marcado por la dilatación entre el doble muro del campanario–, el segundo módulo de este a oeste de la fachada suroriental; este, al estar compuesto por un doble panel, ha de ser abatido en dos tiempos para dar paso al espacio principal: primero, mediante la apertura del panel exterior hacia afuera, y segundo, mediante la apertura del panel interior hacia adentro. Tras cruzar esta doble puerta, el visitante ingresa a una sala de planta rectangular con proporción de uno a tres, en donde las dos primeras partes las ocupa el espacio de la asamblea y la tercera la ocupa el presbiterio (Fig. 55).

La asamblea está dividida en dos crujías dispuestas en torno a un pasillo descentrado pero no hacia el este –en correspondencia con el eje de acceso y el remate visual establecido por el vano que separa los espacios del presbiterio y la sacristía–, sino por el contrario, hacia el oeste, quizás para equilibrar compositivamente el otro lado de la sala.

---

[49] «Cuando visitamos por primera vez el lugar, me impresionó inmediatamente el color de los troncos de los árboles de la zona. Algunos de los árboles periféricos de los bosques circundantes habían sido talados recientemente, lo que dejó al descubierto los árboles que estaban ocultos en el interior del bosque. Sus troncos eran de un color naranja muy particular (habían mantenido este color porque no estaban expuestos directamente al sol) y tradujimos esa imagen del bosque a la envoltura del edificio». Descripción de Daniel Bonilla de la justificación material del cerramiento en el Vol. 2 de la revista *Latitudes* (2010), publicada por la Escuela de Arquitectura de la Universidad de Texas.

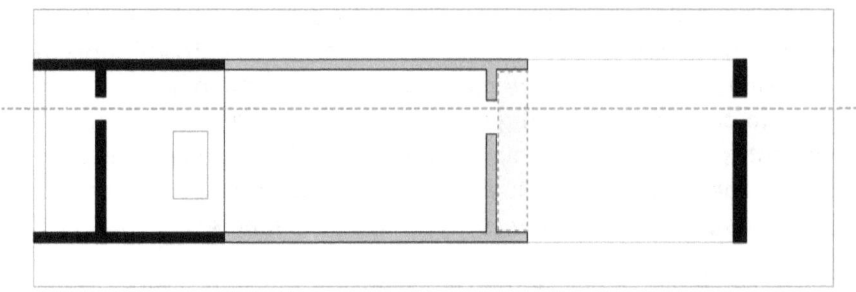

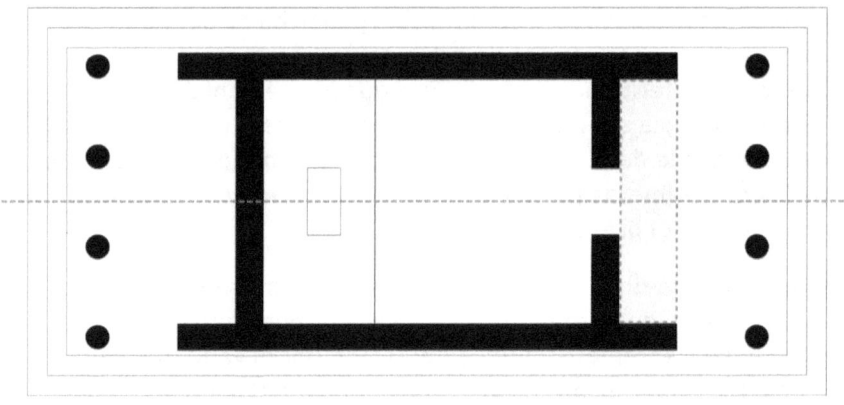

Fig.54. Capilla de La Milagrosa. Imagen comparativa de la planta de la capilla y la de un templo *in antis*. Nótese la semejanza en el retranqueo del plano de la fachada principal, así como la condición análoga de las distintas franjas programáticas. Créditos: elaboración propia.

a

b

Fig.55. Capilla de La Milagrosa. Fotografía de la sala de congregación desde la zona de ingreso (a) y desde la zona del altar (b). Créditos: Natalia Borda (a) y Alberto Fonseca (b).

Cada crujía de asientos está compuesta por cinco filas de bancos, cuyo ancho es de 1.5 m hacia occidente y de 2 m hacia oriente. El mueble de los bancos es una estructura híbrida de metal y madera compuesta por las siguientes piezas: dos tapas de madera que corresponden a los elementos del asiento y el reclinatorio; la estructura del banco, conformada por una sistema de varillas metálicas que configuran el soporte de las superficies de madera; y por último, el espaldar de la silla, que constituye el remate de la estructura, y consiste en un travesaño de sección cilíndrica revestida por una membrana de espuma.

Por su parte, el presbiterio se encuentra elevado 20 cm respecto al nivel de la sala, y allí aparece, en dirección a la nave, el mueble del altar: una mesa de madera de 1x2 m de ancho y 0.9 de alto, situada sobre el eje del pasillo que divide las dos crujías de los asientos. Una serie de elementos complementarios se encuentran anclados a las paredes internas de los muros que delimitan el espacio del presbiterio: en la pared del muro suroeste hay una repisa baja que sirve como credencia[50]; en la del muro noroeste están los elementos del sagrario y la cruz; y finalmente, en la del muro noreste hay una repisa alta para disponer sobre ella cirios y veladoras.

Si desde el exterior, los módulos del cerramiento contribuyen a la percepción de un volumen opaco y hermético, en el interior funcionan como los tamices verticales de una caja translúcida que permite el paso graduado y controlado de la luz. Justamente en el espacio que hay entre los paneles de cada módulo, es decir, en los ejes de la estructura metálica, se encuentran ensambladas las distintas láminas de vidrio que formalizan el límite entre el interior y el exterior; en medio de las cuales aparecen esporádicamente y, de forma aleatoria, una serie de vitrales azules y amarillos que alteran en ciertos puntos la coloración aparente de la luz natural desde el interior. A diferencia de los módulos exteriores, que son ininterrumpidos de piso a techo, los módulos interiores están divididos en dos piezas distintas: una de 75 cm de altura,

---

[50] Mesa que se pone junto al altar para disponer allí lo utensilios que sirven a la celebración.

fijada hacia la parte superior del cerramiento; y otra de 3 m, que al igual que las puertas de la fachada sureste, pueden ser parcialmente abatidas hacia adentro, con el fin de permitir un mayor ingreso de luz hacia el interior.

Dirijamos ahora la mirada hacia el cielorraso. El espacio principal se encuentra recubierto por un doble techo cuyo revestimiento está compuesto, al igual que en los paneles verticales, por listones de madera apilados de forma intercalada; aunque en este caso dispuestos transversalmente respecto al eje de la planta. El techo superior del espacio corresponde al cerramiento horizontal del volumen de la asamblea, el cual cubre por completo la franja programática de la nave; el techo inferior es, por el contrario, un plano rebajado que «se adentra» por completo hacia el presbítero y al mismo tiempo se encuentra retrocedido 1 m respecto al punto de ingreso a la sala. Sobre el presbiterio, el plano «flota» en apariencia, por el hecho de que la losa está imperceptiblemente amarrada a los hierros de refuerzo de los dos muros laterales, mientras que hacia la zona del ingreso el techo reposa sobre dos columnas tubulares de 10 cm de diámetro, separadas 4.5 m entre ellas, y dilatadas 25 cm respecto a los paneles de cerramiento vertical.

En la secuencia de las franjas programáticas, el último espacio de la planta corresponde al volumen de la sacristía, el cual marca el único punto en el que la capilla se desprende de su homogéneo alzado de 4 m de altura. La totalidad de los muros que encierran el volumen tienen una altura de 6 m, siendo esta, entonces, la parte más alta del conjunto, y aquella que concreta simultáneamente el remate visual y espacial de la edificación. No obstante, el cambio de altura no es el único gesto formal que marca una distinción entre los volúmenes del presbiterio y el altar –que tanto en el interior como en el exterior presentan el mismo revestimiento material–: adicionalmente, los dos ámbitos se encuentran separados por una leve dilatación de 20 cm –sellada en los laterales y en la cubierta por láminas de vidrio templado–, la cual configura una rendija de luz en torno a la zona del altar.

En el umbral que conduce del espacio del presbiterio al de la sacristía, el visitante se enfrenta a un gesto reconocible, y es el hecho de que los dos muros que comunican ambas estancias presentan exactamente la misma dilatación de piso a techo que los muros del campanario; ambas dilataciones coinciden entre ellas y, por esto mismo, con el eje de circulación que comunica la totalidad de dependencias de la edificación (Fig. 56). El de la sacristía es un espacio estrecho de doble altura con dos aberturas hacia el exterior: una vertical, en la fachada noroeste, constituida por una ventana corrida de 5 m de ancho y 0.6 m de alto, abierta hacia el paisaje cercano y situada a la altura de los ojos del espectador; y otra cenital, correspondiente a un lucernario que recubre el vano de los dos muros transversales que sobresalen respecto al resto del volumen, y que «gira» también sobre la superficie de la cubierta, definiendo entonces una ranura continua de luz natural.

La apertura de la «caja de los milagros»

Como parte del desarrollo conceptual del proyecto estaba previsto que una vez al mes la Capilla quedara abierta al público en un sentido tanto figurado como literal[51]. El sentido figurado alude al hecho de que, si bien la capilla forma parte de un encargo privado, la posibilidad de que esta pudiera congregar otras personas –tanto allegados a los dueños como devotos que habitan en las inmediaciones del sitio– contribuiría a restituir o cuando menos insinuar la vocación pública que un edificio de culto posee por naturaleza.

En cuanto al sentido literal, una de las directrices del proyecto apuntaba a que la edificación debería poder adaptarse esporádicamente a un esquema de misa campal, con el objetivo de aumentar el número de personas que pudiesen participar en una determinada celebración. El medio para hacerlo, como veremos en detalle a continuación, es bastante peculiar, y consiste en el desplazamiento lateral del volumen que recubre la zona de la asamblea en dirección al patio de antesala, para así aumentar, por un lado, la extensión longitudinal de la nave, pero también para configurar un escenario en donde una parte del edificio se convierte en un techo abierto hacia la explanada, en torno al cual los devotos se sitúan libremente en el espacio exterior (Fig. 57).

[51] Véase: Daniel Bonilla, *Porciúncula Chapel* (Latitudes, Vol. 2., 2010).

a

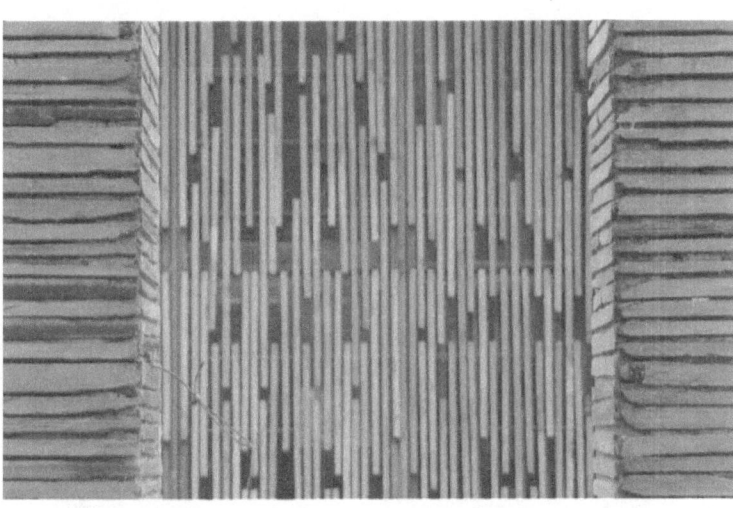

b

Fig.56. Capilla de La Milagrosa. Fotografías del vano que comunica el espacio del presbiterio con el de la sacristía en ambos sentidos. El eje del vano coincide con el que separa los dos muros del campanario, y remata justamente en el tronco de un pino centenario situado tras la cabecera de la capilla. Créditos: elaboración propia.

a

b

Fig.57. Capilla de La Milagrosa. Fotografías desde la ladera con el cuerpo de la nave abierto, y un grupo de visitantes orientados hacia el retablo exterior. Créditos: Daniel Bonilla (a); Juan Camilo Arango Restrepo (b), imagen editada.

a

b

Fig.58. Capilla de Los Nogales, Daniel Bonilla. El edificio abierto y cerrado.

Las posibilidades formales y espaciales de este tipo de operaciones ya habían sido exploradas por Bonilla en un proyecto precedente: una capilla institucional de poco más de 360 m2 situada dentro de las instalaciones del Colegio de Los Nogales –un centro educativo ubicado en la zona norte de Bogotá– (Fig. 58-59). Allí, Bonilla había sentado cuatro años antes las bases de lo que sería el esquema formal del proyecto de La Calera, bajo la particular directriz del encargo según la cual el edificio debía estar en capacidad de servir como sede de dos escenarios diferenciados: por un lado, como espacio de congregación y oración al servicio de un grupo reducido de devotos, en donde el aforo necesario sería de aproximadamente 100 personas; y por el otro, como sede de las misas campales programadas para los grupos mayoritarios de la comunidad académica, en donde el aforo necesario de personas ascendería a los 2000 personas.

Partiendo de dicha premisa, Bonilla indaga sobre los medios proyectuales a través de los cuales el edificio podría llegar a dar cabida a ambos escenarios, y resuelve concebir el objeto arquitectónico como un ente «mutable» en el que la apertura de una de las superficies del cerramiento del edificio –una imponente doble puerta en madera que abre manualmente hacia el exterior– permite pasar de una relación escenario-asamblea introvertida (en donde la capacidad del aforo se limita al área dispuesta para dicho fin), a una relación escenario-asamblea extrovertida, en donde. el espacio originalmente ocupado por la nave se convierte en sede de un presbiterio abierto hacia el exterior, y la plaza contigua al volumen se transforma en un anfiteatro efímero y descubierto. El desenvolvimiento como nave externa de este último altera considerablemente la escala del edificio y, por consiguiente, la capacidad de aforo del espacio de congregación.

En La Porciúncula, Bonilla retoma la idea de concebir la capilla como un objeto adaptable a los distintos escenarios de aforo de la asamblea, aunque a diferencia del proyecto de Los Nogales, en donde el medio para producir la transformación del edificio es un sistema de «fachadas abatibles» (Fig. 60), en La Calera el arquitecto plantea una importante variable al procedimiento, y es el hecho de que la apertura del volumen se produce por medio del deslizamiento del cerramiento de una de las franjas programáticas del edificio: aquella que contiene la zona del espacio de reunión.

Fig.59. Capilla de Los Nogales, Daniel Bonilla. El edificio funcionando bajo un escenario de misa campal (a), y durante el ritual de apertura de la doble puerta (b).

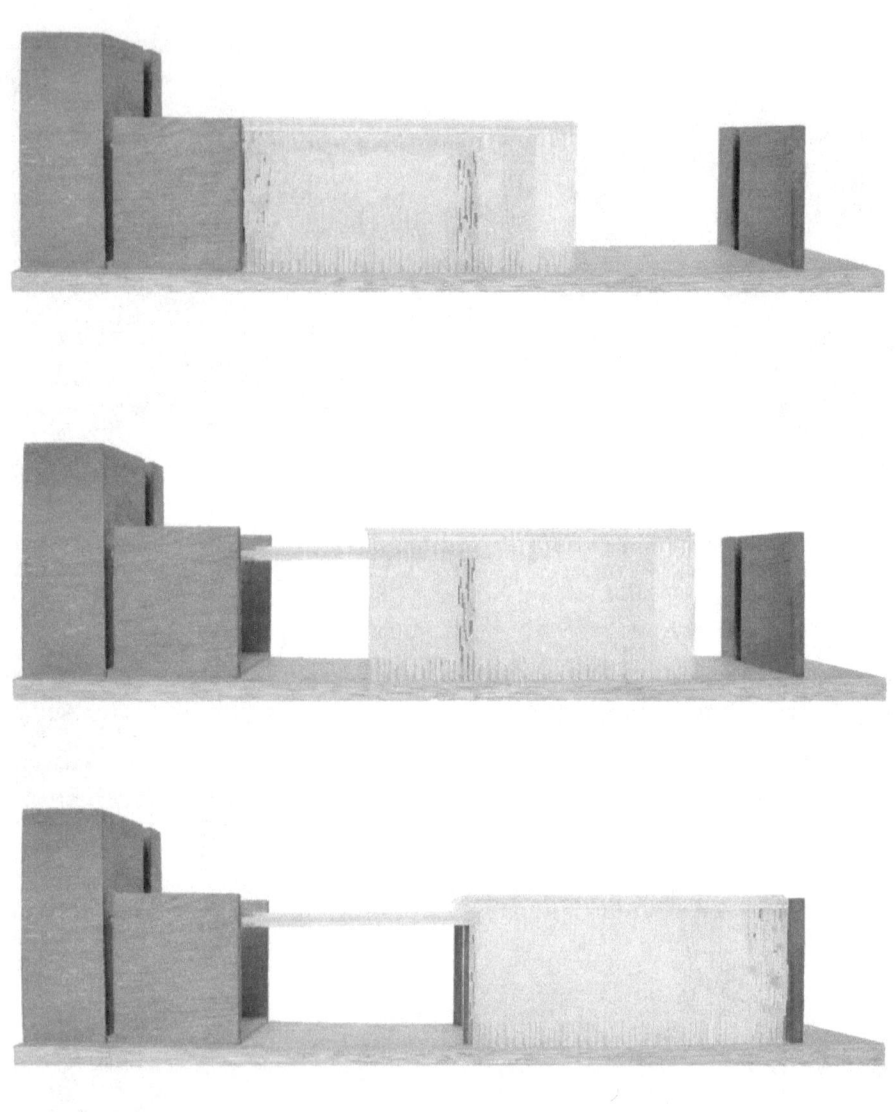

Fig.60. Capilla de La Milagrosa. Funcionamiento de la apertura del edificio en maqueta. Créditos: Laura Sepúlveda.

Como hemos visto antes, la composición material de dicho espacio se diferencia sustancialmente del resto de las dependencias de la capilla en términos de ligereza y porosidad; y la razón de ello es la necesidad de desplazar la caja del volumen de la asamblea, en aras de posibilitar la apertura de la capilla hacia el exterior. Para ello, la totalidad del cerramiento descansa sobre seis rodachinas metálicas insertadas dentro un sistema de rieles paralelo al eje longitudinal de la planta, las cuales permiten que el conjunto pueda ser acarreado manualmente en dirección al espacio vacío del patio de recepción.

Como resultado, con el desplazamiento de la caja se produce una «grieta» entre los espacios originales de la asamblea y el altar, que «abre» de forma transversal el espacio hacia el paisaje circundante. De un modo semejante a como ocurre en Los Nogales, esto posibilita que el presbiterio pueda ser trasladado hacia la zona de la abertura, de cara a la explanada, la cual, bajo los mismos criterios expuestos anteriormente, puede utilizarse como una especie de anfiteatro o nave exterior.

Llegando a este punto es necesario traer a colación una serie de antecedentes respecto a la concepción del edificio como un objeto mutable, en donde la alteración de uno o varios elementos arquitectónicos resulta en una completa transformación de las relaciones espaciales que se producen al interior del proyecto, o bien entre el interior y el exterior. Haremos una breve alusión a dos grupos de proyectos con atributos semejantes a los de la Capilla de La Calera: unos en donde el uso de una fachada deslizable produce una unificación entre un auditorio interior con otro exterior; y otros en donde el uso de tabiques móviles permite lograr una concatenación de estancias antes separadas, o por el contrario, la compartimentación de una estancia mayor.

En cuanto al primer grupo nos referimos específicamente a las «Boîtes-à-Miracles» o «Cajas Milagrosas»: un modelo arquitectónico ideado por Le Corbusier y que, pese a no construirse, es un componente infaltable en los complejos culturales desarrollados por el estudio del suizo durante las décadas de los 50s y los 60s (Fig. 61-62); está presente en el Museo de Bellas Artes de Tokio (1957-1959), y en los centros artísticos de

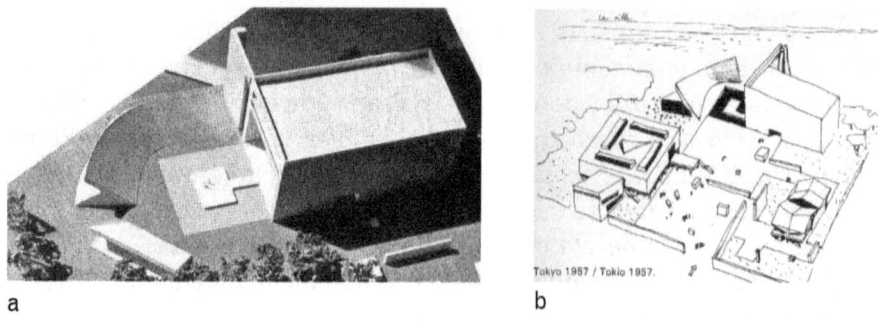

Fig.61.Boîte à Miracles del Museo de Tokio, Le Corbusier. Imágenes de la maqueta y de uno de los sketches de la propuesta.

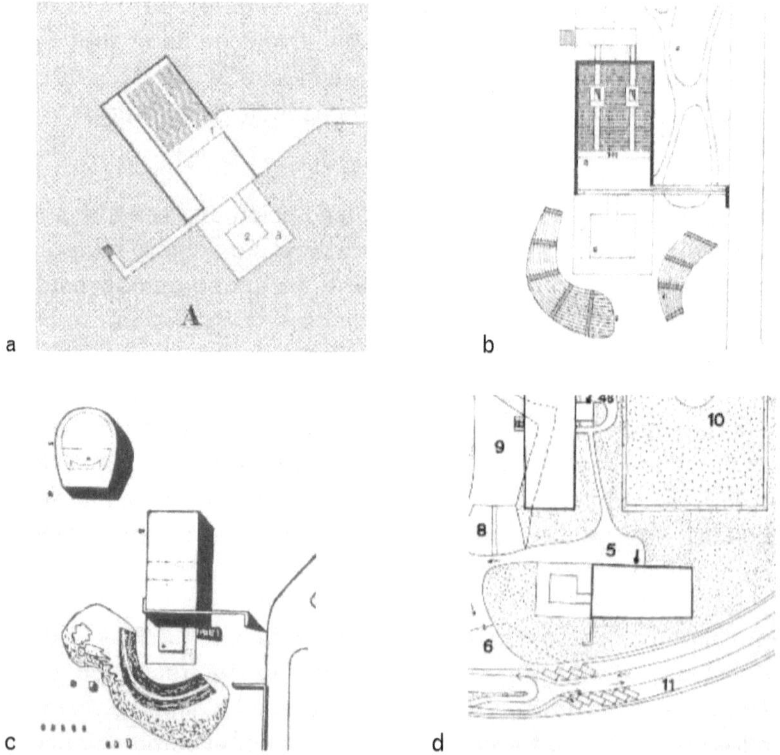

Fig.62. Planta de las Boîtes à Miracles del Museo de Bellas Artes de Chandigarh (a), Tokyo (b), Ahmedabad (c) y el Centro Cultural de Firminy (d).

Ahmedabad (1951-1953), Firminy-Vert (1960-1965), Orsay (1961), Erlenbach (1963) y Chandigarh (1964-1968)[52].

Las «Cajas Milagrosas» son una serie de volúmenes de planta rectangular prácticamente herméticos y que en términos programáticos albergan un teatro en su interior. No obstante, la particularidad del modelo reside en el hecho de que la fachada hacia la cual se orienta el público –una de las caras más cortas del volumen –está conformada, al igual que en las capillas de Bonilla–, por una enorme pared deslizante que, al abrirse, vincula la zona del teatro con un segundo escenario descubierto, flanqueado por una serie de gradas y colinas artificiales dispuestas para albergar un mayor número de espectadores en el exterior.

Como resulta evidente, las motivaciones de Bonilla y de Le Corbusier parecen ser las mismas (FIG. 63a-b): por un lado, la posibilidad de aumentar la superficie del escenario, en tanto que en el caso de Le Corbusier la vinculación de las dos tarimas permite un espacio más amplio para el montaje o la representación, mientras que en las dos capillas la traslación del presbiterio a la nave amplía el espacio dispuesto para la celebración. Por otro lado está la ya mencionada necesidad de ampliar la cantidad de personas que pueden asistir a un determinado acto, con el público situado en el exterior en el caso de Los Nogales, o simultáneamente en el interior y en el exterior, como es el caso del proyecto de La Calera y los diferentes ejemplos de las Boîtes-à-Miracles.

Mención aparte merece el caso de la Capilla de Ronchamp, que, como ha señalado Josep Quetglas en su Breviario sobre la obra, bien podría considerarse como «una más entre las ["Cajas Milagrosas"]»[53], pues si bien allí no existe una pared deslizante que vincule una estancia cubierta con otra descubierta, sí están presentes las condiciones de un doble escenario interior-exterior (FIG. 63c). Cada escenario se utiliza en función de si la celebración ha de realizarse para un grupo reducido de devotos en el interior de la capilla, o por el contrario, en el explanada de la colina, para dar «cabida» a los amplios grupos de peregrinos que se aproximan a la ermita durante las jornadas de procesión.

---

[52] Véanse los volúmenes 6, 7 y 8 de la Œuvre *complète* de Le Corbusier.
[53] Quetglas, *Breviario de Ronchamp*, p.199.

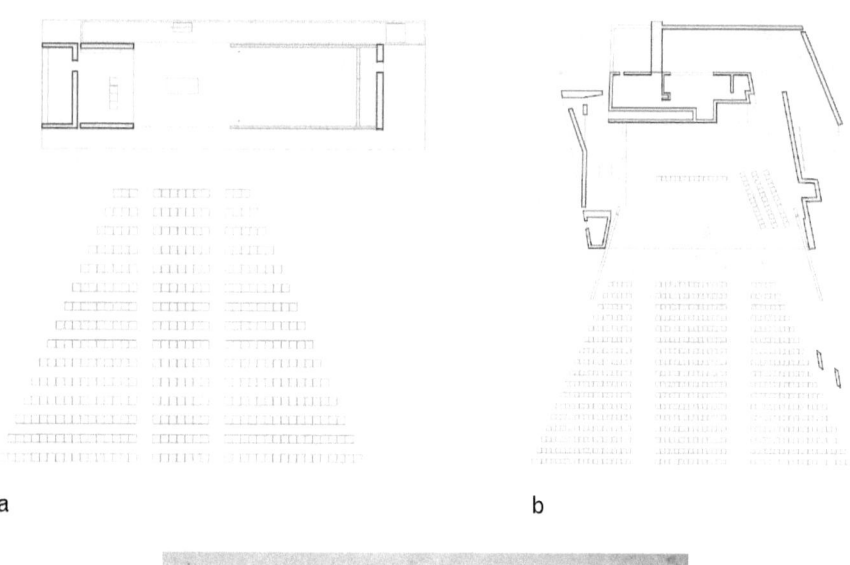

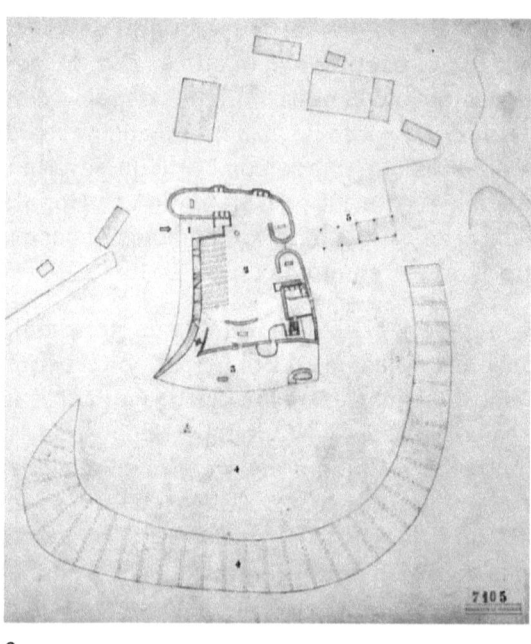

Fig.63. Esquemas en planta del funcionamiento del edificio ante un escenario de misa campal en: la Capilla de La Milagrosa (a), la Capilla de Los Nogales y la Capilla de Ronchamp (c).

El segundo grupo de proyectos al que nos referiremos lo conforman aquellos casos en donde el desplazamiento de las particiones internas de un edificio conlleva a una subsecuente ampliación del espacio de la asamblea.

Fundamentalmente nos concentraremos en resaltar la relevancia de dos casos en particular: la Iglesia de las Tres Cruces en Vuoksenniska, de Alvar Aalto, proyectada entre 1955 y 1958, y la Capilla de Otaniemi en Espoo, de Heikki y Kija Siren, proyectada entre 1954 y 1957 (Fig. 99). La referencia a estas dos obras no responde tanto a la circunstancia de que ambos sean edificios de culto, como al hecho de que, de forma contemporánea a las «Cajas» de Le Corbusier, los dos arquitectos finlandeses coinciden en el desarrollo de artificios equivalentes, cuyo fin es propiciar la variabilidad del aforo de los auditorios respecto a la zona del altar.

En los dos casos, el medio para lograr dicho propósito es prácticamente el mismo: sistemas de tabiques móviles desplazables mediante motores eléctricos, que dividen o comunican tres ámbitos diferenciados dentro de un esquema de nave axial: de planta trapezoidal en el caso de las Tres Cruces (Fig. 64a) y rectangular escalonada en el de Otaniemi (Fig. 64b). La mayor distinción entre estos dos proyectos y el de Bonilla, si bien todos ellos se valen de sistemas dinámicos para producir la extensión o distensión de los diversos ámbitos, es el hecho de que en los dos ejemplos finlandeses el desplazamiento ocurre en sentido transversal a la dirección predominante del espacio –mediante una serie de muros que aparecen o desaparecen según la ocasión–, mientras que en La Calera el desplazamiento ocurre en el sentido longitudinal de la planta, y son los mismos elementos constitutivos del escenario previo los que intervienen activamente en la transformación (Fig. 64c); a saber, el cubrimiento de un espacio antes descubierto y el desplazamiento del límite físico del fondo de la sala de congregación.

Una segunda diferencia sustancial separa los ejemplos de Aalto y Siren de Bonilla, y es el hecho de que en los casos finlandeses el sistema funciona de forma mecánica, mientras que en los colombianos lo hace de forma manual. Dicha circunstancia no solo contribuye a abaratar los

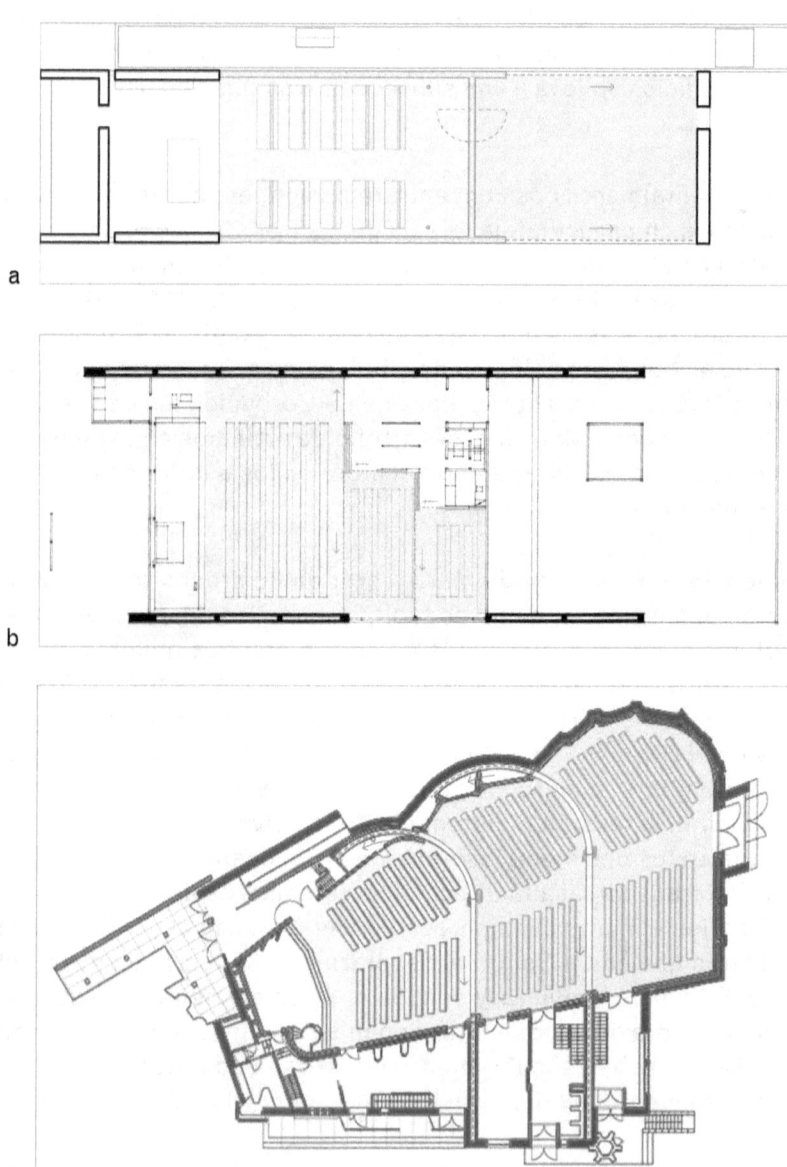

Fig.64. Esquema de funcionamiento de los aparatos móviles en La Calera (a), Espoo (b) y Vouksenniska (c).Créditos: elaboración propia (a).

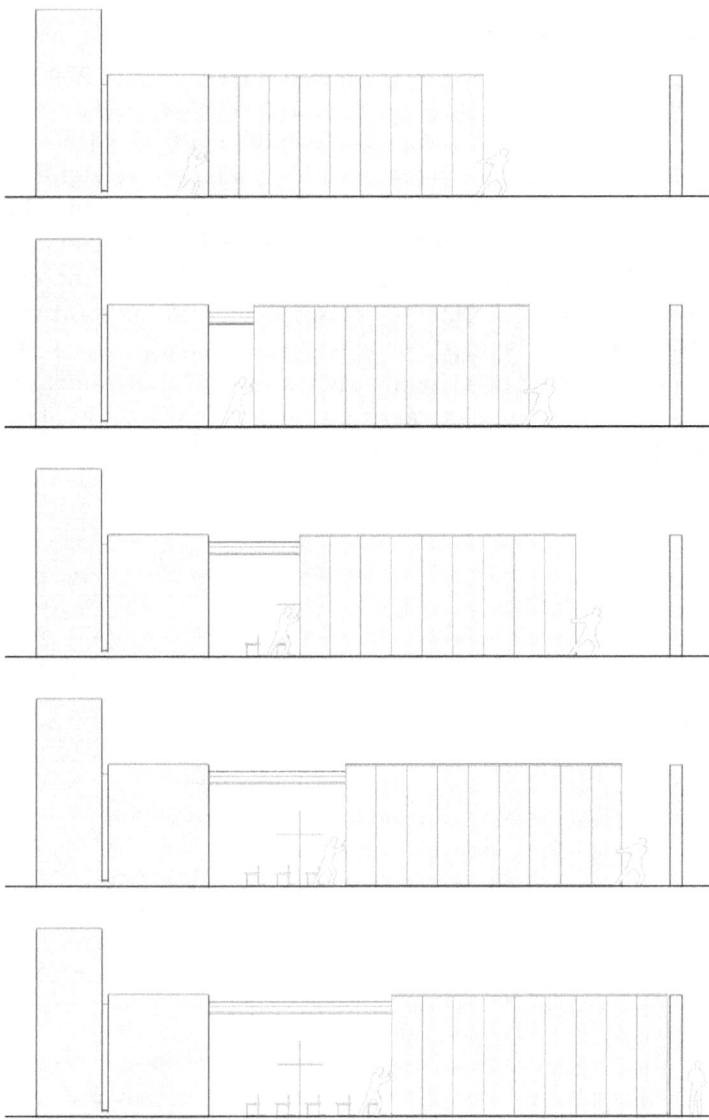

Fig.65. Capilla de La Milagrosa. Esquema en alzado del accionamiento colectivo del aparato móvil en dirección al patio de antesala. Créditos: elaboración propia.

costos de la estructura, sino que además permite imprimir a la apertura del edificio una fuerte carga simbólica, en donde se vuelve imprescindible la intervención de la acción humana (Fig. 65). Desconocemos si en las Boîtes-à-Miracles Le Corbusier contemplaba que las paredes deslizantes tuviesen una apertura mecánica o manual, pero es significativo que en Ronchamp –caja milagrosa por antonomasia– la «activación» de la celebración a uno y otro lado del muro este dependa de la cambiante orientación de la figura de la Virgen en el nicho que sobresale hacia ambos escenarios, dispuesta sobre una plataforma rotativa para dicho fin. Algo semejante puede pensarse que ocurre en los escenarios de misa campal tanto de Los Nogales como de La Calera, en donde el acontecimiento no solo da paso al rito, sino que el mismo proceso de apertura del edificio adquiere un indisociable carácter ritual.

Capilla del Retiro, Cristián Undurraga, 2008-2009

Un valle en la cordillera de los Andes

La Capilla del Retiro –obra del estudio chileno Undurraga-Devés Arquitectos–, está localizada al norte del valle longitudinal que atraviesa el Cordón de Chacabuco[54], en la Provincia de Los Andes, cerca de la frontera que separa la Región de Valparaíso de la Región Metropolitana de Chile (FIG. 66a). El terreno en cuestión corresponde justamente a la entrada del Valle del Aconcagua hacia el Túnel de Chacabuco –vía de comunicación entre las ciudades de Los Andes y Santiago–, y se encuentra contenido, por ende, a este y oeste, por las distintas cadenas montañosas que enmarcan la desembocadura, conocidas popularmente como las Serranías de Auco[55] (FIG. 66b). La explanada del valle se encuentra a 800 msnm; hacia occidente, los picos de las montañas oscilan entre los 1000 y los 1600 msnm, destacándose entre ellos el Cerro Carmelo y el Cerro de la Explanada, mientras que hacia oriente varían entre los 1200 y los 2000 msnm, con el Cerro Algarrobo como punto más alto de la conformación (FIG. 67a).

El edificio de la capilla está inscrito dentro del Santuario de Santa Teresa de Los Andes: un complejo religioso carmelita localizado 10 km al suroeste de la ciudad de Los Andes y 70 km al norte de Santiago, considerado con sobrados méritos uno de los mayores destinos procesionales de la región (FIG. 67b-68). La razón de este último hecho es que allí reposan los restos de Juanita Fernández Solar, la primera santa de Chile, y por tal motivo su imagen es ampliamente venerada por la comunidad católica del país.

---

[54] El Cordón de Chacabuco es una cadena montañosa transversal que conecta las dos grandes cordilleras chilenas que atraviesan el territorio en su sentido norte-sur: la Cordillera de la Costa y la Cordillera de los Andes. Dicho cordón marca una considerable separación en la depresión contenida entre ambas cordilleras, y aísla hacia el norte el Valle de Los Andes, del Valle Central hacia el sur.
[55] En voz indígena «Auco» quiere decir «aguas escasas».

a

b

Fig.66. Aerofotografía de la Cordillera de Los Andes a la altura del Valle Central de Chile (a); y aerofotografía de la entrada del Valle de Los Andes al Cordón de Chacabuco (b).

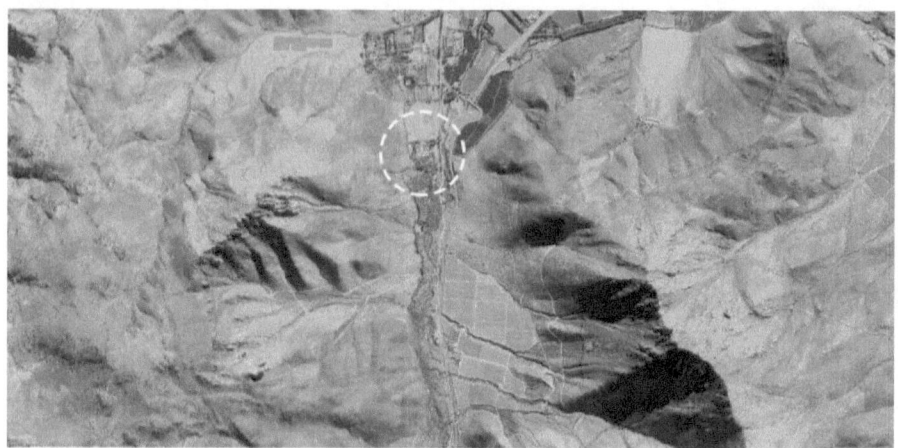

a

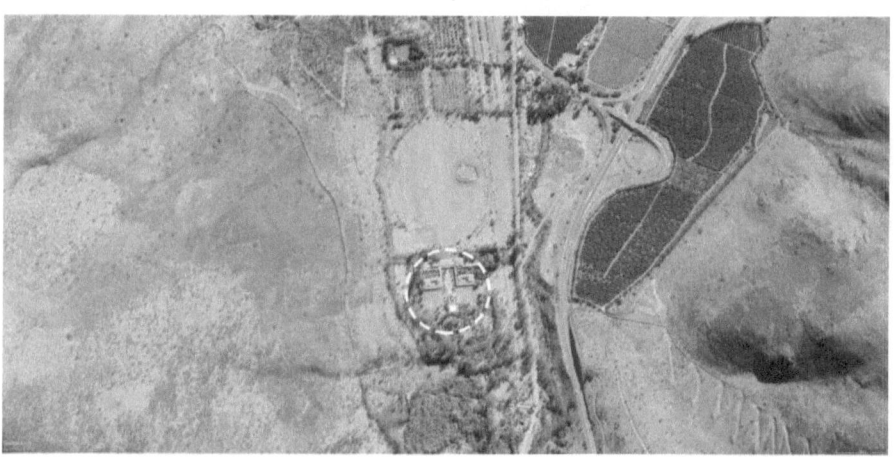

b

Fig.67. Aerofotografía de la entrada del Valle de Los Andes en medio de las Serranías de Auco (a); y aerofotografía del Santuario de Santa Teresa de Los Andes.

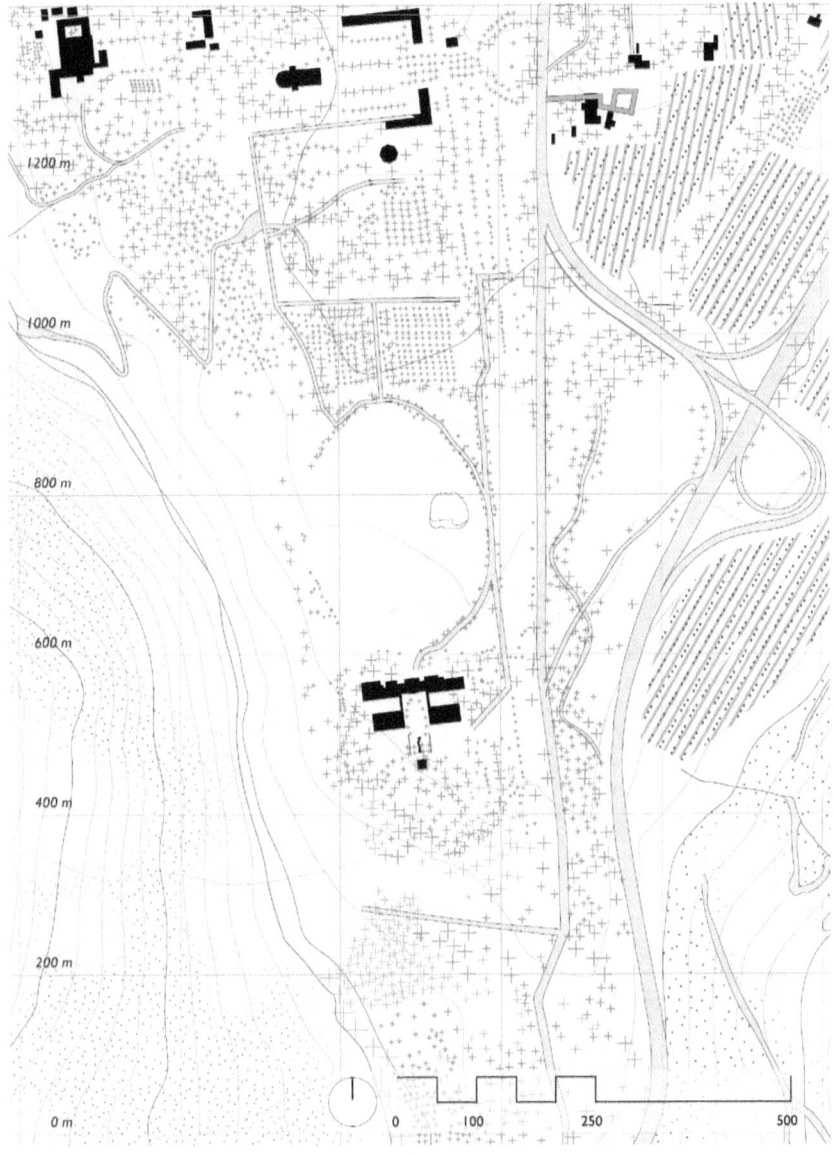

Fig.68. Plano de localización de la Capilla del Retiro en medio del Valle de Los Andes en Auco. Créditos: Laura Pineda.

a

b

Fig.69. Vista aérea del Santuario de Santa Teresa de Los Andes con el templo y la cripta en primer plano y la Casa de Huéspedes al fondo (a); y vista aérea de la localización de la Casa de Huéspedes dentro del Valle (b). Créditos: Leonardo Finotti (a).

En un comienzo, el cuerpo de Fernández Solar fue sepultado en el cementerio del antiguo Monasterio de las Carmelitas Descalzas –en la Av. Sarmiento de la ciudad de Los Andes– luego de que falleciese a los 19 años el 12 de abril de 1920, once meses después de haber ingresado a las instalaciones del convento. Pero en las décadas posteriores a su muerte se extendió una creciente veneración de la, para entonces llamada «sierva de Dios», que eventualmente contribuiría al traslado de su sarcófago al coro de la iglesia del Monasterio.

Así pues, el 18 de octubre 1987, seis meses después de que Juan Pablo II llevase a cabo la beatificación de la joven, se produce el traslado de la comunidad al terreno donde hoy se erige el Monasterio, en las faldas del Cerro Carmelo, así rebautizado por la toma de posesión del territorio por parte de la comunidad carmelita (Fig.69a). Finalmente, tras la construcción de un nuevo templo y una cripta para albergar las reliquias de la santa, mediante un rito en andas celebrado el 11 de diciembre de 1988, la urna fúnebre con los restos de Fernández Solar es trasladada hasta las dependencias del Santuario, donde se encuentran en la actualidad.

Hoy en día el Santuario es un proyecto en proceso de compleción, puesto que ante la considerable cantidad de personas que visitan el lugar cada año, estaba prevista la construcción de diversas estructuras aledañas como suplemento de las actividades ligadas a la peregrinación. Dichas estructuras han sido erigidas esporádicamente en las últimas décadas, y el conjunto ha venido completándose a través de una serie de intervenciones puntuales, cuyo último eslabón de la cadena es, hasta la fecha, el proyecto de la Capilla del Retiro.

Dentro del enorme complejo del Santuario –el cual comprende un terreno de más de 465 ha de extensión–, la Capilla se encuentra localizada en el extremo sur del predio, junto a la Casa de Retiro Espiritual (Fig. 69b). Esta última es una dependencia que, como su nombre lo indica, ofrece retiros espirituales a comunidades carmelitas o de laicos consagrados, circunstancia por la que se encuentra apartada respecto al resto de estructuras del Santuario. El proyecto de la Capilla del Retiro nace en este contexto, en el marco de un concurso privado convocado por el Monasterio Carmelita, que contempla la construcción de un espacio de congregación complementario de las dependencias preexistentes de la Casa.

El solar elegido para dicho fin corresponde a un terreno baldío situado en la parte trasera del edificio, justamente entre el conjunto residencial y una masa de árboles que se extiende longitudinalmente hacia el extremo sur del predio. Así pues, el emplazamiento de la capilla colinda hacia el norte con el volumen dentado de la Casa, hacia el sur con el bosque que marca el límite del predio del Santuario, y hacia oriente y occidente con los picos de las Serranías de Auco.

Trayecto descendente con desenlace radial

(FIG.70-75).

La distancia que separa al Santuario de la Capilla del Retiro es de poco menos de 1 km. El visitante está obligado a recorrer de norte a sur –a cielo abierto– un prolongado camino recto que va desde la plazoleta del Santuario –situada junto a la cripta de Santa Teresa de los Andes– hasta el vestíbulo de la Casa de Retiro Espiritual (FIG. 76). El trayecto inicialmente lleva al visitante por una serie de arboledas flanqueadas por algarrobos y, seguidamente, por una explanada delimitada mediante un sendero elipsoidal; acto seguido, después de atravesar el recibidor de la casa y cruzar el patio posterior del complejo, el devoto queda situado de cara al volumen de la capilla, justamente frente a su fachada principal.

El conjunto arquitectónico de la ermita consta fundamentalmente de cuatro piezas (FIG. 77a-d): en primer lugar, un recinto de planta irregular enterrado 3 m bajo el suelo, en cuyo centro geométrico se instaura un basamento de planta cuadrada[56]; ocho zapatas[57] situadas por fuera de los límites del recinto en una disposición octogonal respecto al centro del basamento; cuatro pantallas[58] entrecruzadas en torno al perímetro de la planta y apoyadas simétricamente sobre las zapatas; y finalmente un

---

[56] De 14 m de lado
[57] De 1.2 m de lado y 60cm de alto
[58] De un espesor de 35 cm, una altura de 5.4m y una longitud de 22 m

Fig.70. Capilla del Retiro. Axonometría general. Créditos: elaboración propia en colaboración con Laura Pineda y Sofía Blanco.

Fig.71. Capilla del Retiro. Planta de cubiertas. Créditos: elaboración propia en colaboración con Laura Pineda y Rafael Gómez.

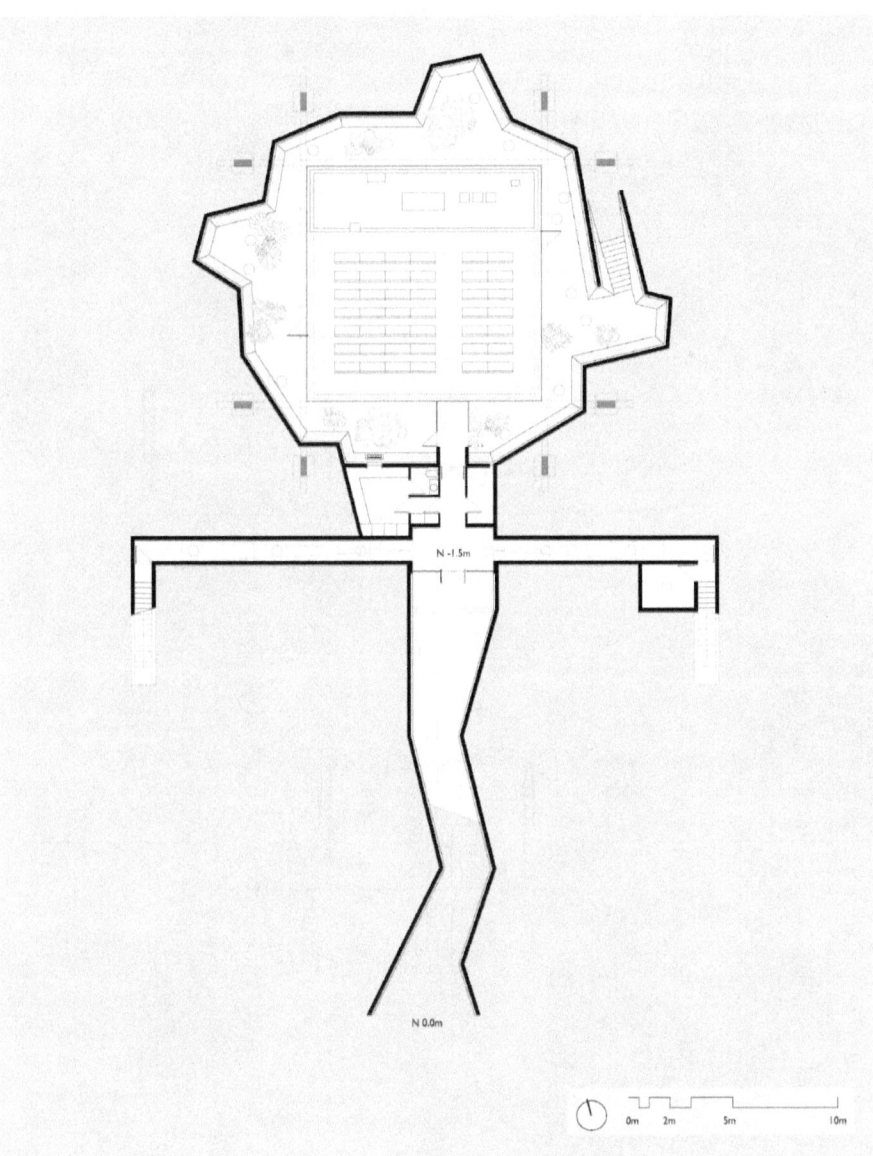

Fig.72. Capilla del Retiro. Planta general. Créditos: elaboración propia en colaboración con Laura Pineda y Rafael Gómez.

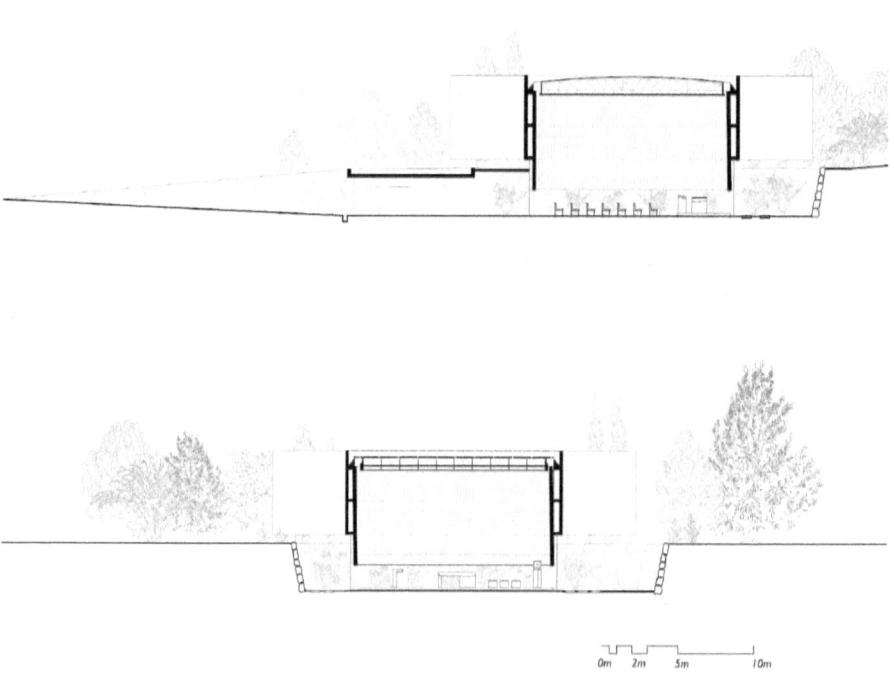

Fig.73. Capilla del Retiro. Cortes generales. Créditos: elaboración propia en colaboración con Laura Pineda y Rafael Gómez.

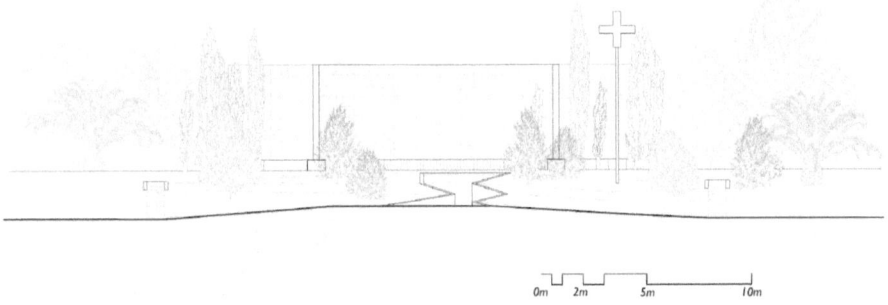

Fig.74. Capilla del Retiro. Alzados transversales. Créditos: elaboración propia en colaboración con Laura Pineda y Rafael Gómez.

Fig.75. Capilla del Retiro. Alzados longitudinales. Créditos: elaboración propia en colaboración con Laura Pineda y Rafael Gómez.

a

b

c

Fig.76. Capilla del Retiro. Secuencia de aproximación a la capilla desde la plaza principal del Santuario, pasando previamente por la Casa de Huéspedes. Créditos: elaboración propia

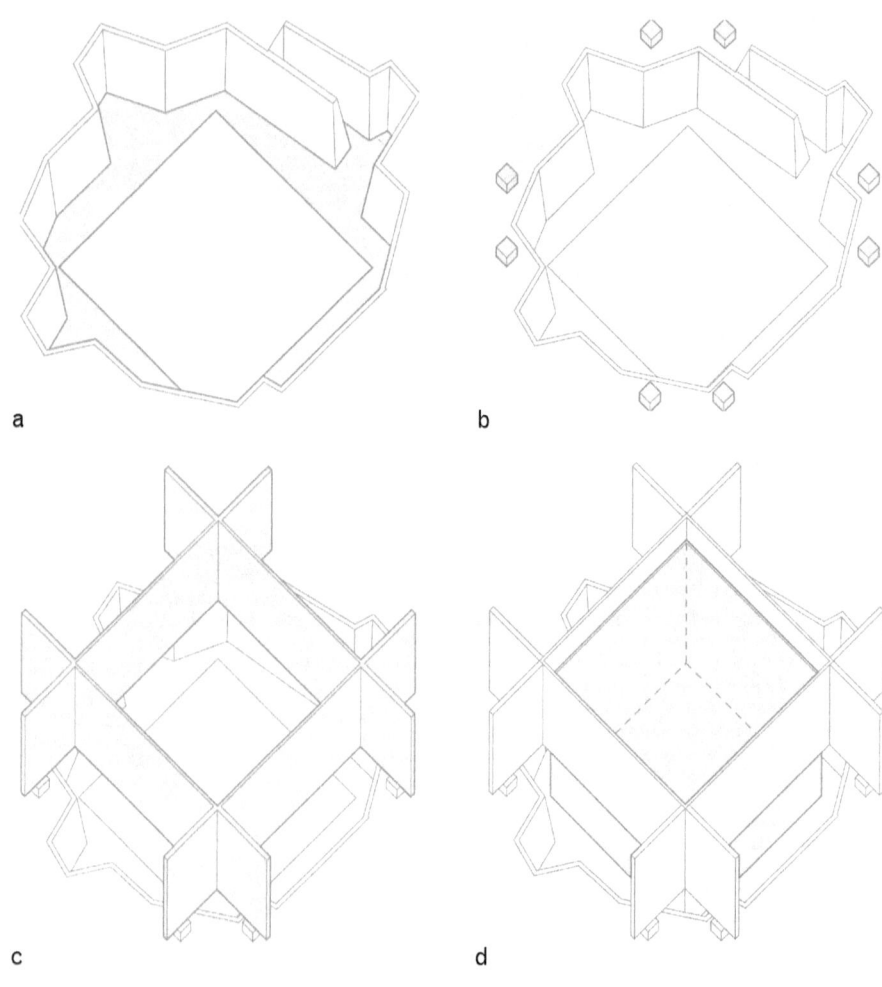

Fig.77. Capilla del Retiro. Esquema de descomposición del edificio según sus partes constitutivas: un recinto excavado con un basamento dentro (a), ocho zapatas dispuestas en torno al recinto (b), cuatro vigas-pantalla entrecruzadas y dispuestas sobre los ocho apoyos (c), y una caja de madera incrustada dentro del vacío de las cuatro vigas. Créditos: elaboración propia.

volumen de planta cuadrada[59] encajado dentro del vacío configurado por la intersección de las vigas, apoyado a la vez sobre el nivel de la losa del basamento.

A estos componentes hay que añadir otros tres, que son los caminos que conducen al interior de la ermita y comunican directamente con los sistemas de circulación de la Casa de Huéspedes: el primero es un camino frontal alineado con el eje del volumen principal de la Capilla, el cual coincide, además, con el eje del acceso principal de la Casa y del patio posterior; mientras que los otros dos caminos son perimetrales y están ubicados sobre los flancos este y oeste del volumen de la Capilla, en correspondencia con las galerías laterales de las construcciones preexistentes.

El primero de los caminos –aquel que constituye la ruta principal hacia la ermita– está determinado por un sendero descendente que conduce paulatinamente a las fauces de la cámara subterránea (Fig. 78). El solado de dicho camino está hecho a partir de hiladas perpendiculares al eje del recorrido, y se componen de dos tipos de pieza: la primera, de 60 cm de ancho y 120 de profundidad, en gris claro; y la segunda, de 20 x 120 cm, en gris oscuro. Dicho sendero está flanqueado por dos muros de piedra «zigzagueantes», de 30 cm de espesor, cuya altura, alineada a ras con el perfil del terreno, aumenta a medida que asciende el nivel de la topografía y desciende el nivel del suelo.

Una vez el cuerpo desciende bajo tierra el horizonte desaparece, y con él el imponente paisaje que acompaña al visitante en su aproximación a la capilla, así como los elementos del edificio que sobresalen en la superficie desde el exterior. La rampa conduce progresivamente a un vano de 2.4 m de altura y 4.8 m de ancho, el cual se ubica justamente en el punto final del descenso. Dicho vano se encuentra delimitado verticalmente por los dos muros de piedra, y horizontalmente por un dintel en concreto de 50 cm de altura, que marca el ingreso al espacio cubierto. A escasos 2 m del final de la cuesta se localiza el plano de acceso principal al edificio: un cerramiento compuesto por tres sec-

---

[59] De 8 m de altura

a

b

Fig.78. Capilla del Retiro. Descenso por la rampa de ingreso. Créditos: Cristóbal Palma.

ciones de 1.6 m de ancho, en donde las dos superficies de los extremos son acristaladas y fijas, mientras que la pieza central es una puerta en madera de doble batiente.

Tras cruzar esta puerta, el visitante accede a un pequeño recibidor de planta rectangular en cuyo espacio convergen las distintas rutas desde las cuales se ingresa al edificio. Los otros dos caminos siguen un trayecto semejante al precedente, en donde primero se ha de pasar por un atenuado ascenso y, más tarde, por un precipitado descenso. En los dos caminos secundarios –espejados entre sí– un primer bloque de escaleras de huellas prolongadas[60] conduce al visitante desde las galerías externas de la Casa de Huéspedes hasta una pequeña abertura subterránea; esta última marca la transición hacia un segundo bloque de escaleras[61] cuyo descenso remite a un corredor hermético en sentido este-oeste –iluminado cenitalmente por cinco lucernarios cilíndricos– el cual desemboca finalmente en el espacio en el que antes nos hemos detenido: el vestíbulo de acceso del trayecto principal. El espacio contiguo a este recibidor es un corredor estrecho[62] que dirige a una segunda puerta de vidrio, en cuya superficie se encuentra estampada la figura de una cruz griega; la puerta, al abrirse, conduce a un pasillo diáfano que conecta la secuencia de los distintos espacios de antesala con el espacio de congregación (FIG. 79).

Como ya hemos anticipado, el volumen principal de la capilla está definido geométricamente por un prisma de planta cuadrada de 13.2 m de lado, contenido dentro del espacio resultante de la intersección de las cuatro vigas de hormigón. En el interior, la parte alta del volumen está compuesta por una caja de madera de 6.7m de altura, la cual está suspendida 1.6 m respecto al nivel del suelo (FIG. 80a). Dicho bloque se encuentra revestido por centenares de tablones de roble –de 20 cm de ancho y alturas que oscilan entre los 65 cm y los 2 m[63]–, los cuales han sido reciclados

---

[60] Compuestos por once peldaños de cemento pulido, crujías de 1m, huellas de 2m, y contrahuellas alternadas de 15 y 17 cm,
[61] Estas constan de 16 escalones de 30 cm de huella y 17 cm de contrahuella.
[62] De 1,5 m de ancho y 3.5 m de profundo,
[63] Los tablones de la primera, la cuarta y la sexta hilada tienen una altura de 65 cm, los de la segunda de 1.3 m, los de la tercera de 1.45 m y los de la quinta de 2 m.

a b

Fig.79. Capilla del Retiro. Corredores de comunicación entre el vestíbulo y el espacio de congregación.
Créditos: Cristóbal Palma (a) y Sergio Pirrone (b).

de las antiguas vías férreas de los Andes, y simbolizan –en palabras de Undurraga– «el tránsito de la vida» (Fig. 80b).

La penumbra que predomina en el espacio –como consecuencia del color opaco expedido por la madera– se contrapone al exterior diáfano que penetra desde la parte baja del volumen, a través de un anillo circundante compuesto por 44 láminas de vidrio[64], por cuya superficie translúcida ingresa la luz natural que ilumina mayoritariamente el espacio interior. Esto último resulta en una situación atípica dentro de los edificios de culto católicos, en donde tradicionalmente la luz que ilumina el interior de la salas ingresa cenitalmente o desde la parte superior de los muros, pero rara vez desde la parte baja. Tal circunstancia se debe a dos razones: en primer lugar, el simbolismo que supone el ingreso de luz desde lo alto, y en segundo término, el hecho de que una apertura baja implica necesariamente una conexión visual con un exterior profano; algo que, en el caso de la Capilla del Retiro, se encuentra contenido por la presencia del recinto excavado en rededor.

Ahora bien, cada una de las láminas de vidrio tiene una altura de 3.6 m, que va desde el nivel de la losa sobre la que se erige el volumen hasta el borde inferior de las cuatro vigas de concreto (Fig. 81); estas últimas, estando el visitante dentro, resultan imperceptibles desde el interior de la sala, por el simple hecho de que el empalme entre el vidrio y el concreto se encuentra oculto tras el revestimiento de madera, cuyo nivel inferior está 2 m por debajo del nivel rasante de la estructura de hormigón. Así pues, ante la ausencia visible de apoyos, la caja de madera parece estar suspendida en el aire, y el efecto se acrecienta por la intermediación del anillo de luz circundante, que transmite la impresión de un cerramiento aparentemente ingrávido.

El punto de ingreso de la nave se encuentra descentrado y, por consiguiente, la disposición de la asamblea es asimétrica. Esta última se compone de dos crujías de siete filas de asientos, cada una formada por cuatro bancas en la crujía oriental y dos en la occidental. El mueble que diseña Undurraga para la asamblea es similar al de la Capilla de Bonilla; se trata de una estructura híbrida que consta de tres partes: el

---

[64] 11 de 1,2 m de ancho a cada lado.

a

b

Fig.80. Capilla del Retiro. El espacio de congregación visto frontalmente (a) y lateralmente (b). Créditos: Leonardo Finotti.

Fig.81. Capilla del Retiro. Detalle del empalme entre las láminas de vidrio y las vigas de concreto (arriba), oculto desde el interior por los tablones de madera (izquierda). Créditos: Sergio Pirrone.

sistema de soporte, conformado por cuatro patas tubulares amarradas entre sí mediante rigidizadores metálicos; una pieza de madera laminada que acopla mediante pliegues la superficie del respaldo y el asiento; y finalmente, una tabla burra anclada a la parte trasera del mueble, y que al desplegarse conforma la superficie del reclinatorio. Como ya hemos anticipado en el inicio del documento, de un modo que resulta ser anómalo para los edificios de culto católicos, el altar de la capilla no se encuentra orientado hacia el este sino hacia el sur, y concluye axialmente el largo trayecto emprendido desde la cripta del Santuario hasta el espacio de congregación.

El diseño del presbiterio es obra del escultor chileno José Vicente Gajardo, cuyo trabajo, una constante reflexión sobre el arte primitivo, entra en perfecta correspondencia con el carácter estereotómico que expide la Capilla; esto, en tanto que cada una de las esculturas que conforman el presbiterio[65] son piezas esculpidas *in situ* a partir de bloques macizos de granito, extraídos directamente de las canteras de Los Andes.

A este y oeste del presbiterio, dos de las láminas de vidrio que conforman el cerramiento inferior de la capilla son puertas abatibles que permiten al visitante salir al patio excavado. Allí, en el espacio descubierto –a diferencia del resto del edificio–, el suelo se encuentra destapado y rellenado con piedras trituradas de colores terrosos; adicionalmente, a lo largo y ancho de la superficie del patio hay dispuestas 30 macetas de forma aparentemente aleatoria, las cuales albergan vegetaciones de bajo y mediano porte (Fig. 82). El patio, cuyo contorno azaroso recuerda a las plantas excavadas de algunos sepulcros etruscos, se encuentra enterrado 3 m por debajo del nivel de la superficie, y su perímetro está definido por un sistema de muros de contención revestidos con los mismos bloques de piedra que los de la rampa del acceso. La forma del

---

[65] El ambón es una pieza cuya sección, en forma de «r», está inclinada para configurar la superficie de lectura en el púlpito; el altar está tallado de tal forma que da la impresión de ser una sumatoria de partes: un tablón de sección irregular y dos piezas de soporte, una en la parte frontal y otra en uno de los laterales; las sedes son paralelepípedos de base cuadrada, con espaldares y asientos de madera; y el sagrario, por último, es una caja tallada y soportada por una columna de sección en «L». El presbiterio, zona en la que reposan cada una de las piezas mencionadas, está cubierto por tablones de piedra retranqueados sutilmente en la base.

Fig.82. Capilla del Retiro. Fotografías de la zonas este (a), sur (b), oeste (c) y norte (d) del patio circundante. Créditos: Leonardo Finotti (a), Nicolás Saieh (b y c) y Sergio Pirrone (d).

recinto puede abstraerse como una suerte de disco irregular al cual se añaden tres nichos trapezoidales hacia sur, oriente y occidente; estos últimos sirven como ensanches puntuales de la zona del patio, que por su condición perimetral actúa como una especie de deambulatorio exterior.

Junto al nicho trapezoidal oriental hay un tercer conjunto de escaleras, cuyo uso puede interpretarse de dos maneras distintas: como acceso secundario a la capilla, para quienes se aproximan al edificio desde los senderos del bosque trasero –como suele suceder para quienes, estando alojados en la Casa de Huéspedes, deambulan por el terreno antes de ingresar al espacio de congregación–; o como tramo final del recorrido, una vez concluye el tiempo de permanencia en la capilla, a fin de que los devotos puedan volver a la superficie sin tener que dar la espalda al presbiterio, o tener que regresar sobre el trayecto ya recorrido[66].

El fenómeno de la gravedad en suspensión

En el interior de la capilla, la caja de madera que reviste el espacio principal parece estar levitando. Esto ocurre no solo por la ausencia de columnas en la sala, sino también por el hecho de que los únicos elementos que visualmente se apoyan sobre el suelo son las láminas de vidrio que conforman la franja del cerramiento inferior. La impresión de levedad que se percibe en el interior obedece a una serie de operaciones proyectuales que ya han sido sugeridas en las páginas precedentes: los tablones de madera de la zona baja, al estar situados 2 m por debajo de la línea rasante de la estructura, ocultan a quienquiera que se encuentre

---

[66] Tal solución así entendida resultaría ser análoga a la que adopta Frank Lloyd Wright en el diseño del Templo Unitario: «Cuando la comunidad se levantaba para dispersarse, tenía la oportunidad de dirigirse hacia adelante, en dirección a su pastor y, al abrir las amplias puertas, puestas junto al púlpito, permitir a la congregación retirarse junto al pastor, por ambos lados, para encontrarse directamente en la galería de acceso por donde habían entrado. Habían accedido por las entradas a un nivel más bajo, desde la misma entrada hacia la gran estancia. Pero parecía más respetuoso dejarlos salir así, en dirección al púlpito, en vez de dar la espalda al pastor, como es corriente en la mayoría de las iglesias». Frank Lloyd Wright, *An Autobiography* (1943). Versión en español, *Autobiografía 1867-1944* (Madrid: El Croquis, 1998), p. 193.

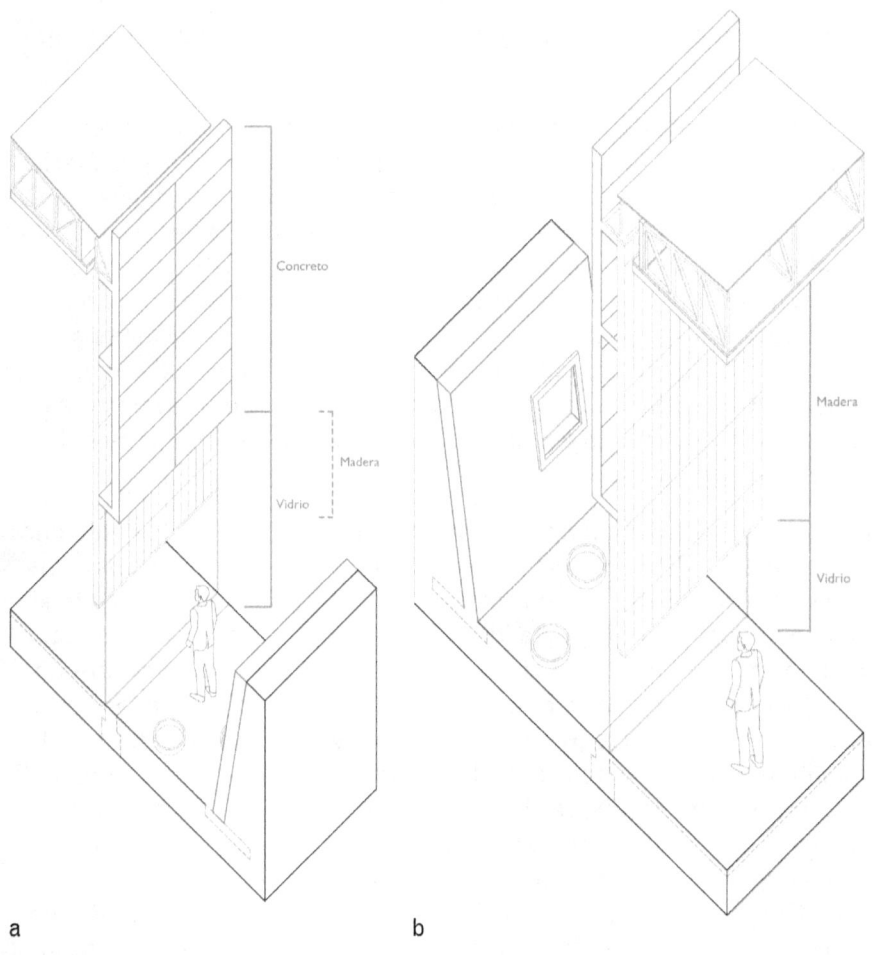

Fig.83. Capilla del Retiro. Detalles axonométricos del canto del edificio, visto desde afuera (a) y desde adentro (b). Créditos: elaboración propia.

dentro del espacio las cuatro vigas-pantalla de las que se descuelga el revestimiento interior (Fig. 83).

Como resultado, el visitante no logra distinguir los puntos de apoyo sobre los que se soporta el volumen, y se produce la ilusión, por tanto, de que el edificio flota, o se llega a la falsa conclusión de que las frágiles láminas de vidrio –sin marcos ni montantes– son las encargadas de transmitir las cargas al suelo. Salir al patio circundante es, en consecuencia, una revelación al visitante del funcionamiento del sistema estructural: allí reaparecen las cuatro vigas-pantalla, soportadas en apariencia por los ocho dados de concreto, lo cual hace evidente que la superficie acristalada se encuentra anclada a los bordes inferiores de las vigas, y que la caja de madera se descuelga internamente del monolito de hormigón.

Ahora bien, la resolución a la que se llega en el proyecto construido no constituye una búsqueda fortuita, puesto que como dejan en evidencia los registros del desarrollo del proyecto, Undurraga persigue desde el inicio del proceso de diseño la idea de que el edificio transmita aquella sensación de ingravidez. En cinco versiones previas a la propuesta final (Fig. 84) es posible corroborar distintas exploraciones realizadas en maqueta, con el fin de lograr, mediante diversos modelos estructurales, la ilusión de un volumen flotante. En cuatro de las soluciones (todas a excepción de la propuesta «b») se trabaja con esquemas que buscan liberar las esquinas de cualquier responsabilidad estructural, en resonancia con proyectos como la Casa 50 x 50, la Sala de Convenciones de Chicago o la Galería Nacional de Berlín de Mies van der Rohe. El repertorio es diverso y las soluciones varían entre ubicar los apoyos del volumen en los puntos medios de los costados de la planta (como se puede observar en los escenarios a y c); situarlos dentro del espacio interior (d), e inclusive experimentar con distribuciones de cargas asimétricas (e).

No obstante, en la propuesta final Undurraga abandona el modelo «miesiano», en tanto que la operación de enterrar el prisma 3 m por debajo del nivel del terreno le permite plantear una nueva solución en donde todos los apoyos son extraídos –y duplicados– por fuera del recinto exterior (Fig. 85). Undurraga dispone ocho dados de hormigón (dos en torno

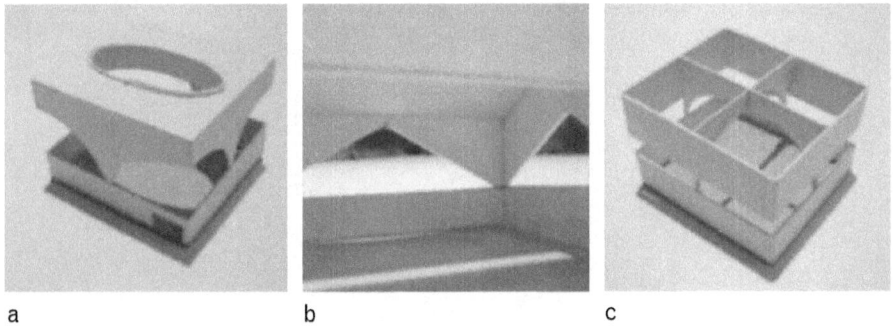

a b c

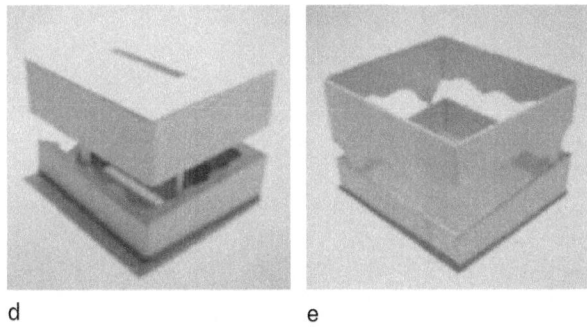

d e

Fig.84. Capilla del Retiro. Modelos preliminares de la estructura del volumen principal. Créditos: Undurraga Devés Arquitectos.

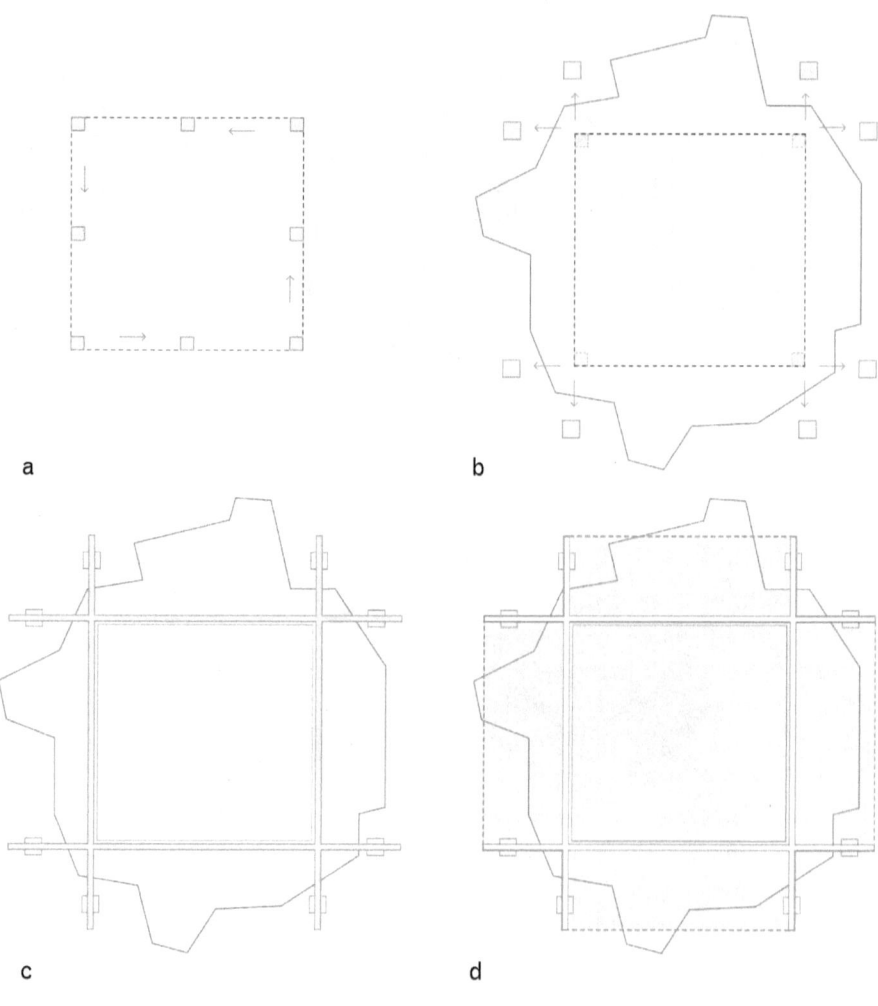

Fig.85. Capilla flotante. Dibujos ilustrativos de las distintas exploraciones para producir la impresión de un espacio fl otante. Se pasa de plantear una disposición de los apoyos en los puntos medios de los lados de la planta (a), a extraerlos por completo mediante su disposición por fuera del recinto excavado (b-c). Créditos: elaboración propia.

Fig.86. Capilla del Retiro. Fotografía del interior de la sala. Créditos: Sergio Pirrone.

a cada esquina del volumen) –situados a 3 m de las aristas– y encima de estos ubica las cuatro vigas de las que se descuelga la caja interior. Con este esquema el arquitecto libera el espacio de columnas y logra configurar una atmósfera en donde la estructura de soporte permanece oculta; como resultado, el bloque flota ante la mirada desprevenida del espectador (Fig. 86).

Sin embargo el edificio no solo flota desde adentro sino también desde afuera (Fig. 87), puesto que las ocho zapatas sobre las que aparentemente se soporta la estructura, al sobresalir 60 cm respecto al suelo, configuran una franja de dilatación entre las vigas y el terreno, dejando las primeras literalmente suspendidas en el aire. Tal situación hace evidente una contradicción presente en la lógica constructiva del conjunto, y es el hecho de que a simple vista, la proporción de los componentes del sistema porticado se invierte, pues los apoyos verticales se leen como cortos y los horizontales como esbeltos. Dicha contradicción es producto de un ocultamiento deliberado de los verdaderos apoyos verticales del edificio (Fig. 88): ocho pantallas de 0.34 m x 1 m de sección que se encuentran parcialmente enterradas bajo el suelo y parcialmente camufladas dentro de las zapatas y las vigas. Pantallas y vigas han sido fundidas como un elemento monolítico, en el que resulta imposible diferenciar sus partes: primeramente por el hecho de que una gran porción del compuesto se encuentra oculta bajo del suelo; y asimismo, porque lo único que distingue a las unas de las otras es la colocación de los hierros de refuerzo en el interior –de disposición horizontal en las primeras y vertical en las segundas– (Fig. 89). Los únicos fragmentos posiblemente visibles de las pantallas –aquellos que surgen del distanciamiento de las vigas con relación al suelo–, han sido encubiertos por los ocho dados de concreto, que asumen engañosamente la identidad de zapatas, creando la impresión de que el conjunto se apoya directamente sobre ellas, y que estas a su vez transmiten las cargas al suelo (Fig. 90).

Así, la imagen obtenida es análoga a la de un iceberg, en tanto que aquello que se vislumbra sobre la superficie es tan solo un fragmento de la totalidad del sistema de soporte vertical; algo semejante a lo que ocurre, por ejemplo, en el empalme entre la cubierta y los muros sur y este de la Capilla de Ronchamp, donde la sutil dilatación que separa a un elemento y otro permite llegar a la falsa conclusión –al igual que en Auco– de que

Fig.87. Capilla del Retiro. Imagen exterior del volumen principal visto desde la esquina noreste (a) y desde la fachada frontal (b). Créditos: Leonardo Finotti

a

b

Fig.88. Capilla del Retiro. El edificio en construcción durante las etapas de cimentación (b) y desencofrado (a): en ellas se evidencia la profundidad de los apoyos y el hecho de que los dados de concreto son elementos añadidos a la estructura. Créditos: Cristian Larraín.

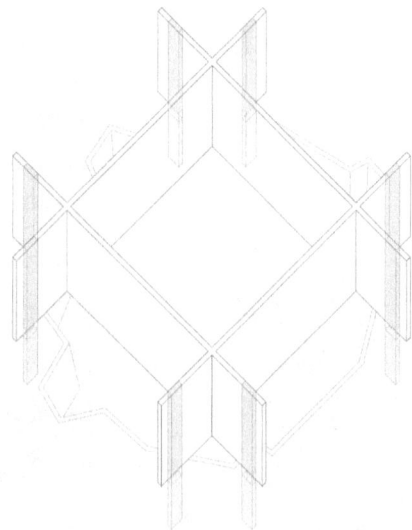

Fig.89. Capilla del Retiro. Esquema de ubicación de los soportes verticales del edificio. Créditos: elaboración propia.

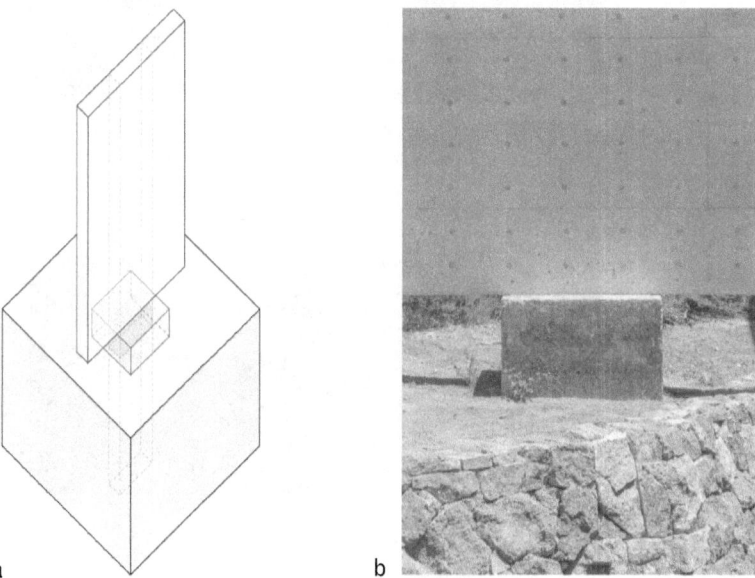

Fig.90. Capilla del Retiro. Esquema (a) y fotografía (b) del empalme entre el muro, el dado y el terreno. Créditos: elaboración propia.

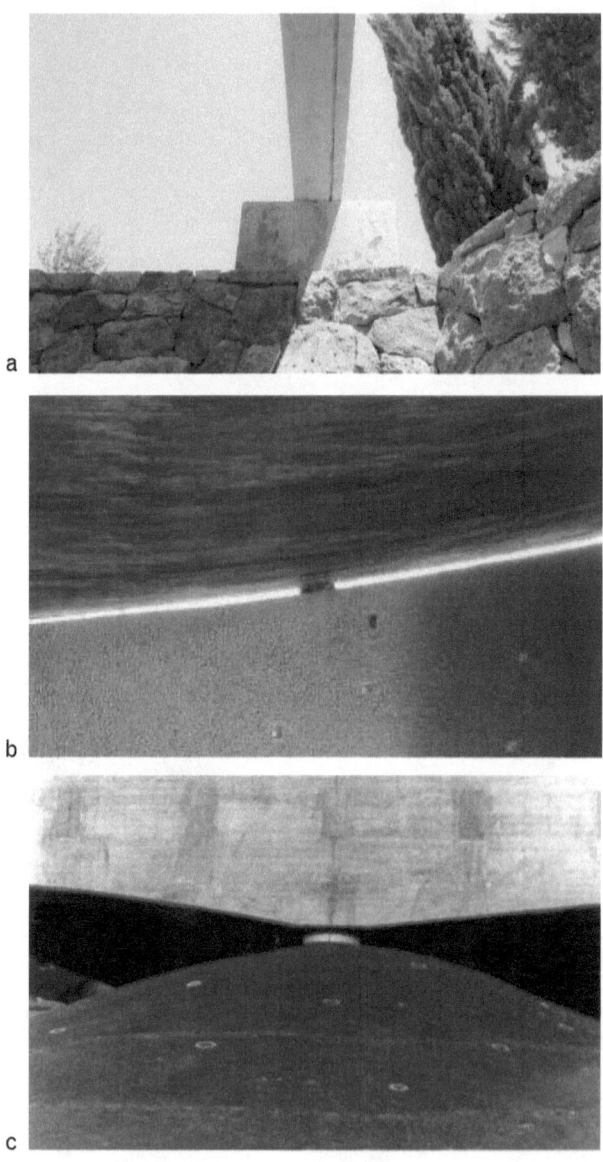

Fig.91. Empalme entre el terreno, el dado y la viga en la Capilla del Retiro (a); empalme entre el muro, el pilar y la cubierta en la Capilla de Ronchamp (b); y empalme entre el terreno artificial, el pilar y la cubierta en el Pabellón de Osaka (c).

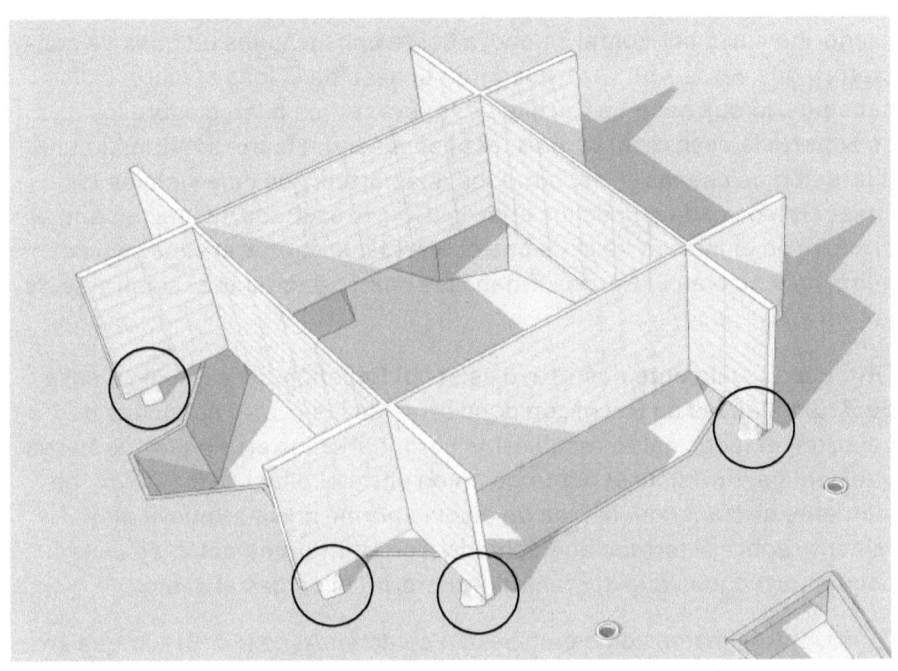

Fig.92. Capilla del Retiro. Esquema de anteproyecto de la Capilla con bloques de piedra como apoyos de la estructura en vez de los dados en concreto. Créditos: Undurraga Devés Arquitectos.

la enorme masa horizontal se apoya sobre unos frágiles bloques de concreto, y que estos a su vez transmiten el peso de la losa al muro. Como sabemos, lo que hace Le Corbusier es revestir los pilares sobre los que se soporta la cáscara al conformar el espesor del muro, admitiendo una dilatación de apenas 10 cm entre los dos partes, que deja visibles los cabeceros de cada uno de los apoyos. Como resultado, la imagen que se produce en el interior es la de una cubierta que «flota» al separase del muro, así como en El Retiro «flotan» las cuatro pantallas al separarse de la tierra.

Otro caso igualmente ilustrativo es el del Pabellón Brasilero en Osaka de Paulo Mendes da Rocha, en donde tres de las cuatro columnas que soportan el techo están recubiertas por montículos artificiales de tierra, que solo dejan visible el punto de unión entre el pilar y la losa. Por consiguiente se transmite la idea de que la enorme masa se apoya directamente sobre el terreno accidentado, con la intermediación de unos pequeños bloques que aparentan transferir las cargas al suelo.

Tanto en Ronchamp como en Osaka o como en Auco (Fig. 91), lo que se observa es una manipulación intencionada de la forma y de la visualización u ocultación de los distintos sistemas de soporte: procedimientos que, en definitiva, buscan alterar la conciencia del peso en el visitante, y la percepción que este obtiene de la gravedad. En el caso puntual del Retiro este hecho es aún más evidente si tomamos como referencia uno de los esquemas avanzados del anteproyecto (Fig. 92). Allí, el conjunto se encuentra apenas «soportado» por una serie de piedras masivas –semejantes a unos ortostatos neolíticos– y que recuerdan a la solución que Smiljan Radic había aplicado en el Restaurante Mestizo de Santiago tan solo un par de años antes. En ambos casos hay una referencia quizás demasiado literal al origen de la arquitectura, pero no al monolito como apoyo primigenio, sino a la percepción de inestabilidad que produce un dolmen, ya sea por la ilusoria levedad con la que la losa se suspende en el aire, por la inconsistencia de la forma de sus apoyos, o por la aparente desproporción de estos respecto al peso soportado; impresiones que se traducen, conjuntamente, en la materialización de los primeros instintos de la humanidad por desafiar la gravedad.

MECANISMOS DE ORDEN PROYECTUAL EN EL PROCESO DE CONFORMACIÓN DEL LUGAR DE LAS TRES CAPILLAS

recrear: crear o producir una cosa a partir de otra ya existente[67].

«La arquitectura, al proponerse la construcción de un lugar, extrae de él su cualidad específica»[68].

Carlos Martí Arís (1993)

«El paisaje dice al pintor: mírame y no me toques. El arquitecto mira el paisaje y lo toca. Si no lo mira, no es arquitecto. Si no lo toca, tampoco. Lo toca y, tocándolo y retocándolo, lo recrea*. La arquitectura es recreación del paisaje»[69].

Joaquín Arnau-Amo (2000)

---

[67] Definición tomada del diccionario de Oxford Languages (2020).
[68] Carlos Martí Arís, *Las variaciones de la identidad. Ensayo sobre el tipo en arquitectura* (1993) (Barcelona: Fundación Arquia, 2014), p. 92.
[69] Joaquín Arnau-Amo, *72 Voces para un Diccionario de Arquitectura Teórica* (Madrid: Celeste Ediciones, 2000), p. 189.

La re-creación del territorio: mecanismos de orden formal en la implantación de las obras

(Fig. 93).

Sucesión concéntrica (descentrada) de recintos

El esquema de implantación de la Capilla de San Bernardo puede abstraerse en términos formales como una sucesión concéntrica descentrada de recintos. Desde el camino de aproximación que discurre en medio de la llanura, hasta el punto final de un trayecto en ocasiones laberíntico, los distintos espacios que anteceden a la capilla constituyen una serie de filtros graduados que el visitante ha de atravesar secuencialmente para ingresar al espacio de congregación. Para el desarrollo de este argumento es necesario realizar una serie de precisiones respecto al concepto de recinto, y por ello nos apoyaremos en algunos pasajes de la tesis doctoral de Antonio Armesto, en donde define los elementos lógico-primitivos que arreglan el espacio en confines: el recinto, el pórtico y el aula[70].

Según el catedrático lugués, un recinto es «aquella disposición que determina una región de suelo pero deja indefinida la dimensión vertical»[71]. El recinto convierte el espacio homogéneo en heterogéneo, a la vez que establece «un polo o *axis mundi*»[72] que direcciona verticalmente el espacio hacia el cielo. Asimismo, el recinto puede llegar a excluir el paisaje cercano –en caso de estar delimitado por un muro– para separarse de lo ajeno y acentuar la dirección del espacio hacia el cielo.

---

[70] Para Armesto, todo espacio surge de la constricción física de una o varias de las dimensiones del sistema cartesiano, en donde la indeterminación de una de ellas supone ya una dirección concreta del espacio hacia el exterior, y por ende una orientación. Véase: Antonio Armesto, *El aula sincrónica: un ensayo sobre el análisis en arquitectura* (Tesis Doctoral, Departamento de Proyectos Arquitectónicos de la Universidad Politécnica de Cataluña, 1993), pp. 60-64.
[71] Ibid. p. 61.
[72] Ibid., p. 64.

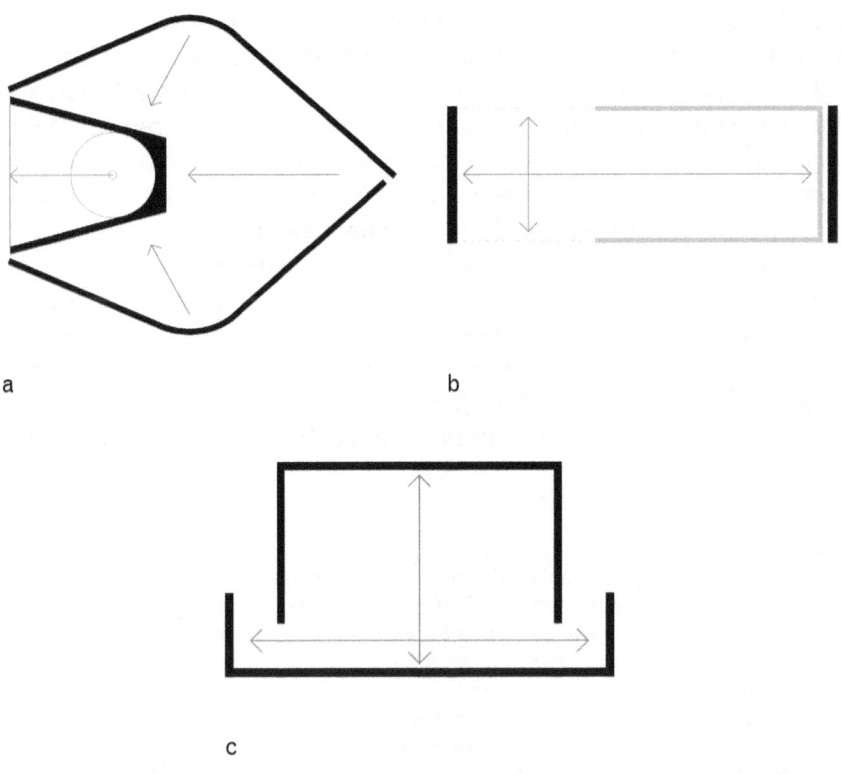

Fig.93. Síntesis de los esquemas formales de implantación de las tres obras: una sucesión concéntrica descentrada de recintos en el caso de la Capilla de San Bernardo (a); un aula que se transforma en porche y se abre hacia el exterior en el caso de la Capilla de La Milagrosa (b); y un escenario de síntesis entre un aula-pabellón y un recinto excavado en el caso de la Capilla del Retiro (c). Créditos: elaboración propia.

Es importante resaltar que para Armesto la delimitación del suelo constituye el ejercicio fundamental del recinto, mientras que la forma en que dicha demarcación se produzca resulta ser completamente incidental[73]. Normalmente tiende a realizarse una reducción del entendimiento del recinto en torno al claustro y al patio, que si bien constituyen la concreción más evidente del elemento, no representan su única manifestación formal. La expresión más esencial del recinto es un muro cuya elevación hasta cierta altura instaura un lugar, a la vez que establece una restricción física y visual entre un determinado interior y el mundo exterior; sin embargo existen procedimientos que definen recintos y no requieren de la erección de un sistema murario, como es el caso de los cipos ceremoniales o de los témenos griegos, que demarcan territorios mediante piedras y terrazas, respectivamente, y no necesariamente mediante la edificación de un muro. De ahí que tanto Rex Martienssen como Christian Norberg-Schulz definan el témenos[74] en términos de aquello que Armesto llama recinto[75], o que Franceso Iodice se refiera explícitamente a los *henges* ceremoniales como arquetipos primigenios de dicha estructura formal[76]. Cada uno de estos ejemplos conforma recintos en tanto que separan o delimitan una determinada región de suelo, independien-

---

[73] Ibid., p. 61.
[74] «El espacio cerrado significa ante todo un lugar distinto y separado del medio continuo gracias a la contribución de un límite (…) El *témenos* es la forma arquetípica del espacio significativo, constituye el punto de partida para la instalación del hombre». Christian Norberg-Schulz, *Genius loci: towards a phenomenology of architecture* (New York: Rizzoli Publications, 1979), p. 58.
[75] "La creación de un plano o nivel de referencia, dentro de un contexto práctico, tiene una significación mucho más amplia que la derivada de su aspecto puramente «útil» en una disposición arquitectónica. La primera condición de cualquier sistema de organización formal destinado a abarcar las actividades de la vida organizada o colectiva es un plano horizontal o una serie de planos horizontales relacionados». Rex D. Martienssen, *The Idea of Space in Greek Architecture* (1956). Versión en español, *La idea del espacio en la arquitectura griega* (Buenos Aires: Ediciones Nueva Visión, 1977), p.16.
[76] «La experiencia ancestral de la arquitectura presenta ya esta sutil dicotomía: por un lado estaba el arquetipo de la cueva, del espacio hueco e hipogeo, del *thólos*, para llegar al Panteón, una arquitectura que podría definirse como arquitectura-matriz; por otro lado [está] el arquetipo del recinto, del *témenos,* del círculo de piedra de Stonhenge, hasta la cabaña de Laugier, la arquitectura refugio basada en la construcción trilítica apoyada en el suelo, el templo griego». Francesco Iodice, *Cavitá e limite,* (Siracusa: Lettera Ventidue Edizioni, 2015), p. 25.

temente del medio físico que para ello se utilice; como resultado, la operación instaura una relación dialéctica entre un adentro y un afuera, que se traduce, según el contexto, en términos del ámbito de lo sacro y lo profano, de lo público y lo privado, y de lo interior y lo exterior.

La segunda precisión que realizaremos respecto al recinto es que, como cualquier otro elemento lógico-primitivo, sus propiedades constitutivas no son absolutas, sino que en función de una mayor o menor restricción de las aperturas hacia el exterior, un espacio puede llegar ubicarse en el punto intermedio entre un elemento y otro. «Existen situaciones –dice Armesto– que están en el límite entre dos de los elementos. Un atrio cuya abertura en el techo es mínima, o un pórtico cuyas sustentaciones son densas y frecuentes, ¿no están ambos muy cerca de ser una habitación? O a la inversa, una habitación levemente abierta en sus paredes se convierte en una logia, o levemente abierta en su techo, en un patio» [77]. Lo que queda claro a partir de esta reflexión es que aquello que prevalece en la determinación de si un espacio es un aula, un pórtico o un recinto, no es tanto el objeto arquitectónico en sí mismo, sino la dirección dominante hacia donde dicho espacio se vincula o separa respecto el exterior. En otras palabras, aquello que prevalece no es la constricción topológica del espacio sino su distensión hacia el exterior.

Dicho esto, en San Bernardo, la capilla está compuesta por un sistema combinatorio de cuatro recintos situados uno dentro de otro (Fig. 94). Yendo de afuera hacia adentro, el primer recinto corresponde al claro definido por la disposición perimetral de los árboles en el monte, los cuales delimitan el vacío en donde estaba situada previamente la vivienda rural. El segundo recinto está dado por los dos muros curvos de ladrillo que conforman el patio de antesala, los cuales instauran una separación entre el claro y la capilla, y aíslan al visitante del paisaje en rededor. Siguiendo la definición de recinto dada por Armesto, el tercer filtro corresponde a la terraza sobre la que descansa el volumen de la capilla, la cual define una región de suelo que separa el espacio del patio en dos ámbitos diferenciados: uno blando, cóncavo y arborizado,

---

[77] Armesto, *El aula sincrónica*, p. 65.

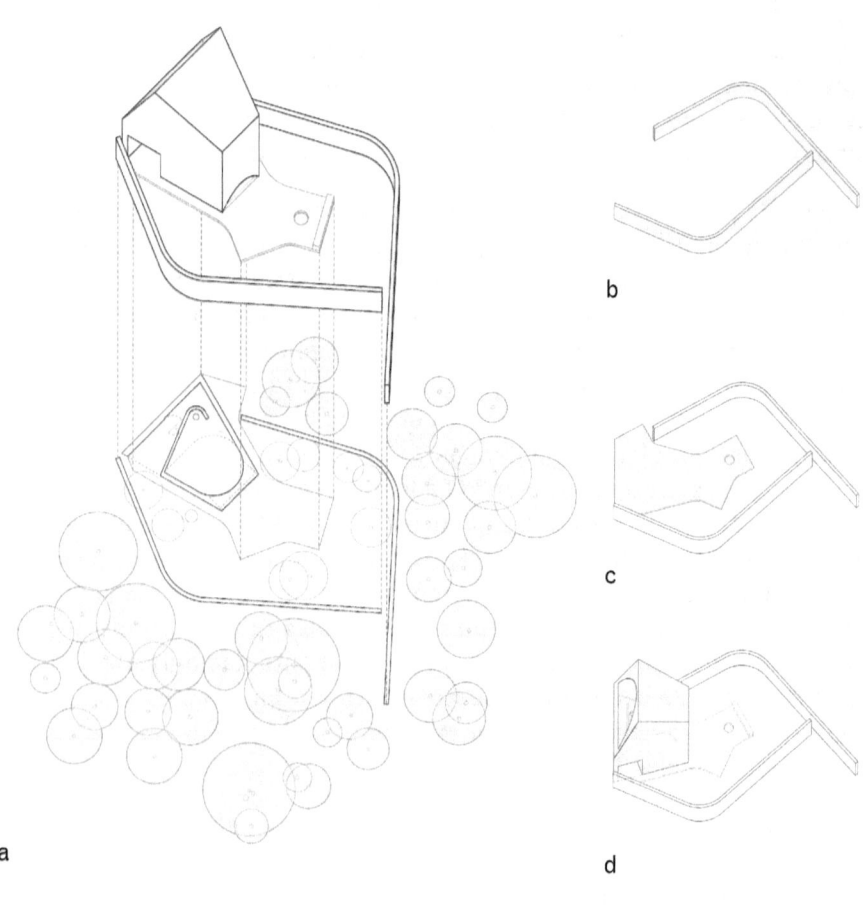

Fig.94. Capilla de San Bernardo. Esquemas indicativos de los cuatros recintos constitutivos del proyecto: el monte (a), el patio (b), la terraza (c) y el propio volumen principal (d). Créditos: elaboración propia.

mucho más cercano al ámbito profano; y otro duro, convexo y pavimentado en torno al espacio sagrado. El cuarto recinto es, por último, el espacio de congregación, que si bien tiene una complexión mucho más cercana a la de un aula, la apertura cenital del faldón occidental de la cubierta lo sitúa en el límite entre una habitación y un patio, puesto que aunque coloca al visitante en una condición de restricción respecto al entorno, lo vincula predominantemente con el cielo.

La disposición concéntrica de los diversos ámbitos, y la forma en que estos han de ser atravesados secuencialmente desde el exterior hasta el interior, recuerda a la lógica espacial de los *henges* o de los tolos griegos, en donde los distintos anillos instauran una serie de filtros sucesivos que el neófito ha de cruzar ritualmente hasta llegar al espacio de adoración (Fig. 95). Pero como resulta evidente en San Bernardo, estos filtros no están regidos bajo una composición geométrica o equidistante, sino que se encuentran claramente descentrados en aras de enfatizar una dirección y orientación específicas.

Para empezar, el descentramiento del volumen hacia uno de los extremos del patio instaura un «centro gravedad» que «atrae» los demás elementos del conjunto hacia occidente. El vacío prefigurado por los árboles, la convergencia de los muros curvos hacia el volumen y la posición descentrada respecto al patio, tanto de la terraza como de la capilla, enfatizan la predominante dirección del conjunto hacia oeste, cuya justificación corresponde a una cuestión ya anticipada: el hecho de que el volumen principal se encuentra posicionado hacia el sol de tarde, de cara al horizonte, con motivo de la formación de la cruz en el centro del domo durante el 20 de agosto, día conmemorativo de San Bernardo de Claraval.

Como bien dice Francis Ching, «la forma de una organización central es intrínsecamente no direccional»[78], de modo que son las circunstancias del emplazamiento –en resonancia con el objeto– las que instauran una determinada orientación y dirección, mediante la definición de los accesos, los trayectos de aproximación, y las relaciones espa-

---

[78] Francis D. K. Ching, *Architecture: Form, Space & Order*, (1979). Versión en español, *Arquitectura. Forma, Espacio y Orden* (Barcelona: Gustavo Gili, 2002), p. 191.

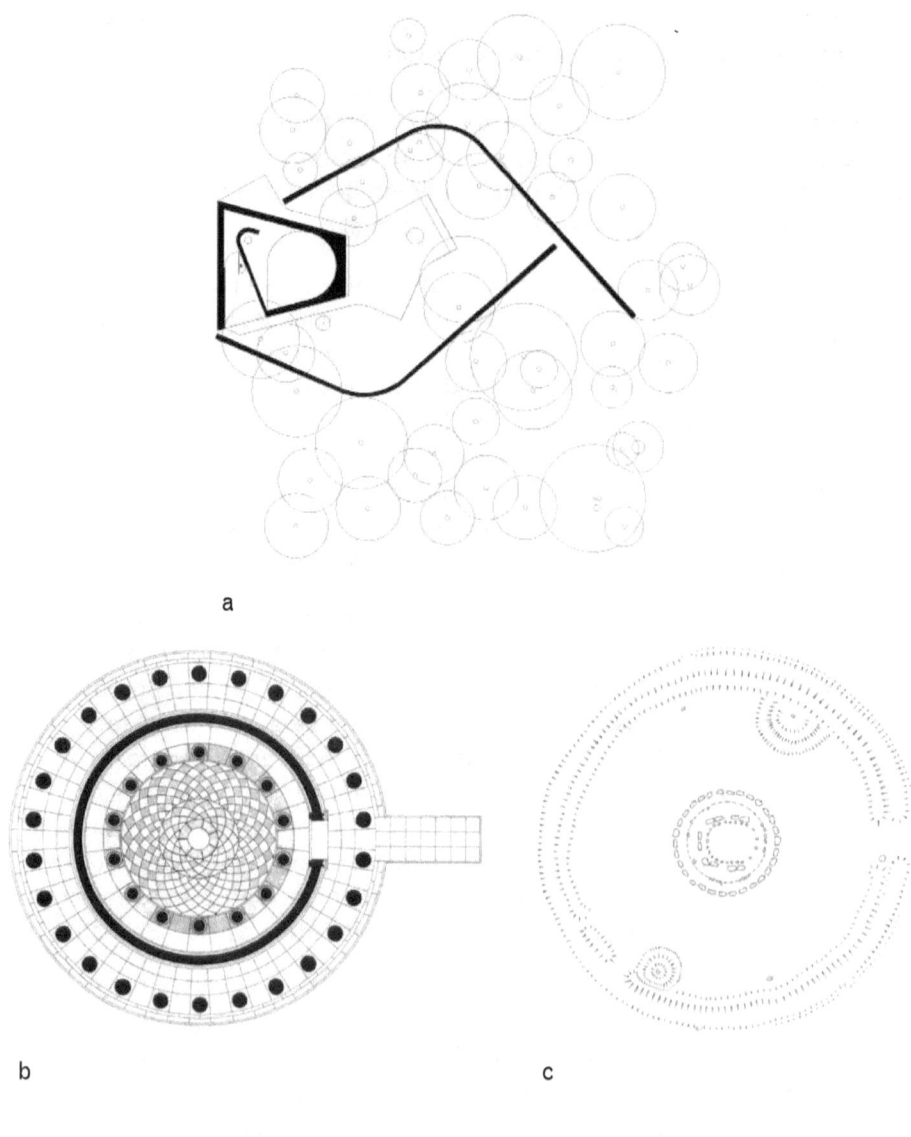

Fig.95. Planta general de la Capilla de San Bernardo (a), del tolo de Asclepios (b) y del crómlech de Stonehenge (c), como ejemplos de sucesiones concéntricas de recintos.

ciales y visuales que se establecen entre el proyecto y su envoltorio natural[79].

Un esquema de implantación análogo al de San Bernardo es el del Panteón de Roma, si consideramos el templo en conjunción con el patio de antesala que teóricamente precedía el ingreso a la edificación[80] (FIG. 96). En el Panteón, la centralidad irrefutable del domo –acentuada además por la verticalidad expedida por el elemento del óculo– se ve desplazada hacia el extremo sur del patio que lo precede, de tal modo que dentro de la marcada dirección axial del conjunto el volumen se presenta como el remate visual y espacial de la secuencia en general. Asimismo, la descentralización del domo respecto al patio queda remarcada por dos elementos adicionales: el pórtico de acceso que articula el interior con el exterior mediante la formalización del ingreso a la sala[81]; y el ligero desplazamiento del arco de triunfo respecto al eje transversal del recinto, que en su descentramiento hacia el edificio realza la primacía del domo como foco espacial y formal de la composición[82].

Un segundo ejemplo significativo respecto a esta cuestión es aquel que ocurre en el conjunto megalítico de Stonehenge, en donde la direccionalidad del monumento está dada por la apertura del anillo central hacia el noreste, la cual queda resaltada por el desplazamiento de la piedra del altar en sentido contrario, y cuya relación instaura un eje de correspondencia entre el trilito mayor y la piedra del tacón[83]. En principio podría llegar a pensarse que el eje responde al trayecto de la avenida procesio-

---

[79] Ibid.
[80] Véase: Sigfried Giedion, *Architecture and the Phenomena of Transition. The Three Space Conceptions in Architecture* (1971). Versión en español, *La arquitectura, fenómeno de transición: las tres edades del espacio en arquitectura* (Barcelona: Gustavo Gili, 1975), pp. 178-180.
[81] Véase: Carlos Martí Arís, *Las variaciones de la identidad,* p. 60.
[82] Un esquema bastante similar al del Panteón puede observarse en la implantación de la Capilla del Bosque (1918-1920) de Erik Gunnar Asplund, en donde nuevamente se produce una confrontación entre la centralidad del espacio de congregación y la direccionalidad del extenso trayecto de ingreso, cuya resolución queda enfatizada por la presencia del atrio y de la plaza de acceso hacia la zona de la calle, y por la situación descentrada del altar como remate del eje principal (Fig. 161 y 162).
[83] Véase: Norberg-Schulz, *Genius Loci,* pp. 58-59.

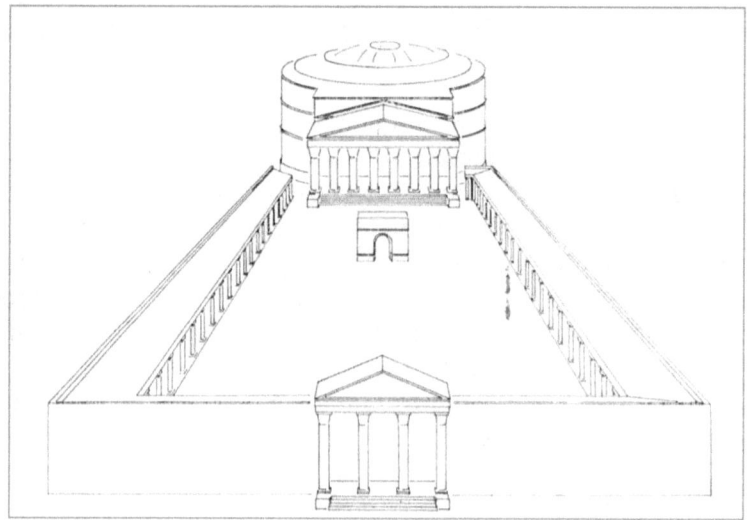

a

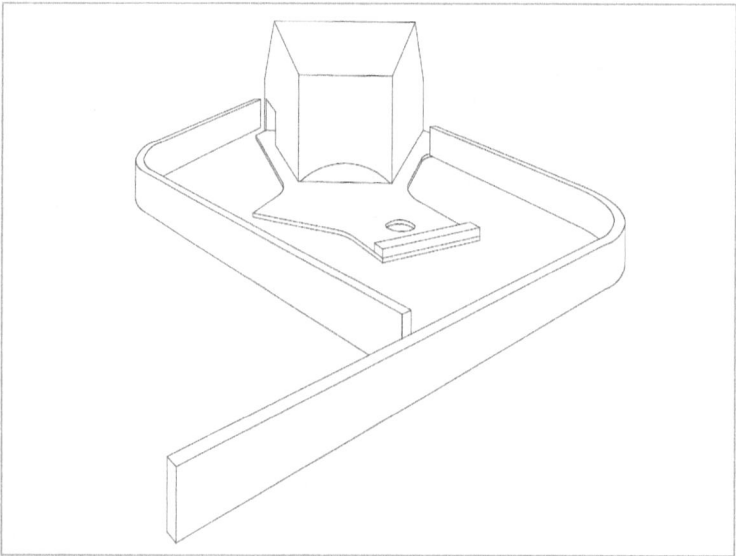

b

Fig.96. Imagen comparativa del descentramiento de la composición en el Panteón de Agripa (a) y en la Capilla (b), en ambos casos por la disposición del volumen principal en uno de los extremos del recinto.

nal de aproximación al monumento, la cual desemboca en el Río Avon[84]; pero si se analiza el trazado completo del camino, puede observarse que la conexión con el río no sigue un trayecto enteramente recto y que, de forma aún más extraña, el inicio de la avenida desde el monumento no apunta directamente hacia el río sino que lo elude (FIG. 97b). La conexión con el río –construida además 600 años más tarde que el anillo central[85]– no es la que determina la dirección de la construcción, pues como ya ha sido expuesto en el inicio del documento, la orientación del conjunto coincide con la puesta y salida del sol durante los solsticios de invierno y verano[86]. En este sentido el descentramiento de la estructura coincide –igual que en San Bernardo– con las circunstancias externas que determinan su orientación; en ambos casos, la intención por hacer evidente a través del objeto una condición cósmico-astral.

La misma cuestión puede ser argumentada en el caso del Panteón de Agripa, puesto que allí, durante una serie de fechas concretas, tales como el 21 de abril –día que conmemora la fundación de Roma–, o los equinoccios de primavera y otoño, la luz que ingresa en torno al mediodía por el óculo queda situada justamente sobre la puerta de ingreso a la sala[87] (FIG. 98). La intencionalidad de estas circunstancias es un tema bastante discutido, ya que según Óscar Linares de la Torre, «la desviación del Panteón no responde a una voluntad arquitectónica particular del interior, sino que se debe a su contexto urbano original»[88]: a saber, el trazado urbano del Campo Marcio.

---

[84] Véase: Mike Parker Pearson, Peter Marshall, Josh Pollard, Colin Richards, Julian Thomas, Kate Werlham, *Stonehenge* en *The Oxford Handbook of the European Bronze Age,* editado por Harry Fokkens y Anthony Harding (Oxford: OUP, 2013, pp. 159-178), p. 159.
[85] Ibid., p. 163.
[86] "Los cinco trilitos del centro están dispuestos en una planta de herradura abierta hacia el noreste. El eje de este conjunto tiene una alineación solsticial en dirección al noreste por el sol naciente de verano y en dirección al suroeste por el sol poniente invierno. Este se convirtió en el eje principal de Stonehenge. Si bien el solsticio de verano atrae hoy en día la mayor atención, la disposición de en herradura de los cinco trilitos sugiere claramente que su eje principal era el solsticio de invierno». Timothy Darvill, Peter Marshall, Mike Parker Pearson & Geoff Wainwright, *Stonehenge remodelled* en *Antiquity* n°86-2012. (pp.1021-1040), p. 1030.
[87] Véase: Álvaro Galmés Cerezo, *La luz del sol,* p. 133.
[88] Óscar Linares de la Torre, *Precisiones sobre la luz en el Pantheon de Roma* (VLC arquitectura, Vol. 2, Issue 2, febrero de 2015, pp. 33-55), p. 37.

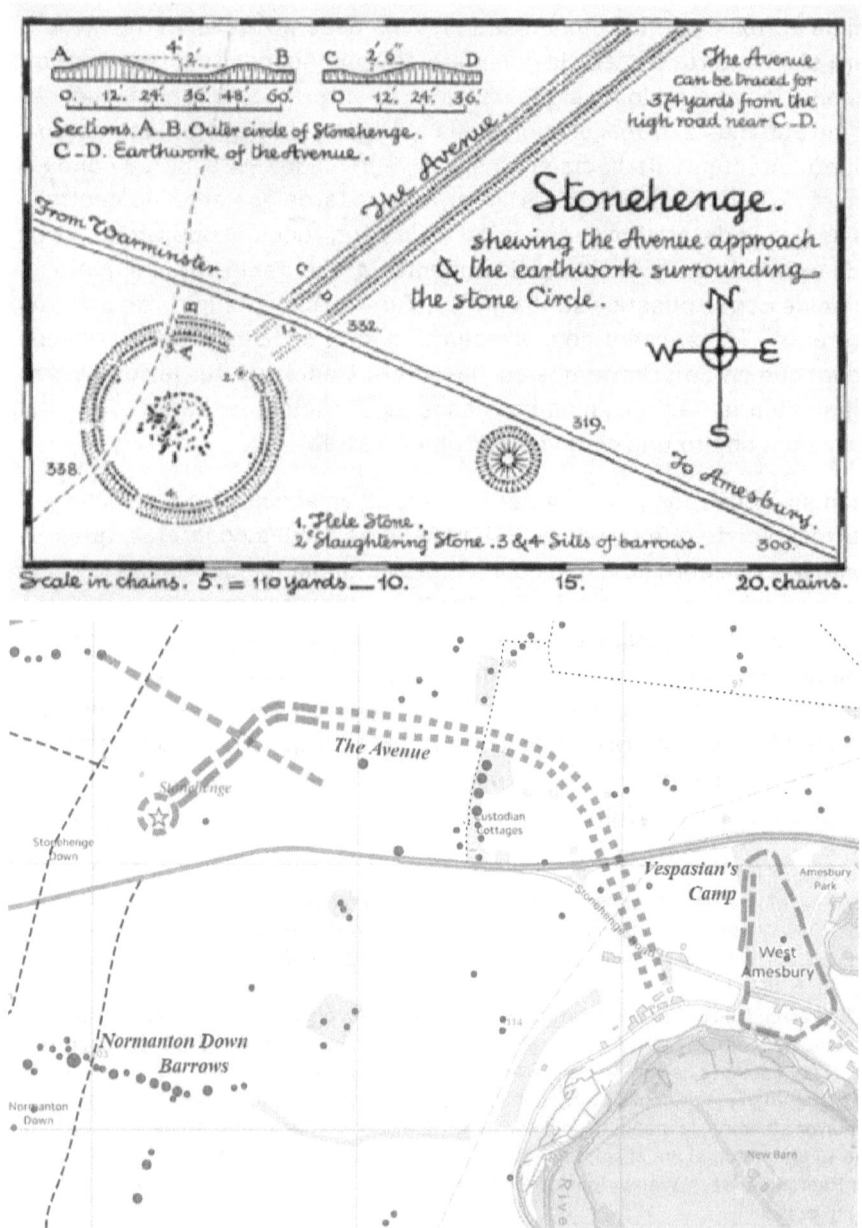

Fig.97. Planta general y de localización de Stonehenge, evidenciando la correspondencia del eje de descentramiento de la estructura con la avenida procesional que comunica al conjunto con el Río Avón.

a

b

Fig.98. Fotografía del Panteón de Agripa el 21 de abril -día de conmemoración de la fundación de Roma-, con la luz del óculo situada sobre el umbral que comunica el atrio con el espacio principal; y fotografía de la Capilla de San Bernardo el día de San Bernardo – 20 de agosto - con la cruz formada sobre el ábside del domo.

Aun así es sugerente pensar que esta situación tan peculiar que se produce en el interior del edificio –vinculada además a fechas con un importante valor cultural–, haya sido al igual que en Stonehenge y que en San Bernardo el motivo fundamental por el cual el edificio adopta tal orientación. Para Robert Hannah:

«Lo que no es necesario [...] sino producto del artificio humano es dónde se permitió que cayera la luz equinoccial, ya que el Panteón no es del todo de forma esférica. En este caso fue una elección deliberada del diseñador que esta luz caiga en el techo precisamente en la base del interior de la cúpula hemisférica [...], es decir, en su ecuador, donde termina la cúpula y comienza el cilindro» [89].

Decantarse objetivamente por uno u otra postura supone un nivel de reflexión que desborda sobremanera los alcances de esta investigación. Sin embargo nos interesa tirar del hilo de esta circunstancia más adelante, de modo que para los intereses de la investigación daremos como hecho la intencionalidad de la orientación del Panteón.

Un aula transformada en pórtico y abierta hacia un recinto

Al implantar el edificio de la Capilla de La Calera, Daniel Bonilla trasgrede deliberadamente dos directrices fundamentales establecidas por la Iglesia Católica. En primer lugar, el edificio no está situado sobre el punto más alto del terreno disponible –como resulta habitual en este tipo de construcciones–, sino que se encuentra sobre la cota intermedia del lote, justamente en el borde que marca el punto más bajo de la ladera, al pie de las faldas de la colina. En segundo lugar, el altar no está orientado hacia oriente como emblema simbólico que remite a la salida del sol y a la resurrección de Cristo, sino que, prácticamente en sentido contrario, la cabecera del templo se encuentra ubicada hacia el noroccidente. ¿A qué circunstancias atribuir ambas trasgresiones?

---

[89] Robert Hannah, *Time in Antiquity* (London Routlege, 2009), p. 152.

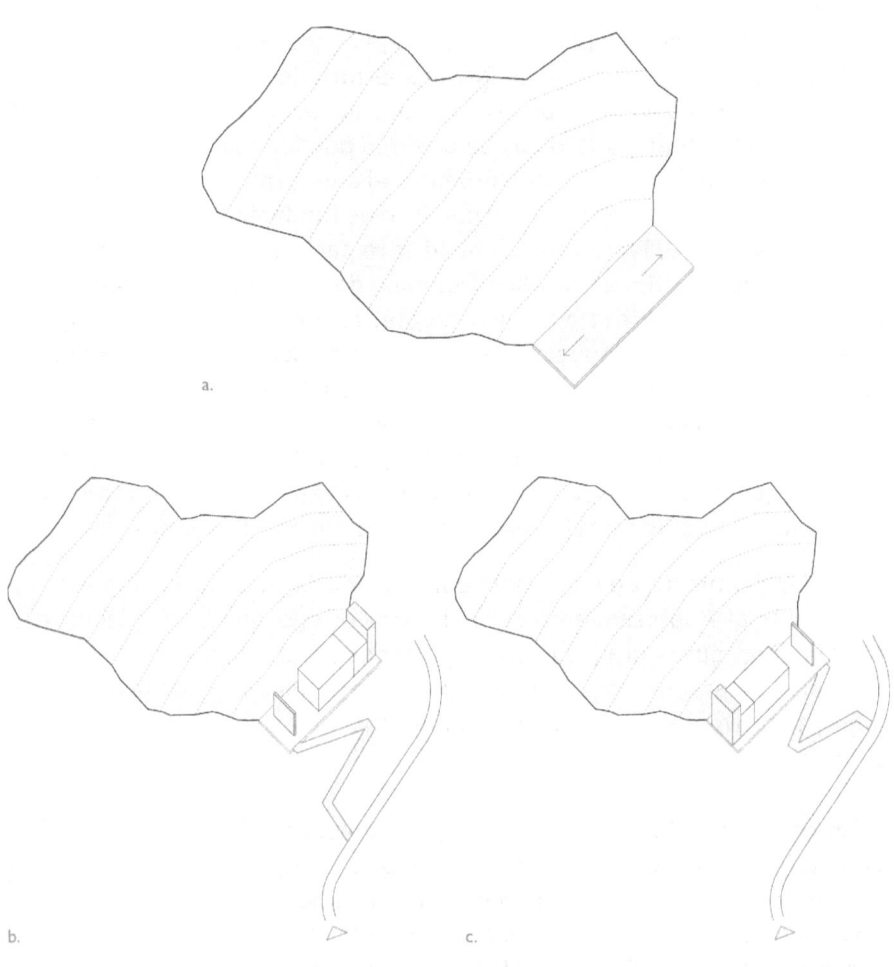

Fig.99. Capilla de La Milagrosa. Esquemas de implantación del edificio: el volumen está dispuesto en la zona más baja de la explanada y en sentido transversal a la pendiente del terreno, para así aprovechar la ladera como anfiteatro natural (a). Posibles esquemas de orientación del volumen a partir del camino preexistente de aproximación (b). Créditos: elaboración propia.

Como ha sido expuesto previamente, el eje conceptual del proyecto de La Calera reside en el hecho de que la apertura del cuerpo de la nave y la subsecuente conversión de la explanada adyacente en nave exterior permiten ampliar el número de devotos que pueden asistir a una determinada celebración. Bajo dicha premisa, el emplazamiento del edificio puede entenderse a partir de dos cuestiones fundamentales: en primer lugar, el usufructo del terreno en pendiente para reconvertirlo en anfiteatro, hecho que conlleva a situar el volumen de la capilla en el borde de la ladera, como foco direccional de la hipotética nave exterior (Fig. 99a); y en segundo lugar, la disposición de la planta en sentido noreste-noroeste, en tanto que al ser necesaria la disposición del volumen en sentido perpendicular a la pendiente del terreno, y sabiendo que el camino de aproximación al templo proviene desde el este, Bonilla opta por presentar el conjunto «de cara» al visitante y no de «espaldas», con el torreón de la sacristía como remate visual de la edificación (Fig. 99b).

El aprovechamiento de una ladera como gradería es un procedimiento que remite al emplazamiento de los teatros griego, que a diferencia de los romanos, cuyas gradas están soportadas por sistemas de arcos, tienden a estar situados directamente sobre la pendiente de las colinas, a fin de aprovechar la inclinación del terreno en la conformación de los asientos.

Es importante señalar que las primeras representaciones teatrales en Grecia fueron de orden sagrado, puesto que como es conocido el templo griego no era un lugar de reunión; dentro se albergaba la escultura de la divinidad venerada, y en ciertas ocasiones, los tesoros y ofrendas tributadas por el pueblo. En ese sentido, los ritos y celebraciones se realizaban en altares a cielo abierto –que generalmente estaban situados frente a los testeros orientales de los templos– y en torno a ellos se ubicaba y orientaba, instintivamente, un grupo variable de espectadores[90]. Como parte de este antecedente, es bastante ilustrativo el caso descrito por Rex Martienssen respecto al Templo de Juno Lacinia en Agrigento, en

---

[90] «Is it just coincidence that whenever improvised music is heard, people tend to gather around it in a circle?». Hans Scharoun, citado en Peter Blundell, *Architecture and ritual*, p. 308.

donde las escalinatas del costado oriental del basamento eran utilizadas como graderías direccionadas hacia el altar exterior (FIG. 100).

Bajo el mismo sistema de espacios y relaciones se produce la formalización del teatro como estructura arquitectónica, cuyo punto focal es la *orchestra*: un recinto de planta circular con un altar en medio, en donde se realizaban sacrificios a Dionisio como preámbulo de un variado repertorio de representaciones artísticas. En cuanto a las gradas, estas eran efímeras inicialmente, y la gente solía situarse directamente sobre el suelo, de modo que para propiciar la buena visualización por parte de los espectadores, la *orchestra* debía de estar ubicada –al igual que en la capilla– al pie de una ladera.

Con la consolidación de las representaciones dramatúrgicas aparecen dos construcciones adyacentes en torno a la *orchestra*: por un lado –sobre la pendiente del terreno– la ya anticipada materialización de las gradas bajo el nombre de *koilon* (FIG. 101); y por el otro, –hacia el costado opuesto de la colina– un volumen de planta rectangular llamado *skené*, el cual se divide en una logia orientada hacia al público –a modo de escenario (*proskenion*)–, y una serie de bastidores y camerinos situados de forma adyacente. Curiosamente, con la progresiva importancia que adquiere la dramaturgia en Grecia, el carácter sacro de las representaciones desaparece[91], y en consecuencia el espacio de la *orchestra* asume un rol secundario como zona reservada para los coros[92], mientras que el proscenio se convierte en el foco visual y espacial de la celebración.

Nos hemos permitido esta breve digresión histórica para trazar dos posibles asociaciones entre el teatro griego y la capilla. En primer lugar, las condicionantes de implantación son prácticamente las mismas; esto,

---

[91] "El pasaje de lo sagrado a lo profano puede, de hecho, darse también a través de un uso, –o más bien un reuso– completamente incongruente de lo sagrado. Se trata del juego. Es sabido que la esfera de lo sagrado y la esfera del juego están estrechamente conectadas. La mayor parte de los juegos que conocemos deriva de antiguas ceremonias sagradas, de rituales y de prácticas adivinatorias que pertenecían tiempo atrás a la esfera estrictamente religiosa». Giorgio Agamben, *Elogio della profanazione,* en *Profanazioni* (2005). Versión en español, *Profanaciones* (Buenos Aires: Adriana Hidalgo Editora, 2005), pp. 99-100.
[92] De ahí el nombre de los fosos de orquesta en los teatros modernos.

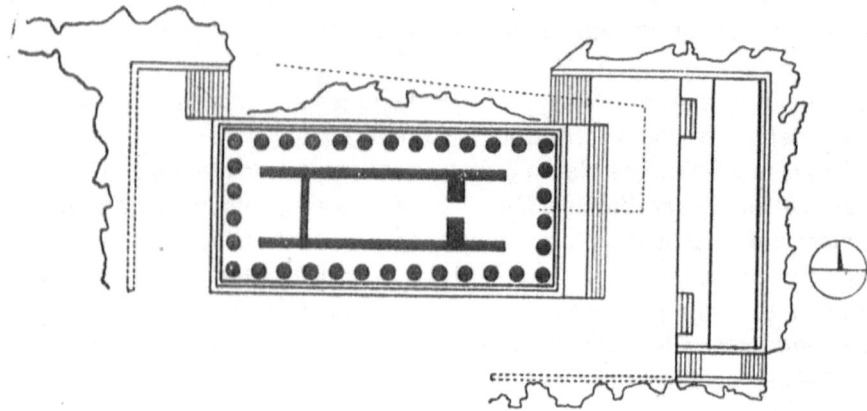

a

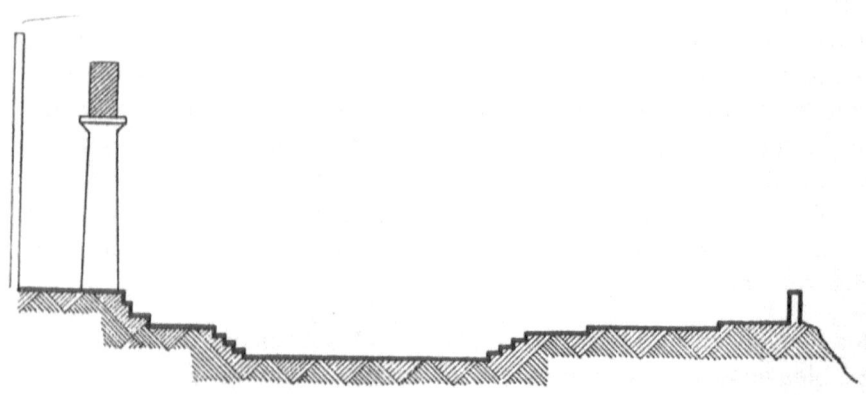

b

Fig.100. Planta y sección de las escalinatas del costado oriental del Templo de Juno Lacinia en Agrigento, utilizadas como gradas en la visualización de los rituales realizados a cielo abierto. Créditos: Rex Martienssen.

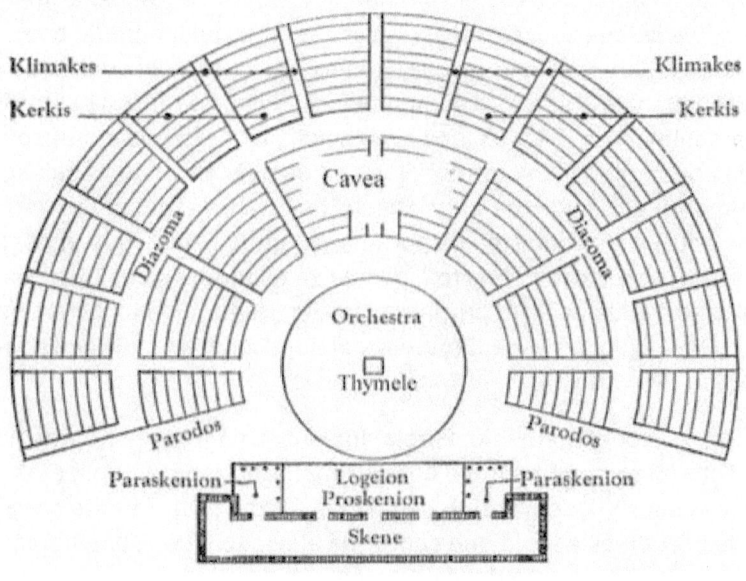

a

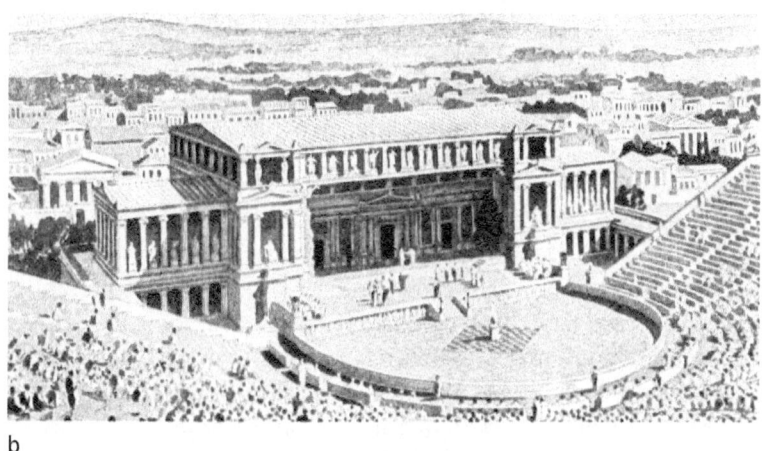

b

Fig.101. Planta (a) y perspectiva (b) de un teatro griego con el volumen del *skené* incorporado, compuesto por el espacio del escenario y la zona contigua de los bastidores.

puesto que en ambos casos el volumen que alberga el «escenario» queda enfrentado a la ladera para así aprovechar el terreno inclinado como gradería (Fig. 102). La segunda cuestión es que cuando el cuerpo de la nave se encuentra abierto, el esquema formal de la capilla y del teatro se vuelven semejantes. En términos analíticos, ambos casos están compuestos por un aula y un recinto[93], los cuales quedan vinculados espacial y visualmente por medio de un pórtico (Fig. 103). En el caso del teatro, la relación entre las tres partes es puramente aditiva, dado que el punto de partida es el escenario cubierto[94], al cual se añaden las dos otras estructuras según un criterio programático: la gradería descubierta sobre la que se localizan los espectadores, y el aula compartimentada de la trasescena (Fig. 104a).

En la Capilla, por el contrario, la relación entre los tres elementos no sigue tanto un principio aditivo como transformativo; es decir, está fundamentada en la conversión de un elemento a otro. En este caso, el punto de partida es el aula que conforma el espacio de la asamblea, pero que ante al deslizamiento del cerramiento que la define se divide en dos aulas auxiliares situadas a los extremos, y un techo en medio que las vincula y vuelca el espacio hacia el exterior. Asimismo, en el escenario en el que la celebración se lleva a cabo hacia el exterior del edificio, el espacio residual de la ladera se transforma en espacio útil, al conformar el recinto virtual que ocupa eventualmente la nave exterior (Fig. 104b-c).

El mismo esquema formal puede verificarse, además, en algunos de los casos que hemos citado en el primer capítulo como antecedentes del proyecto: tanto en la Capilla de Los Nogales del mismo Bonilla, como en las distintas «Boites a Miracles» de Le Corbusier. En todos ellos, la asociación con el teatro es mucho más evidente por dos razones: la primera es que, en cada uno, la apertura del edificio ocurre por una sola cara del edificio, de modo que tras la logia-escenario el fondo pasa a ser el interior mismo de la edificación. La segunda razón es que, a diferencia del proyecto de La Calera, en donde la conformación del recinto depende del hecho efímero y esporádico de la aparición de una congregación circundante –como en los primeros teatros griegos–,

---

[93] Virtual en el caso de Bonilla.
[94] El *proskenion*.

a

b

Fig.102. Imagen comparativa del emplazamiento sobre la ladera del teatro de Delfos y el de la Capilla de La Milagrosa. Créditos: George E. Koronaios (a); Daniel Bonilla (b).

Fig.103. Imagen comparativa del esquema formal de un teatro griego y el de la Capilla de La Milagrosa: ambos están compuestos por un aula y un recinto vinculados espacial y visualmente por un pórtico.

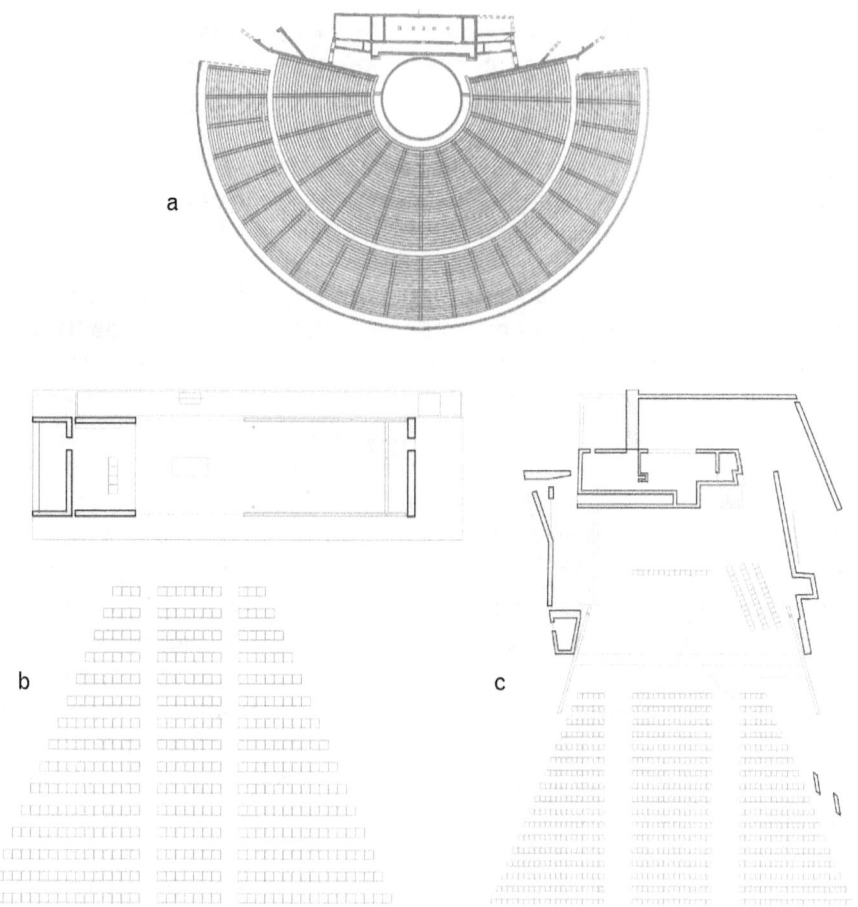

Fig.104. Imagen comparativa de la planta de un teatro griego (a) y la de las Capillas de La Milagrosa (b) y Los Nogales (c). En el teatro, la relación aula-pórtico-recinto está dada por una lógica de adición de espacios, mientras que en las capillas está dada por una lógica de transformación. Créditos: elaboración propia.

tanto en Los Nogales como en las «Cajas Milagrosas», el anfiteatro se encuentra materializado o al menos insinuado por un elemento arquitectónico concreto: Bonilla lo hace a través de una pequeña terraza adyacente que señala el espacio donde ubicar los asientos; mientras que Le Corbusier lo hace mediante una serie de plataformas no construidas en forma de media luna, a modo de pequeños tajos de un *koilon* griego.

En este sentido, las «Cajas Milagrosas» –incluyendo aquí las dos capillas de Bonilla– sintetizan la posible transformación que puede llegar a producirse entre los tres elementos lógico-primitivos que ordenan el espacio en confines. Sin embargo, la transformación que en ellas se produce no solo corresponde a la «actividad intelectual» de transgredir o combinar las normas de los elementos al proyectar –como vimos en San Bernardo y veremos más adelante en El Retiro–, sino que además se traduce en una «intervención física», concreta y retroactiva de la edificación. Martí Arís ha indicado que «durante mucho tiempo, la práctica de la arquitectura se basó en la idea de transformar [literalmente] obras precedentes», y que «los nuevos edificios se sirvieron de los más antiguos [...], desmontando algunas de sus partes y recomponiéndolas según otras leyes y relaciones»[95]. Un ejemplo ilustrativo no intencional de este hecho es el que Armesto utiliza para exponer las implicaciones de la transformación de un aula en un pórtico. Según el autor: «en el segundo nivel de Troya, un megarón, al perder la pared del fondo, se transforma en una puerta monumental [situada al pie de una] muralla: un aula se convierte en pórtico para atravesar un recinto[96]. De forma semejante, la proyección del espacio hacia el exterior en los proyectos mencionados recrea de forma casi literal la secuencia descrita por el catedrático lugués; en este caso, «un aula se convierte en pórtico para [abrirse hacia] un recinto». A diferencia del episodio de Troya, en donde ha sido necesaria la desaparición de uno de los muros del megarón para que este vincule espacialmente la cella con la muralla, aquí la misma transformación se produce sin recurrir al desmantelamiento de

---

[95] Carlos Martí Arís. *El concepto de transformación como motor del proyecto* (1997) en *La cimbra y el arco* (Barcelona: Fundación Caja de Arquitectos, 2005, pp. 39-51), p. 45.
[96] Armesto, *El aula sincrónica*, p. 65.

Fig.105. Capilla de La Milagrosa. Fotografía del interior de la sala con el cuerpo de la nave desplegado.
Créditos: Alberto Fonseca.

la edificación, e inclusive conservando la posibilidad de retrotraer la operación.

Curiosamente, el propio Armesto había establecido hace unos años una analogía entre los elementos lógico-primitivos y las relaciones espaciales implícitas en la apertura y clausura de una caja de fósforos[97], cuyo funcionamiento es prácticamente el mismo que el de la capilla. En ambos casos, cuando el conjunto se encuentra cerrado, la constitución del volumen es propiamente la de un aula, en tanto que el espacio se encuentra constreñido en cada una de sus direcciones. No obstante, tras la apertura del objeto aparece con ella la dirección del espacio hacia el exterior. El bolsillo que guarece las cerillas, de forma semejante a los sistemas murarios que conforman un patio, inauguran una relación vertical con el cielo; en la capilla, dicha relación se encuentra invertida, dado que el elemento interior de la caja es una tapa y no un bolsillo: en otras palabras, es un techo y no un recinto. El primero, como antítesis del segundo, instaura por definición una relación horizontal con el entorno, la cual se traduce, en la Porciúncula, en una vinculación visual y espacial entre el interior y el exterior (Fig. 105).

Síntesis entre un aula-pabellón y un recinto enterrado

La implantación de la Capilla del Retiro está definida por dos operaciones concretas (Fig. 106): la excavación de un recinto bajo tierra y la inserción dentro de éste de un volumen exento, cuyo posicionamiento aislado respecto a los límites del recinto crea un espacio residual entre ambas partes, el cual no solo contribuye a la iluminación indirecta del capilla, sino que instaura, además, una separación física y visual entre el ámbito de congregación y el espacio exterior.

Existe una clara correspondencia entre el esquema de implantación de la capilla y la estructura espacial de las iglesias monolíticas de Etiopía

---

[97] Antonio Armesto, *Indagación sobre lo analítico: los conceptos de formalidad y de autonomía en arquitectura*. (Conferencia presentada en el Seminario Internacional de Investigación de Proyecto y Análisis en Arquitectura, en la Universidad Nacional de Colombia, Sede Bogotá, 25 de agosto, 2008).

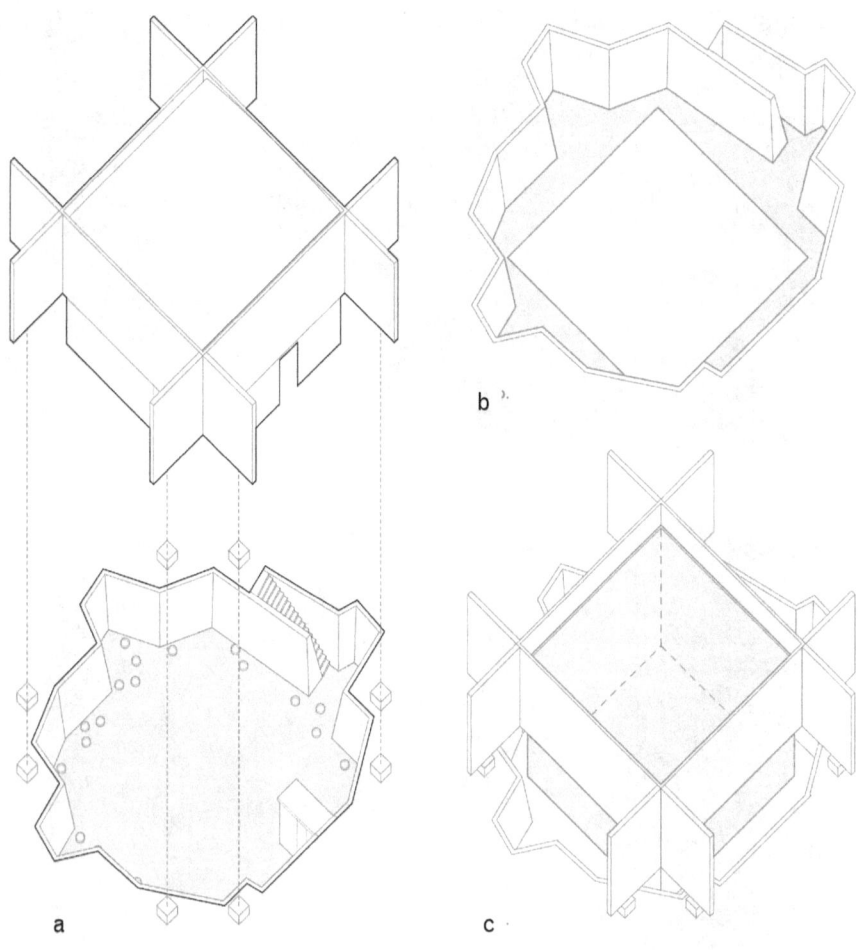

Fig.106. Capilla del Retiro. Esquema de las operaciones de emplazamiento del volumen principal: la excavación de un recinto bajo tierra (b), y la inserción dentro de éste de una pieza exenta (c). Créditos: elaboración propia.

a

b

Fig.107. Imagen comparativa del emplazamiento de la Iglesia de Biet Ghiorgisen en Lalibela y el de la Capilla del Retiro.

(FIG. 107). Los edificios en cuestión son un conjunto de once templos excavados y tallados en roca basáltica, erigidos a lo largo del siglo XIII dentro de las colinas de la ciudad monástica de Lalibela[98]. La particularidad de estas construcciones reside en el hecho de que la mayor parte de ellas está situada por debajo del nivel suelo, de tal forma que para esculpir los volúmenes y las fachadas era necesaria la excavación de una serie de patios adyacentes, cuya presencia no solo facilitaba el trabajo sobre las superficies, sino que además contribuía a conformar una secuencia de circulaciones y permanencias que comunican las distintas dependencias del conjunto religioso en un nuevo plano de referencia bajo el suelo[99]. Cuatro de las once iglesias se encuentran –al igual que la capilla– completamente aisladas respecto a los patios enterrados, mientras que las siete restantes están adosadas a la roca y vinculadas al circuito mediante una sola fachada que da hacia el exterior.

Biete Ghiorgis o San Jorge –la construcción mejor conservada y más representativa del conjunto– es uno de los cuatro templos que se encuentran aislados con relación a la superficie excavada, y constituye además el ejemplo que mayor filiación volumétrica y formal mantiene respecto a la capilla (FIG. 108). Se trata de un volumen esculpido en forma de cruz griega, situado 10 m por debajo del nivel suelo en medio de un recinto de planta cuadrada. En términos volumétricos existe una relevante coincidencia entre el edificio de la iglesia y el de la capilla, en tanto que la estructura geométrica de la segunda puede ser interpretada como la inversión de la estructura de la primera: la iglesia es un volumen de planta cruciforme delimitado por un cubo virtual de 12 m de lado[100]; mientras que la capilla es un volumen de planta cuadrada circunscrito dentro de las cuatro pantallas que conforman virtualmente una esquema de cruz griega.

---

[98] Véase Claude Lepage & Jacques Mercier, *Lalibela: Wonder of Ethiopia: The Monolithic Churches and Their Treasures*, (London: Paul Holberton Publishing, 2012).
[99] Mario Algarín, *Arquitecturas excavadas. El proyecto frente a la construcción del espacio*, (Barcelona: Fundación Arquia, 2006), p. 23.
[100] Ibid.

Fig.108. Imagen comparativa del emplazamiento de la Iglesia de Biet Ghiorgis en Lalibela y el de la Capilla del Retiro.

Pero más allá de la semejanza figurativa o volumétrica existente entre las dos obras, nos interesa resaltar la independencia espacial que en ambos casos instaura el recinto excavado respecto al exterior. Si bien en San Jorge la excavación constituye el medio que permite esculpir y moldear el volumen de la iglesia, la operación trae consigo la definición de un patio circundante –semejante al de las casas trogloditicas–, que junto a una serie de caminos, plazas y estancias menores configura un conjunto de dinámicas cuyo desarrollo transcurre de forma completamente separada del nivel superior[101] (FIG. 109). De un modo semejante, en Auco, la excavación conduce a la conformación de un espacio interior descubierto, hacia el cual se proyecta visual y físicamente el espacio de congregación con absoluta independencia del ámbito exterior.

En términos formales la operación puede entenderse como un ejercicio combinatorio entre un techo y un recinto, en tanto que el volumen principal, al estar abierto en sus cuatro costados, queda ubicado –según lo expuesto respecto a la transición de un elemento a otro[102]– en el límite entre un aula y un techo, o, para ser precisos, entre una habitación y un pabellón. La pregunta que surge es: ¿cuáles son las motivaciones proyectuales que persigue un procedimiento formal como este?

Para abordar la cuestión acudiremos al escrito de Carles Martí Arís titulado *Pabellón y patio*[103], en donde el catedrático barcelonés argumenta que la aparente contradicción entre el carácter introvertido del recinto y el extrovertido del pórtico se ve superada en el contexto de la arquitectura moderna, a través de la hibridación formal entre el patio y el pabellón. Para demostrarlo, el autor elabora un breve análisis de un conjunto de casas de Mies van der Rohe, Le Corbusier y Marcel Breuer, entre algunas otras viviendas de Josep Lluís Sert, John Utzon y José Antonio Coderch.

---

[101] Ibid.
[102] Véanse el apartado 2.1.1 de este mismo subcapítulo.
[103] Carlos Martí Arís. *Pabellón y patio: elementos de la arquitectura moderna.* (dearquitectura, 2008, Núm. 02, pp. 16-27).

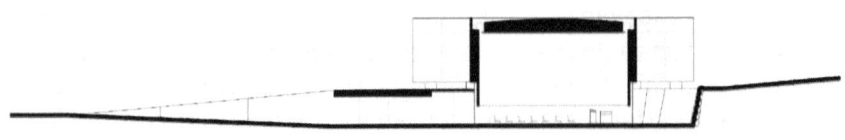

a

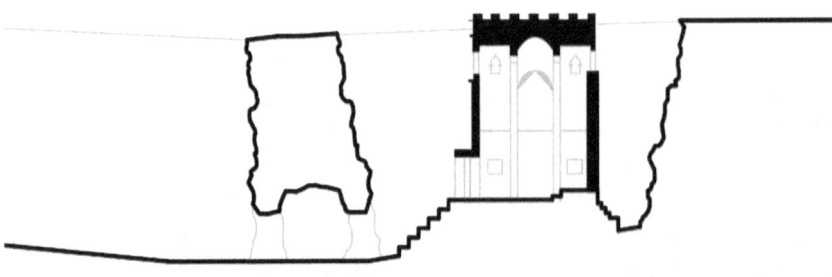

b

Fig.109. Imagen comparativa de la sección general de Biet Ghiorgis (a) y de la Capilla del Retiro (b). En ambos casos la disposición del volumen dentro del recinto excavado permite la separación de las actividades litúrgicas del nivel de la superficie. Créditos: elaboración propia.

El punto de partida de Martí Arís respecto a la compatibilidad de los dos elementos en la obra de Mies es una reflexión elaborada por Richard Padovan, quien afirma que «el Pabellón de Barcelona es un pabellón dentro de un patio»[104]. Martí Arís desarrolla la premisa al exponer que en el edificio se produce una conciliación entre un techo y un recinto, que permite equilibrar la naturaleza completamente abierta del primero –en sentido horizontal–, con la estrictamente cerrada del segundo. En el Pabellón de Barcelona (1929), los dos techos que conforman el área cubierta del edificio se encuentran flanqueados por los fragmentos de un recinto semiabierto, el cual acota la proyección de los distintos espacios hacia el exterior. En este sentido, la «irradiación» del pabellón se ve controlada por una serie de muros que envuelven perimetralmente los lados cortos de la planta, a la vez que permiten la distensión de los espacios hacia los dos laterales longitudinales del edificio. Un procedimiento semejante puede verificarse de forma mucho más radical en la casa de los tres patios (1934), en donde Mies parte de un recinto completamente cerrado, al cual circunscribe, analíticamente, un pabellón en forma de «T». La operación resulta en la definición de tres patios rectangulares hacia los que se vuelcan las distintas dependencias de la casa, que constituyen, de esta forma, el ámbito exterior-interior de la obra. En este caso, el recinto ejerce la función de aislar la casa del mundo exterior, de tal modo que los tres estancias descubiertas se encuentran completamente delimitadas y controladas por medio del muro perimetral.

Tomando los ejemplos de Mies como referencia, el mestizaje tipológico que tiene lugar en la capilla puede entenderse como el resultado de un procedimiento analítico que busca conciliar la introversión del espacio sagrado con la extroversión del pabellón. El lugar sagrado es, por definición, un espacio cerrado: un interior preservado y demarcado que se materializa mediante la exclusión del ámbito profano, o si se quiere, del ámbito exterior[105]. En este sentido, el lugar sagrado solo puede

---

[104] Richard Padovan, citado en Marí Arís, *Pabellón y patio*, p. 17. La frase viene acompañada de una antítesis referida a la Villa Saboye de Le Corbusier como «un patio dentro de un pabellón».
[105] Véase con relación a este tema el apartado de Josep Quetglas sobre el «espacio sagrado» en el epílogo de su *Breviario de Ronchamp*, titulado *Cuatro advertencias sobre el empleo de la palabra «religión»*, pp. 273-275.

estar constituido por un aula o por un recinto, puesto que son estos los elementos que marcan una barrera física entre un interior sacro y un exterior secular.

En este mismo sentido, Armesto señala que el «carácter religioso» es inherente al elemento del recinto, en tanto que «coloca al hombre en una situación de restricción respecto a su entorno [...] [y] lo vincula con el cielo»[106], siendo el caso del claro en el bosque, el témenos griego o el templo primitivo. Asimismo, en el aula «se puede graduar la [condición] de lo trascendente según el acento puesto en el eje vertical o en la apertura hacia lo terrenal»[107], tal y como se puede observar en el caso de las cellas, los sepulcros y algunos monumentos funerarios. Por el contrario, Armesto niega «el carácter religioso y trascendente» en el caso del pórtico, en tanto que configura un espacio abierto y proyectado hacia la naturaleza, el cual simboliza «los caracteres físicos del espacio civil y cotidiano»[108].

Así pues, la utilización en la Capilla del Retiro de un aula-pabellón como espacio de congregación supone una contradicción aparente respecto a la naturaleza introvertida del espacio sagrado. Basta para evidenciar dicho conflicto un escenario hipotético en el que el volumen principal de la capilla se encuentre situado sobre el nivel de la superficie y esté desprovisto, por lo tanto, del patio en rededor; ante tales circunstancias, el espacio interior quedaría completamente expuesto hacia el espacio «profano», quedando física y visualmente comprometido respecto al exterior. No obstante, el uso complementario del recinto permite «amortiguar el contacto directo [del interior] con el exterior», mediante la definición de un espacio intermedio descubierto hacia el cual se vuelca la sala, sin que la operación implique necesariamente la desnaturalización del espacio sagrado. Aula, pórtico y recinto actúan dentro de un esquema formal sintético, en donde el aula, como elemento constitutivo del espacio de reunión, se «eleva» para «abrirse» horizontalmente hacia un exterior controlado, definido por el elemento circundante del recinto excavado (Fig. 110).

---

[106] Armesto, *El aula sincrónica*, p. 64.
[107] Ibid.
[108] Ibid.

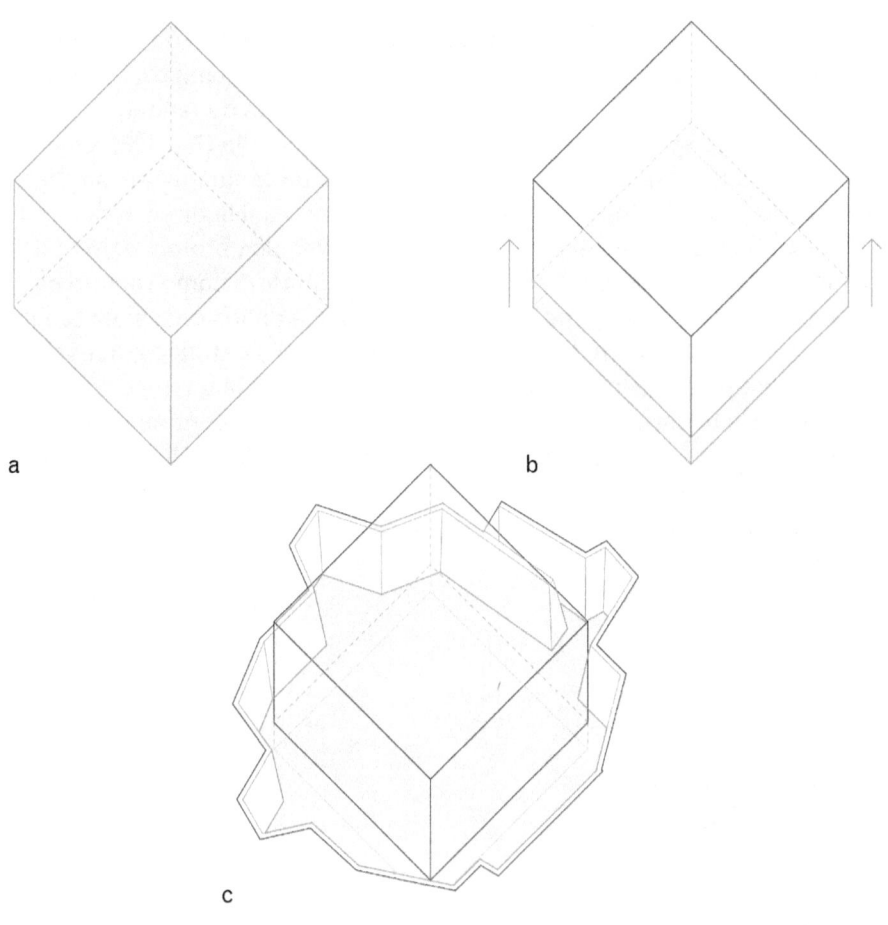

Fig.110. Capilla del Retiro. Esquema de síntesis entre los tres arquetipos espaciales: el aula -como elemento constitutivo del espacio de congregación (a)-, se «levanta» (b) para «abrirse» horizontalmente hacia un exterior controlado, definido por el recinto excavado circundante (c). Créditos: elaboración propia.

Del mismo modo que en las otras dos capillas, la orientación del edificio está definida a partir de una condición externa, la cual es, en este caso, el trayecto de aproximación que proviene de las dependencias principales del Santuario situadas al norte de la capilla (Fig. 193). Dada la relevancia de este eje, Undurraga hace coincidir la rampa que marca el descenso con el camino prexistente, definiendo así la direccionalidad del conjunto, y situando el tramo de ingreso como una prolongación del trayecto de aproximación al edificio, con el presbiterio como remate de dicha procesión. Esto último supone –al igual que en los casos precedentes– una *des-orientación* del altar según los cánones católicos, puesto que al adoptar este esquema el presbiterio de la capilla queda orientado directamente hacia el sur. Undurraga da prelación a la continuidad de una relación preexistente antes que a la disposición simbólica del edificio, con lo cual logra que el edificio haga parte de ella y la acentúe en la experiencia de aproximación al lugar.

resignificar: otorgar un nuevo valor a algo cuyo significado adquiere nuevas características en un contexto determinado[109].

«*La naturaleza, que en su esencia y sentido profundo nada sabe de individualidad, es reconstruida por la mirada del hombre, que la divide y aísla en unidades distintas, en individualidades llamadas "paisaje"*»[110].

Georg Simmel (1913)

«*[...] El ángulo recto de lo pensado y construido por el hombre [es] lo que enmarca la naturaleza, lo que convierte a la naturaleza en paisaje, por obra de una mirada capaz de integrarse en lo natural y de integrar a sí lo natural; una mirada que identifica a lo natural y que lo dota de los caracteres de lo humano*»[111].

Josep Quetglas (2008)

---

[109] Definición adaptada de *definición.de* (https://definicion.de/resignificacion/).
[110] Georg Simmel, *Philosophie der Landschaft* (1913). Versión en español, *Filosofía del paisaje* (Madrid: Casimiro, 2014), p, 9.
[111] Josep Quetglas, *Les heures claires: Proyecto y arquitectura en la Villa Savoye de Le Corbusier y Pierre Jeanneret* (Massilia. Associació d»idees. Centre d»Investigations Estètiques. Sant Cugat del Vallés, 2008).

La re-significación del paisaje: mecanismos de orden visual en la relación interior-exterior de las obras

(Fig. 111).

La proyección en el espacio de la línea del horizonte

En la Capilla de San Bernardo la totalidad del conjunto arquitectónico se encuentra «volcado» hacia la inmensidad monótona de un terreno despejado. En el contexto de la llanura pampeana no existen elementos primarios ni componentes singulares que irrumpan dentro de un paisaje sustancialmente homogéneo, más allá de la esporádica aparición de un *monte*. En cierto modo el único componente del paisaje al que atenerse es la línea del horizonte: el punto donde aparentemente confluyen el cielo y la tierra.

Como bien señala Alberto Campo-Baeza, ante un horizonte lejano la arquitectura puede tomar dos posturas: puede enmarcarlo a través de una ventana, pero también puede subrayarlo a través de un plano horizontal[112].

El primer escenario supone una exteriorización de la mirada. Al definir un marco hacia el paisaje, aquello que queda enmarcado se convierte en objeto de contemplación, pareciendo ser que el paisaje «se aleja de nosotros, que toma más importancia»[113], y que el espacio se extiende desde el interior hacia el exterior; algo semejante a lo que ocurre en casos célebres como los de las ventanas del solárium de la Villa Savoye o del jardín de la Villa Le Lac de Le Corbusier, o en los distintos encuadres de las ventanas de la Casa Malaparte de Adalberto Libera (Fig. 112).

---

[112] Véase: Alberto Campo-Baeza, *Mecanismos de arquitectura* en *Varia architectonica*, (Madrid: Mairea Libros, 2016, pp. 43-52).
[113] Ibid., p. 48.

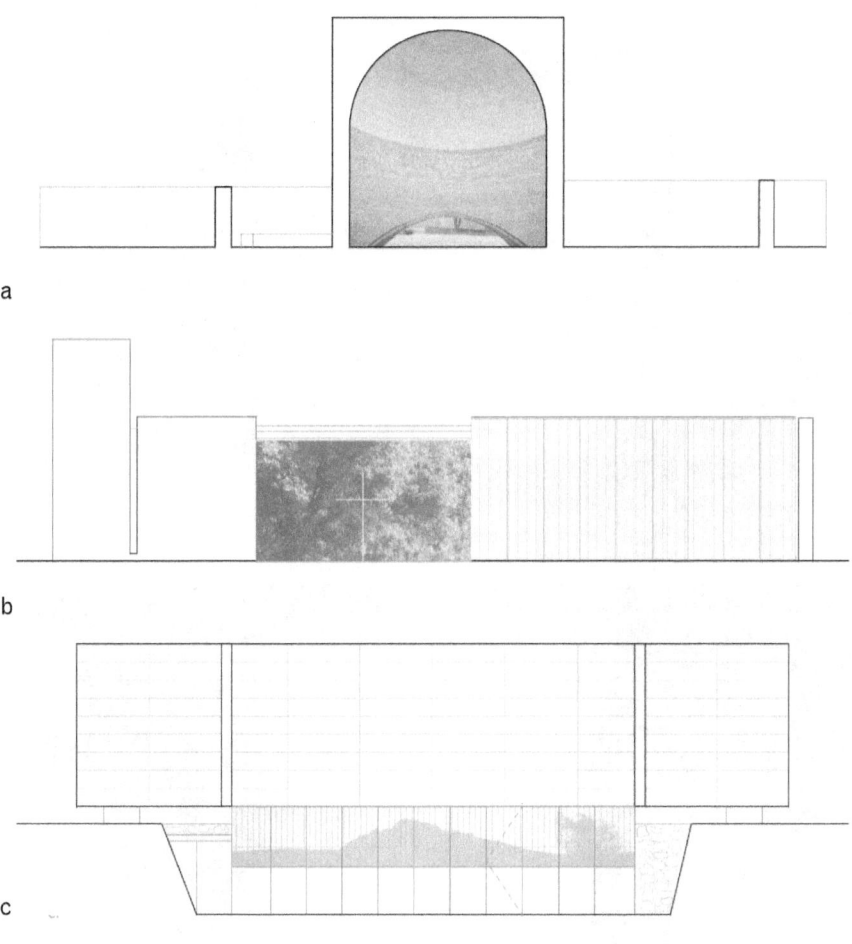

Fig.111. Síntesis de la «resignificación del paisaje» en las tres obras: la Capilla de San Bernardo proyecta virtualmente la línea del horizonte en interior de la sala (a); la Capilla de La Milagrosa transforma en retablo el paisaje cercano (b); y la Capilla del Retiro proyecta sobre la superficie el reflejo del paisaje lejano (c). Créditos: elaboración propia.

a

b

Fig.112. Paisajes enmarcados en la ventana de la sala de la Casa Malaparte de Adalberto Libera (a), y en el jardín de la Villa Le Lac de Le Corbusier (b).

En cuanto a la segunda postura, existen operaciones arquitectónicas en donde la disposición de un suelo artificial elevado subraya con el borde del elemento la línea del horizonte, de tal forma que se produce el efecto de que «el espectador se adentra en el paisaje, o mejor aún [...], [que] el paisaje viene directamente hacia él»[114]. Si esta operación se realiza en un contexto de planicie como el de La Playosa, en donde el perfil del horizonte es sustancialmente llano, el procedimiento resulta en el emparejamiento entre dos líneas rectas, la primera dada por el contorno del horizonte, y la segunda por la arista de la placa o del antepecho que subraya el paisaje lejano; algunos ejemplos de esta operación son el Mirador Entre Catedrales del propio Campo-Baeza, o el Salk Institute de Louis Kahn (Fig. 113).

Ahora bien, en San Bernardo ocurre una especie de híbrido entre las dos posturas descritas: la de proyectar la mirada hacia el exterior, y la de adentrar el paisaje al edificio, pues si bien el mecanismo principal de relación interior-exterior del volumen es una ventana orientada hacia el horizonte, su posición a 4.3 m de altura respecto al suelo impide la visualización del paisaje lejano. Sin embargo ocurre que, durante las últimas horas de la tarde, los rayos de luz que ingresan a través de la ventana quedan suspendidos por encima de la altura del visitante, instaurando una división temporal y etérea entre la zona alta y baja del espacio principal (Fig. 114). El hecho de que el terreno que separa al edificio del horizonte sea fundamentalmente plano, propicia que en los instantes previos al ocaso el ángulo de incidencia solar sea prácticamente paralelo a la línea del suelo, produciendo entonces un alineamiento entre las hiladas de los mampuestos y la silueta definida por los rayos del sol (Fig. 115).

Así pues, aquí también se produce un emparejamiento entre dos líneas rectas: una dada por la proyección de la luz desde el punto mismo del horizonte, y la otra por las franjas horizontales que corresponden al apilamiento de los ladrillos. Pero a diferencia de los ejemplos de Entre Catedrales o del Salk Institute, en donde el emparejamiento con el horizonte supone una visualización del exterior, aquí supone una visua-

---

[114] Ibid, p. 47.

a

b

Fig.113. Paisajes subrayados en las plataformas del proyecto de Entre Catedrales de Alberto Campo-Baeza (a), y del Salk Institute de Louis Kahn (b).

a

b

Fig.114. Capilla de San Bernardo. Durante las últimas horas de la tarde los rayos de luz que ingresan a través de la ventana quedan suspendidos por encima de la altura del visitante, instaurando una división temporal y etérea entre la zona alta y baja del espacio principal. Créditos: N.C.

a

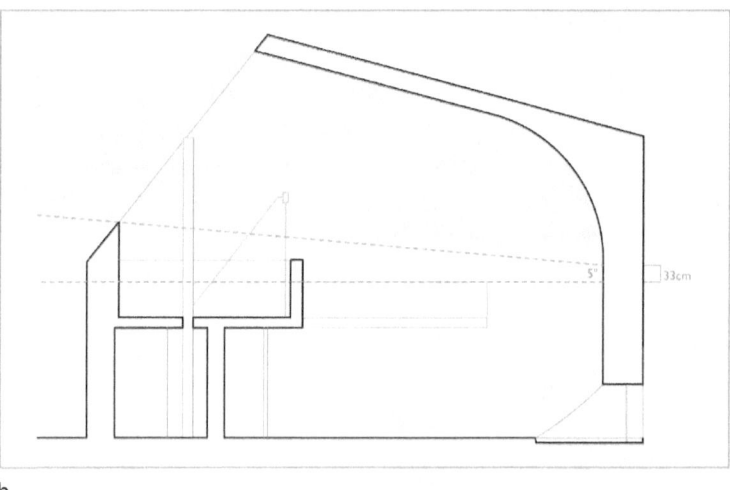

b

Fig.115. Capilla de San Bernardo. Acercamiento del empalme entre la luz entrante y las hiladas de los mampuestos (a); y esquema ilustrativo del ángulo de incidencia de la luz del sol en la foto en cuestión (b). Créditos: N.C. (a), elaboración propia (b).

lización del interior; si en los dos ejemplos citados, el edificio parece adentrarse en el paisaje mediante un ejercicio óptico que hace colapsar la distancia entre lo cercano y lo lejano y que subraya el horizonte, en San Bernardo ocurre un proceso inverso, pues es en cierto modo una condición del paisaje la que irrumpe en el edifico y lo subraya, como un mecanismo que trae desde la distancia la propia línea del horizonte (Fig. 116).

Christian Norberg-Schulz es claro al afirmar que la comprensión del «lugar natural» no solo está dada por los componentes «concretos» del paisaje, sino que en dicho proceso también entran en juego otros componentes más etéreos pero igualmente significativos: el orden, el carácter, el tiempo y, por supuesto, la luz[115]. En la llanura pampeana, la forma en que el sol sale y se oculta en el horizonte constituye una de las circunstancias más importantes y representativas del paisaje[116], puesto que al ser el territorio una superficie prácticamente ilimitada el sol describe un meridiano casi perfecto, que por lo tanto incide perpendicularmente sobre el espacio en su aproximación a la línea del horizonte (Fig. 117). En cierto modo el interior de la capilla recrea esta misma condición del paisaje y la hace evidente a través de una experiencia cinemática.

Ahora bien, el argumento carecería de interés si todo contexto geográfico fuese sustancialmente plano (Fig. 118a). Bajo dichas circunstancias, el horizonte visible coincidiría con el horizonte aparente, que es el plano ideal tangente a la superficie terrestre desde un determinado punto de observación. Sin embargo esto no es así en muchos escenarios geográficos del planeta, en donde la irregularidad topográfica o la presencia

---

[115] Véase: Norberg-Schulz, *Genius Loci,* pp. 23-32.

[116] «¿El cielo argentino? Sí, el único gran consuelo. Yo he visto ese cielo, sobre la planicie ilimitada de herbajes, raramente salpicada por algunos sauces llorones; es ilimitado, brillante [...], está en los cuatro horizontes; en realidad, todo ese paisaje es una misma y única línea recta: el horizonte [...]. El durmiente se tapa con su manta de lana y el vagabundo en campo raso se encoge como un feto. El vapor del agua en suspensión en el espacio se precipita, y de repente toda la tierra se cubre de agua: es el rocío. Es en este momento que estalla, como un cañonazo, el sol en el punto mismo del horizonte». Le Corbusier, *Prólogo Americano* en *Précisions sur un* état *présent de l»architecture et de l»urbanisme* (1930). Versión en español, *Precisiones* (Barcelona: Apóstrofe, 1999), pp. 20-21

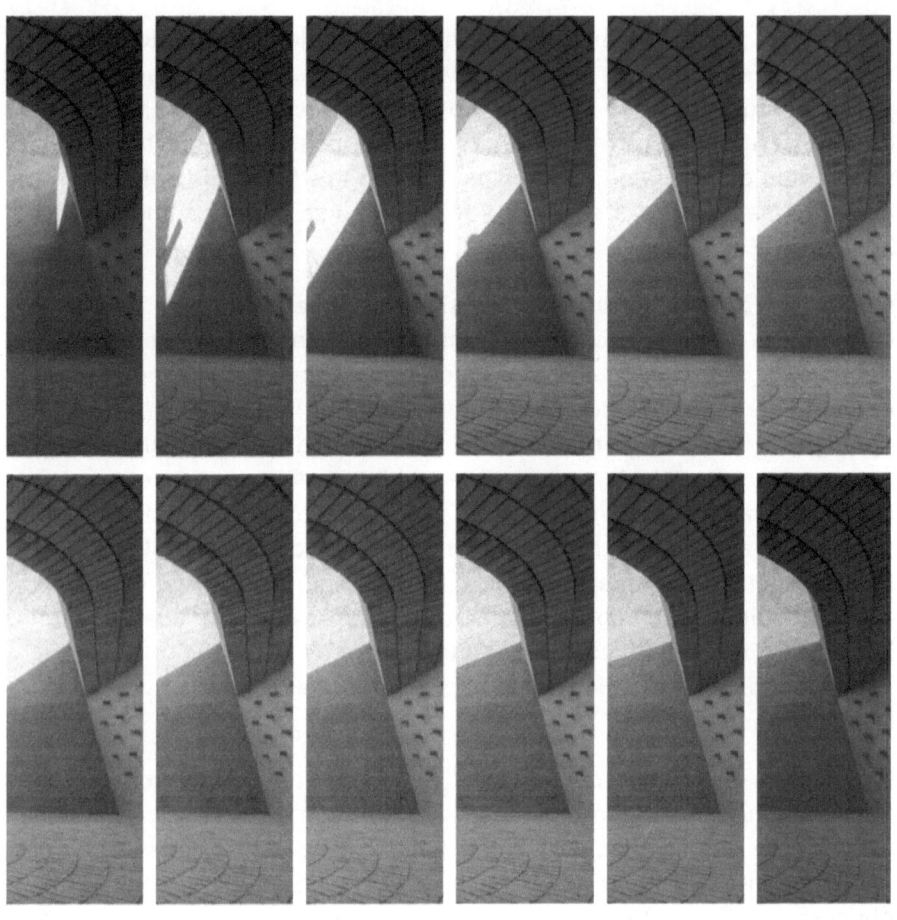

Fig.116. Capilla de San Bernardo. Secuencia del progresivo emparejamiento de la luz respecto a las hiladas de los ladrillos. Créditos: elaboración propia a partir de las fotografías de N.C.

Fig.117. Fotografías del ocaso en el contexto de la llanura pampeana.

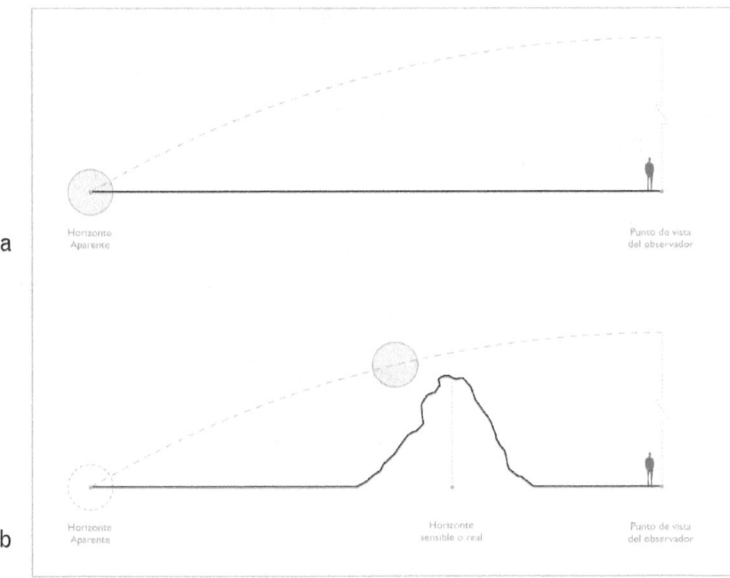

Fig.118. Esquema comparativo del horizonte sensible o percibido en un contexto de planicie (a) y de montaña (b). Créditos: elaboración propia.

dentro del paisaje de un obstáculo natural o artificial impide la visualización del horizonte aparente, al mismo tiempo que define un horizonte visual desde donde aparentemente sale y se oculta el sol (Fig. 118b). Así, en estos casos, el ángulo de incidencia de la luz en el alba y en el ocaso no es paralelo sino oblicuo respecto a la tierra, como consecuencia del hecho de que el sol sale y desaparece antes de atravesar el horizonte aparente o virtual.

En un contexto como el de La Pampa, en donde el terreno se aproxima notoriamente al de un teórico plano llano[117], la percepción del sol de tarde debería ser, en algún punto, horizontal respecto a la tierra. ¿Pero cómo corroborarlo en la proximidad? ¿Cómo trasladar la suposición de dicha premisa hacia una experiencia evidenciable y conmensurable en el espacio habitado? El proyecto de la Capilla de San Bernardo lo hace a la manera de un sextante o un astrolabio (Fig.119), instrumentos que miden la separación angular entre un astro y un plano –más comúnmente el sol y el horizonte–, mediante un mecanismo que permite comparar a través de un componente paralelo al suelo y otro orientado hacia el cielo, la separación entre el sol y el horizonte en el espacio cercano.

En un sentido análogo, en la capilla uno podría llegar a establecer el ángulo de incidencia solar en un momento determinado de la tarde y, por ende, deducir la altura del sol respecto al horizonte, a partir de la interpretación del paralaje que se produce entre la línea marcada por la luz natural y las líneas marcadas por las hiladas de los mampuestos: bien sea el instante en el que la luz hace su aparición sobre la superficie del muro sur e incide oblicuamente, o bien el momento en el que la luz atraviesa longitudinalmente la sala e incide paralelamente.

Tal corroboración a través del edificio de la horizontalidad con la que el sol incide en La Pampa tiene un claro antecedente según lo manifestado por el propio arquitecto[118], y es el hecho de que al visitar una peque-

---

[117] A lo largo de los 800 km en los que se extiende la llanura desde la ciudad de Córdoba (625msnm) hasta Buenos Aires (25 msnm), el porcentaje de inclinación del terreno es un prácticamente nulo.
[118] Véase: Nicolas Campodónico, *Una historia, tres arquitectos* (conferencia presentada en Sala de Actos del COAC en Barcelona, el 2 de mayo de 2017).

a

b

Fig.119. Imagen comparativa del funcionamiento de un horizonte artificial (a) y el replanteo de la orientación de la Capilla con un modelo a escala (b).

a

b

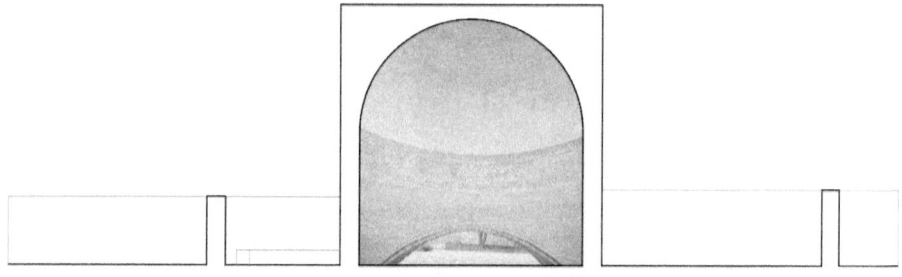

Fig.120. Capilla de San Bernardo. La línea del horizonte en el paisaje lejano (a), proyectada en el interior de la capilla (b). Créditos: elaboración propia (b).

ña casa de campo proyectada por él mismo entre 1994 y 1997 –situada a 3 km de la capilla–, Campodónico se percata de que desde una pequeña ventana corrida, dispuesta intuitivamente sobre la parte superior de la fachada oeste del edificio, la luz de la tarde ingresa de forma casi horizontal en el ambiente conjunto del comedor y la sala, atravesando en consecuencia el espacio de un extremo a otro del volumen. De cierto modo esta experiencia constituye uno de los puntos de partida en el desarrollo del proyecto, en cuanto a la reinterpretación de esta condición con el evento que se produce en el espacio interior.

El hecho de que Campodónico haga explícito este antecedente es relevante respecto a las ideas trabajadas hasta ahora, pues permite hacer evidente el proceso a través del cual se materializa un sentido de lugar: el registro inicial por parte del arquitecto de una condición significativa del paisaje, la forma en que dicha condición es reinterpretada y formalizada durante la concepción y el desarrollo del proyecto, y finalmente la corroboración del hecho a través de la experiencia del visitante en la obra (Fig. 120).

La transformación en retablo del paisaje cercano

Hasta ahora, al referirnos a la apertura del cuerpo de la nave en la Capilla de La Calera, nos hemos concentrado exclusivamente en las implicaciones espaciales de uno de los dos vanos que devienen de la transformación del edificio: aquel desde el cual el espacio se vuelca hacia la explanada. No obstante, a diferencia de los demás ejemplos citados como antecedentes de la obra (la Capilla de Los Nogales y las Boites a Miracles), en donde la vinculación con el exterior es unilateral, en La Porciúncula, el deslizamiento del cerramiento produce una doble apertura hacia el exterior: hacia la ya mencionada explanada, por un lado, que se convierte virtualmente en nave; y hacia el paisaje cercano, por el otro, compuesto por un bosque tupido situado al norte del predio, ante el cual se interpone un tíbar en primer plano, ubicado sobre la falda de la colina.

La situación es en cierto modo el engrandecimiento de una circunstancia que ya se percibe cuando el cuerpo de la nave está cerrado, y es el hecho de que desde el punto en el que se ingresa al edificio –tras haber cruzado la doble puerta de acceso– se produce una superposición aparente entre el vano vertical del muro que separa la sacristía del presbiterio y el vano de la ventana corrida de la fachada noroeste, en cuya intersección queda enmarcado el pino centenario situado tras el volumen de la capilla (Fig. 121). Esta circusntancia evoca, a una escala menor, la misma operación que se percibe cuando el edificio adopta un escenario de misa campal, aunque esta vez con el eje vertical definido por la dilatación que aparece tras la apertura del volumen, y el eje horizontal dado por el vacío comprendido entre los planos del techo y el basamento (Fig. 122).

La operación de enmarcar un paisaje coincide con el procedimiento que los japoneses llaman *shakkei*[119], el cual consiste en el acto premeditado de tomar posesión de un escenario de la naturaleza, al que la delimitación arquitectónica otorga un valor de contemplación; un valor que, en el caso puntual de la transformación de la Capilla de La Calera, reside en la circunstancia particular de que el paisaje enmarcado asume el rol de un retablo, y se convierte, por consiguiente, en el foco visual de la celebración.

El mismo mecanismo utilizado por Bonilla puede corroborarse en un proyecto al que ya nos hemos referido al hablar de los posibles escenarios de transformación de la asamblea, y es el caso de la Capilla de Otaniemi en Espoo, de Heikki y Kaija Siren. Allí, la pareja finlandesa opta por reemplazar la totalidad del plano que normalmente conforma el retablo, por un amplio ventanal que, al coincidir con el límite que separa el interior y el exterior de la capilla, enmarca tras de sí un fragmento del bosque que circunda al proyecto, creando con ello una unidad cuasi panteística entre el adentro y el afuera. Al respecto de dicha operación, Luis Martínez señala que:

«Para que el bosque pueda ocupar y sustituir el lugar iconográfico de los antiguos retablos, se precisa que esté deshabitado, que desde el espacio interior de la capilla el observador no se cruce con la presencia de ninguna señal del hombre. El bosque, para poder ser útil como fondo de altar, para estar dotado de esa profundidad o altura, debe ser una emboscadura.

---

[119] Traduce «paisaje prestado».

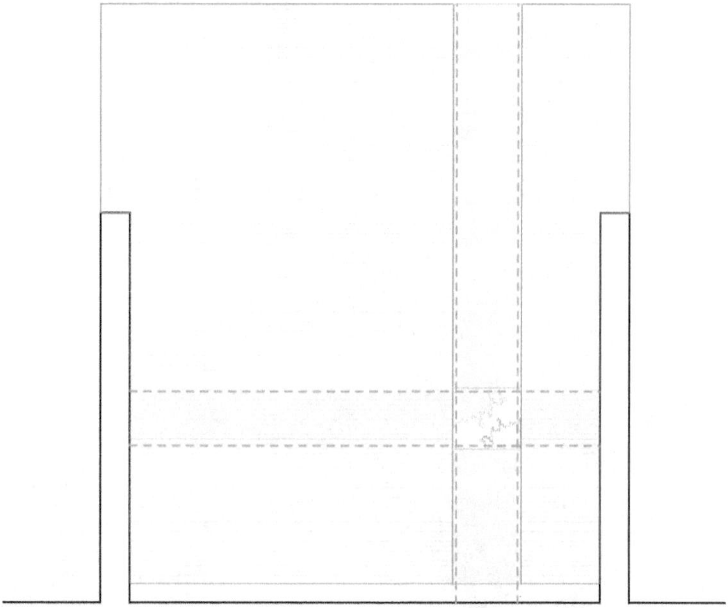

a

b

Fig.121. Capilla de La Milagrosa. El paisaje cercano que se encuentra tras la cabecera del edificio queda enmarcado por el alineamiento entre el vano de conexión entre el presbiterio y la sacristía y la ventana de la fachada noroccidental. Créditos: elaboración propia.

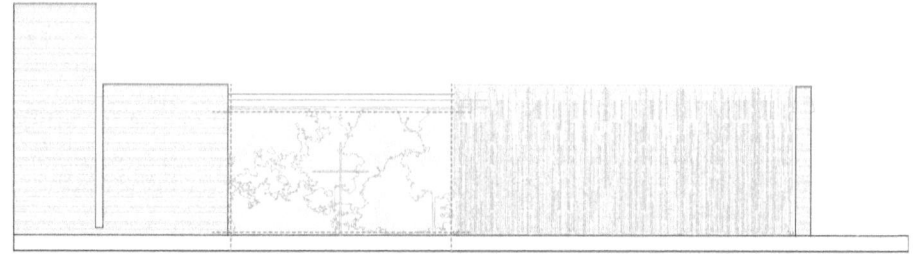

a

b

Fig.122. Capilla de La Milagrosa. El paisaje cercano al noreste del edificio queda enmarcado por el alineamiento de la dilatación que aparece tras la apertura del volumen, y el vacío comprendido entre los planos del techo y el basamento. Créditos: elaboración propia (a) y fotografía de Daniel Bonilla (b).

Y debe ser también un bosque sin usufructo, inútil para todo aquello que no sea lo que la obra está dispuesta a celebrar de él: que sería su inutilidad misma»[120].

Martínez sugiere que, para que el paisaje pueda servir como retablo, este debe ser un fondo neutro, ajeno a cualquier referencia secular que pueda interponerse en la vista del devoto. El modo de operar de los Siren –que Bonilla replica en su proyecto– se basa en orientar el rito hacia un bosque en bruma, ante el cual se interpone el elemento simbólico de la cruz (FIG. 123).

En el retablo de La Calera el bosque se percibe mucho más cercano de lo que se encuentra en realidad (FIG. 124), y esto ocurre por el hecho de que hay un encubrimiento moderado de las referencias de profundidad en el encuadre: primero del suelo en el que están sembrados los árboles, que por el desnivel de la colina queda fuera del encuadre; y luego del perfil de los árboles en su empalme con el cielo, que al sobresalir por encima del edificio quedan también fuera de la imagen.

La ausencia total o parcial de estas dos referencias produce un efecto óptico que altera la profundidad de la escena, de tal forma que entre más uno se acerca al retablo más reaparecen y el bosque se percibe más lejano, mientras que entre más uno se aleja más desaparecen y el bosque se percibe más cercano.

En este sentido, la vegetación conforma un plano virtual que niega la proyección «infinita» de la vista, y configura el fondo hacia la cual los devotos dirigen la mirada. Podemos volver sobre dos ejemplos ya mencionados para ilustrar el contrapunto de este hecho, que son los «retablos» del salón de la Casa Malaparte y el del jardín de la Villa Le Lac. En estos dos ejemplos la sola presencia de la línea del horizonte crea una condición de profundidad en el paisaje, acentuada, a la vez, por otros elementos interpuestos que definen unas distancias aparentes entre lo cercano y lo lejano. En La Calera, al no existir estas referencias de profundidad en el encuadre, el motivo enmarcado se ve reducido a puros valores plásticos: texturas, colores, luces y sombras, expedidas por la mezcolanza de troncos, hojas, ramas y flores, en una composición que se aproxima

---

[120]Luis Martínez, *El árbol, el camino, el estanque, ante la casa*, p. 15.

a

b

Fig.123. Imagen comparativa entre el retablo de la Capilla de Otaniemi en Espoo y el de la Capilla de La Milagrosa en La Calera. Créditos: elaboración propia (b).

a

b

Fig.124. Capilla de La Milagrosa. Fotos que evidencian la distancia no percibida entre el plano de la apertura y la posición real del bosque. Créditos: Juan Pablo Ordoñez.

mucho más a la complexión de un paisaje abstracto, y que sería, según lo expuesto por Martínez, fondo útil para la celebración.

Ahora bien, un elemento resulta ser fundamental en la concepción de este paisaje enmarcado como retablo, y es el crucifico metálico que se encuentra incrustado en el estanque de agua; elemento que, al producirse la reorientación del rito, queda situado en el centro de la «ventana», como objeto que señala la posición para ubicar delante suyo el mueble del altar. Se trata del mismo objeto con el cual el visitante había quedado enfrentado en su trayecto de ascensión hacia la colina[121], justamente en el descansillo que separa el primer y el segundo tramo de la escalera, casi como anunciando, desde el inicio, su ulterior protagonismo como foco del evento principal. ¿Pero cuál es la verdadera utilidad del ornamento en la puesta en escena, y cuál su incidencia en la definición del paisaje como escenario de fondo?:

«Para ver la cruz, es necesario desenfocar a la vez el bosque y la superficie de vidrio. Para ver lo que se mira es necesario vectorizarlo [...]. Si la cruz es importante para los ojos, su visión debe suponer a la vez la experiencia de una no visión, de una visión más borrosa. Para hundirnos profundamente en la cruz es necesario aceptar un sistema perceptivo en el que los otros objetos se ocultan y se convierten en el horizonte desvaído del objeto» [122].

El efecto descrito es análogo a aquello que en fotografía y cine se denomina «enfoque superficial»: una técnica en donde el fotógrafo o director enfoca tan solo un plano dentro de la composición de la imagen, con el objetivo de concentrar la atención del espectador hacia una determinada porción del encuadre; simplemente, al considerar dos objetos distintos –o bien un fondo y una figura– el enfoque que un lente o una mirada otorgan a un elemento u otro se traduce inmediatamente en el desenfoque del componente residual. Dicho efecto es exactamente el que se logra en la capilla mediante la interposición del ornamento respecto al plano virtual del paisaje cercano; allí, el objeto de la cruz constituye el

---

[121] Nos referimos nuevamente a las escaleras que figuran en el proyecto y no las finalmente construidas.
[122] Martínez. *El árbol, el camino, el estanque, ante la casa*, p. 15.

punto significativo hacia donde el devoto dirige la mirada, de tal modo que el enfoque sobre este realza el contorno de la figura, a la vez que desenfoca el paisaje y enfatiza su condición como fondo de la imagen.

Una síntesis entre estas dos operaciones –la de primero «acercar» el paisaje y luego «desenfocarlo»– se observa en algunos de los collages elaborados por Mies van der Rohe entre las décadas de los años 30 y 60, especialmente los de las perspectivas interiores realizadas para los proyectos la Casa Resor (1937-1943), el «Museo para una pequeña ciudad» (1940-1943) y el edificio de las Oficinas Bacardí (1957-1961). En este tipo de dibujos Mies construye la profundidad espacial mediante la superposición de planos bidimensionales, que por su textura, escala o posición dentro de la imagen constituyen elementos de mobiliario o estructurales, muros divisorios o encuadres hacia un hipotético paisaje exterior. En el tercer collage de la Casa Resor y en los de los proyectos del Museo y las Oficinas, Mies utiliza paisajes abstractos para representar los encuadres exteriores, puesto que a diferencia de los collages 1 y 2 de la Casa Resor, estos no corresponden a paisajes figurativos, sino a ciertos *zooms* de una montaña, un cuerpo de agua y una masa de árboles, los cuales constituyen vistas difícilmente apreciables desde un espacio interior.

En dichos planos, al igual que en el retablo de la capilla, la ausencia de una referencia de profundidad hace que el paisaje se perciba como cercano y que se entienda como un plano más de la composición. Así pues, aquello que les confiere su carácter de encuadre exterior no es tanto la representación figurativa del paisaje sino su condición de fondo[123], lograda y acentuada mediante la anteposición de los demás elementos de la imagen, que definen la profundidad del espacio pero también la constriñen hacia un fondo «desnaturalizado». Algo semejante a lo que ocurre, guardadas proporciones, en la imagen que se obtiene desde el anfiteatro y, hacia el retablo de la capilla (Fig. 125), no solo por la anteposición del elemento de la cruz, sino también el de los distintos planos frontales resultantes de la apertura del edificio y la reorientación del rito, los cuales

---

[123] Véase el artículo conjunto de Aurelio Vallespín Muniesa, Noelia Cervero Sánchez e Ignacio Cabodevilla-Artieda, titulado *Los collages de la Casa Resor de Mies van der Rohe como transparencia fenomenal arquitectura* (EGA: Expresión Gráfica Arquitectónica, 2017, Vol. 22, Núm. 31, pp. 140-149).

a

b

Fig.125. Imagen comparativa entre el collage No. 3 de la Casa Resor de Mies van der Rohe (a) y el 'collage' de la perspectiva de se obtiene desde la zona del anfiteatro de la Capilla (b). Los distintos planos frontales resultantes tras la apertura del edificio refuerzan la proyección del espacio hacia el bosque como fondo escenográfico, así como su condición de plano virtual. Créditos: Archivo virtual del MoMA, 749 (a), modificado; elaborado por Laura Pineda (b).

refuerzan la proyección del espacio hacia el bosque como fondo escenográfico, así como su condición de plano virtual.

El reflejo sobre la superficie del paisaje lejano

En la Capilla del Retiro, el imponente paisaje que acompaña el trayecto de aproximación hacia la ermita desaparece una vez el visitante desciende bajo tierra. Para consolidar la experiencia de recogimiento en el interior de la sala, Undurraga opta por establecer una total separación visual respecto a las montañas del valle; relación que se restituye parcialmente cuando el devoto sale al patio circundante, pues desde allí se divisan imágenes fragmentadas del paisaje, recortadas y formadas por la interposición de las vigas y los muros de contención. No obstante hay una segundo mecanismo de relación visual entre la obra y el paisaje —producto de la misma exclusión del exterior en el interior—, y es un particular juego de reflejos en el que el paisaje circundante se proyecta sobre el cerramiento exterior.

Como ya ha sido expuesto, la superposición de los planos de cerramiento en el interior de la capilla oculta la estructura de soporte principal, pero desde el exterior el mismo hecho produce que la superficie acristalada del volumen adquiera las facultades de un espejo (Fig. 126-127): si dentro del espacio de congregación los 2 m inferiores del revestimiento cubren el empalme entre el cristal y el concreto, desde el patio producen un efecto en el que la superficie traslúcida del vidrio, al situarse por delante de la superficie de madera, se convierte en un dispositivo reflectante de cara a la incidencia de la luz natural.

El fenómeno del espejo es sencillo de explicar dentro del ámbito de la arquitectura; este surge como resultado de la superposición de dos capas: una reflectante, situada por delante, y otra opaca, situada por detrás. El traslapo entre ambas piezas configura un efecto semejante al que se produce cuando nos vemos reflejados sobre la pantalla de un monitor apagado o sobre el plano de una ventana durante la noche, situaciones en donde el fondo opaco ejerce como un medio de contraste que intensifica e incrementa el índice de reflexión de la superficie traslúcida cuando esta recibe la incidencia de una fuente de luz natural o artificial. La

a

b

Fig.126. Capilla del Retiro. Fotografías que evidencian el reflejo de la montaña sobre la superficie superpuesta del vidrio y la madera desde el nicho occidental de patio. Créditos: Sergio Pirrone.

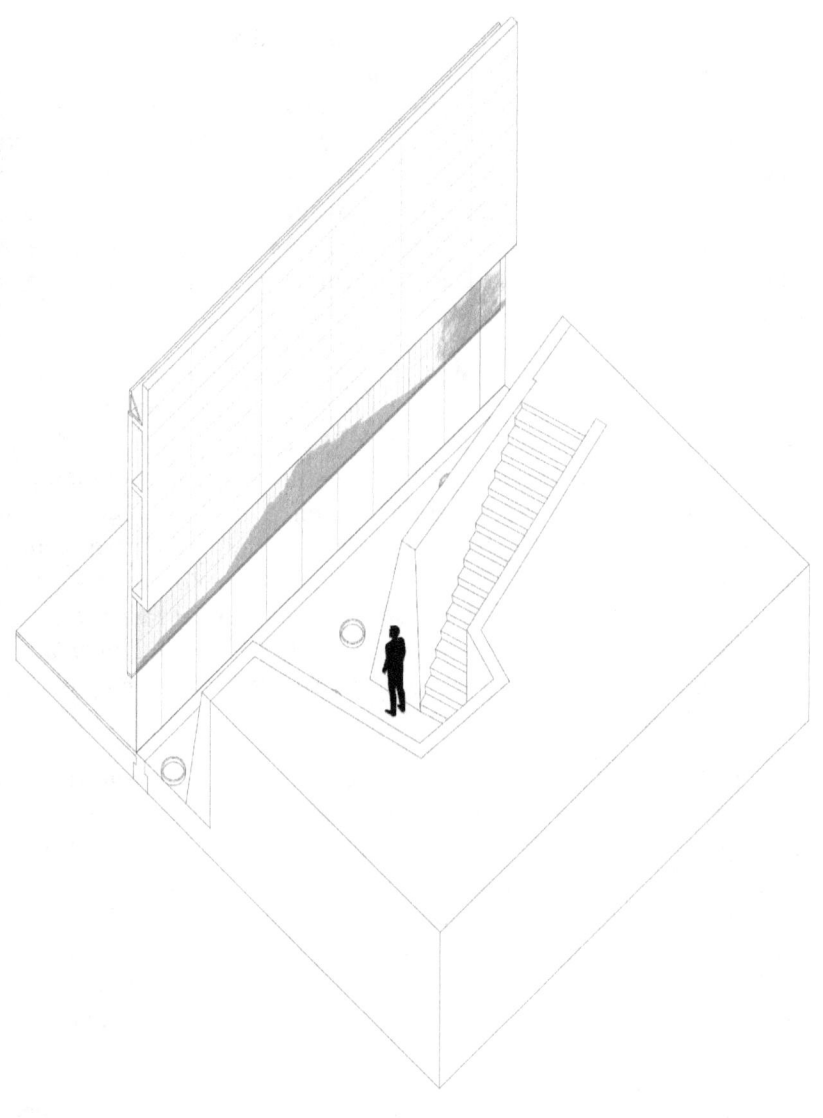

Fig.127. Capilla del Retiro. Detalle axonométrico del canto del edificio visto desde afuera con el reflejo proyectado del paisaje lejano proyectado sobre la superficie. Créditos: elaboración propia.

forma en que este fenómeno ocurre en una obra de arquitectura puede responder a uno de dos escenarios: o bien el reflejo se produce por la superposición de un vidrio y un fondo opaco, como ocurre en proyectos semejantes como las Oficinas Ricola de Herzog & de Meuron o las Villas Patio de Rem Koolhaas; o por el contrario, el reflejo aparece como consecuencia de la manipulación deliberada del coeficiente de sombra de una superficie, tal y como se puede verificar en proyectos como La Casa Reflectante del estudio de Tatiana Bilbao o el Museo del Louvre en Lens de SANAA[124].

En la Capilla, el reflejo varía sustancialmente según la posición en la que el espectador se encuentra respecto al volumen principal (FIG. 128). Si este se sitúa sobre el nivel de la superficie y en dirección al canto del edificio, el «espejo» proyecta imágenes del exterior-interior definido por el patio excavado (FIG. 129). Esto último se explica desde el hecho de que la posición del espectador es oblicua respecto al plano reflectante, de modo que, al producirse la inversión de la imagen sobre el vidrio –según el ángulo que trazan virtualmente los ojos del observador respecto al centro de la imagen–, aquello que se ve reflejado en el «espejo» es un fragmento del patio enterrado y una porción de la superficie de piedra del muro de contención[125].

Si por el contrario el visitante se encuentra dentro del patio enterrado y girado hacia el edificio, la imagen reproducida sobre el vidrio corresponde al paisaje que el visitante lleva a sus espaldas (FIG. 130); puesto que en este caso, al quedar el «espejo» por encima de la altura de los ojos –justamente a 1.6 m respecto al suelo–, el reflejo se proyecta directamente hacia el paisaje, capturando vistas que el visitante no percibe estando de cara al edificio, y conformando así una envolvente continua y polícroma de reflejos. En este sentido, dependiendo de la fachada frente

---

[124] El primero mediante la manipulación del coeficiente de sombra del vidrio, y el segundo mediante el incremento del coeficiente de reflexión del aluminio anodizado.

[125] Una interesante situación ocurre en la fotografía de la Fig. 228a, en donde la altura del lente de la cámara coincide exactamente con el borde inferior de una de las vigas-pantalla. Con esto sucede que el reflejo recrea distanciamiento de la estructura de soporte respecto al suelo; algo evidenciable en la fotografía a través de la dilatación entre la viga y el muro de piedra reflejado, la cual enmarca una pequeña porción del terreno que rodea la capilla sobre el nivel de la superficie.

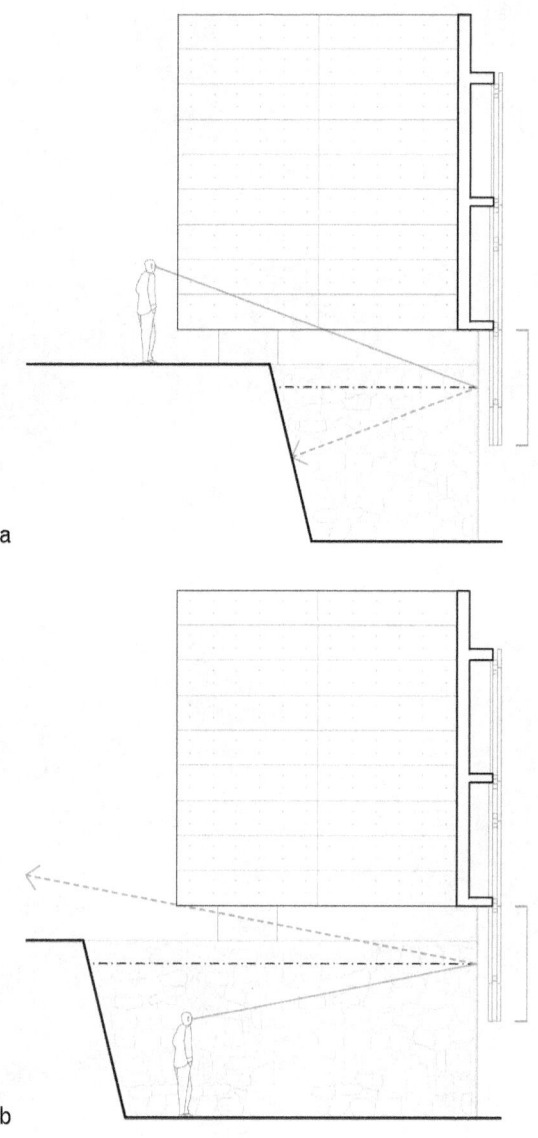

Fig.128. Capilla del Retiro. Esquema de inversión de la imagen y de proyección del reflejo según la posición del visitante respecto al canto del edificio. Créditos: elaboración propia.

a

b

Fig.129. Capilla del Retiro. Imagen del reflejo del vidrio desde el nivel de la superficie. Créditos: elaboración propia.

a la cual esté ubicado el visitante, la imagen reflejada corresponde a uno de los cuatro «paisajes» a los que se enfrentan las cuatro caras del volumen principal: el cielo abierto que acompaña al visitante en su aproximación a la ermita, desde la fachada norte (Fig. 130a); el bosque adyacente a la parte trasera del capilla, desde la fachada sur (Fig. 130b); y las montañas que flanquean los laterales del conjunto, desde las fachadas oriental y occidental (Fig. 130c-d).

La típica relación frontal que se produce en un espejo entre el sujeto y el objeto, la cual deviene en el reflejo de la imagen del primero, se encuentra completamente alterada en el proyecto, puesto que el artefacto reflectivo está siempre situado por encima o por debajo de la altura de los ojos, dependiendo de si el visitante se encuentra dentro o fuera del patio enterrado. Por consiguiente, la utilidad de este espejo no es reflejar al sujeto, sino que en el caso de la capilla este ejerce como un artefacto que revela algo ulterior: algo que el visitante no podría ver estando de cara al volumen, o que desde el recinto los muros de piedra ocultan parcialmente, y es la geografía que rodea la edificación. En Auco, el funcionamiento del espejo se acerca mucho más al de los retrovisores de un auto, o al del espejo de bolsillo que en *The Lady Eve* utiliza Barbara Stanwyck, no para verse reflejada a sí misma, sino para ver al hombre que se encuentra sentado a sus espaldas, en la parte trasera de la habitación.

En el ámbito arquitectónico, un ejemplo significativo de este tipo de artilugios ocurre en el edificio de la ampliación del Ayuntamiento Murcia, de Rafael Moneo (Fig. 131), en donde el enorme ventanal que corresponde al módulo de fachada del balcón cívico, al estar velado por un grupo de cortinas opacas, crea subsecuentemente un espejo hacia el exterior; este, visto desde abajo y desde la esquina suroeste de la Plaza, al recibir el sol de la mañana enmarca perfectamente la figura del campanario de la Catedral, ubicado justamente en la esquina opuesta del recinto. Allí, como en los ejemplos precedentes, la oblicuidad con la que el sujeto se enfrenta al espejo deviene en la proyección de un motivo oculto y contrapuesto; en el Ayuntamiento la oblicuidad de la interacción con el espejo es doble: vertical –como en el caso de El Retiro– y horizontal –como en el del caso del retrovisor del auto o en el del espejo de Barbara Stanwyck–.

Fig.130. Capilla del Retiro. Imagen del reflejo sobre la superficie del vidrio desde el patio excavado, en las fachadas norte (a), sur (b), oeste (c) y este (d). Créditos: Leonado Finotti (a), elaboración propia (b-c) y Nicolás Saieh (d).

a

b

Fig.131. Imagen comparativa del reflejo del Monte Carmelo frente la Capilla del Retiro (a), y del reflejo de la Catedral de Murcia frente al edificio de la ampliación del Ayuntamiento de Rafael Moneo (b).

En la capilla, el plano continuo sobre el que se superponen el vidrio y la madera funciona como una suerte de caja de resonancia visual, la cual atrae al proyecto las imágenes del paisaje circundante, y las reúne en torno a la conformación de una especie de friso hacia la parte superior; un friso que, en lugar de estar decorado por frescos y bajorrelieves como en los entablamientos de los templos griegos, está hecho a partir de los distintos reflejos que se proyectan desde el exterior, variables y transformables según el momento del día y del año.

Con este artificio se produce una *re-presentación* del paisaje que acompaña al visitante en su aproximación al proyecto, puesto que las cadenas montañosas que flanquean el edificio *re-aparecen* reflejadas sobre las superficies del volumen, luego de «desaparecer» en el descenso del visitante bajo tierra. El espejo «absorbe» la geografía que circunda al proyecto y la transforma en motivo que sólo puede ser contemplado desde el patio: una imagen que se proyecta desde afuera y que, al no poder ingresar en el interior de la sala, por la interposición que presupone la superficie exterior de la caja de madera, fuera se queda. El paisaje que irrumpe en el vidrio no es el mismo que antecede el trayecto de ingreso, pues mediante la arquitectura, este se transforma y se objetualiza como parte del proyecto, pasando de ser el paisaje exterior que envuelve a la obra, a convertirse en subsecuente paisaje interior; un paisaje que, como ocurre con todo reflejo, es tan solo un paisaje virtual: algo que no son las montañas ni los árboles en sí mismos, sino su *re-presentación*.

escenificar: dar forma a algo [...] para representarlo. / hacer visible o patente algo[126].

«[...] Con la construcción de la arquitectura se da material y forma a un lugar determinado, así como a un [tiempo real]; [a través de la arquitectura], las múltiples vías por las que puede medirse el tiempo encuentran una resolución espacial unificada»[127].

Steven Holl (1992)

«El tiempo es la medida del movimiento».

Aristóteles

---

[126] Definición tomada del diccionario del diccionario de la RAE (2020).
[127] Steven Holl, *Questions of Perception: Phenomenology of Architecture* (2007). Versión en español, *Cuestiones de percepción: fenomenología de la arquitectura* (Barcelona: Gustavo Gili, 2011).

La escenificación del tiempo a través del movimiento: mecanismos de orden ritual en la vivencia de las obras

(Fig. 132).

La representación de un viacrucis simbólico como tiempo percibido

Los primeros dispositivos utilizados por el ser humano para medir el paso del tiempo fueron objetos arquitectónicos: es el caso de los monumentos megalíticos, los zigurats solares mesopotámicos, las pirámides y obeliscos egipcios, los domos romanos y los templos mayas e incas, por citar solo algunos ejemplos. Estas obras, además de ser mayoritariamente centros funerarios o religiosos, eran también auténticos calendarios o relojes solares; ya fuese porque a través del estudio de su sombra servían como gnómones primigenios, o porque al estar orientados según determinadas referencias astronómicas eran utilizados para predecir los ciclos temporales de la tierra, o para otorgar a una fecha específica un determinado vínculo cósmico-astral.

La Capilla de San Bernardo bien podría ser considerada como uno más entre estos dispositivos, bien sea por el movimiento coordinado de la luz y la sombra en el interior de la sala, o porque la orientación del volumen respecto a un itinerario solar específico crea a través del espacio una estructura de orden temporal. En la misma línea de la interpretación de Armesto respecto al menhir, la Capilla de San Bernardo es también, simultáneamente, un calendario y un reloj.

Tal y como hemos visto en el primer capítulo, independientemente de la fecha del año y, por lo tanto, de la posición que la figura de la cruz ocupa dentro el espacio, el evento es casi siempre el mismo: la secuencia producida por el movimiento conjunto de la luz y de la sombra, la cual se repite ritualmente cada tarde, sin importar si la capilla está ocupada o no. En este sentido, la presencia del espectador está reducida a una condición secundaria y expectante, con los maderos y la luz como protagonistas, y el espacio de congregación como escenario de la representación.

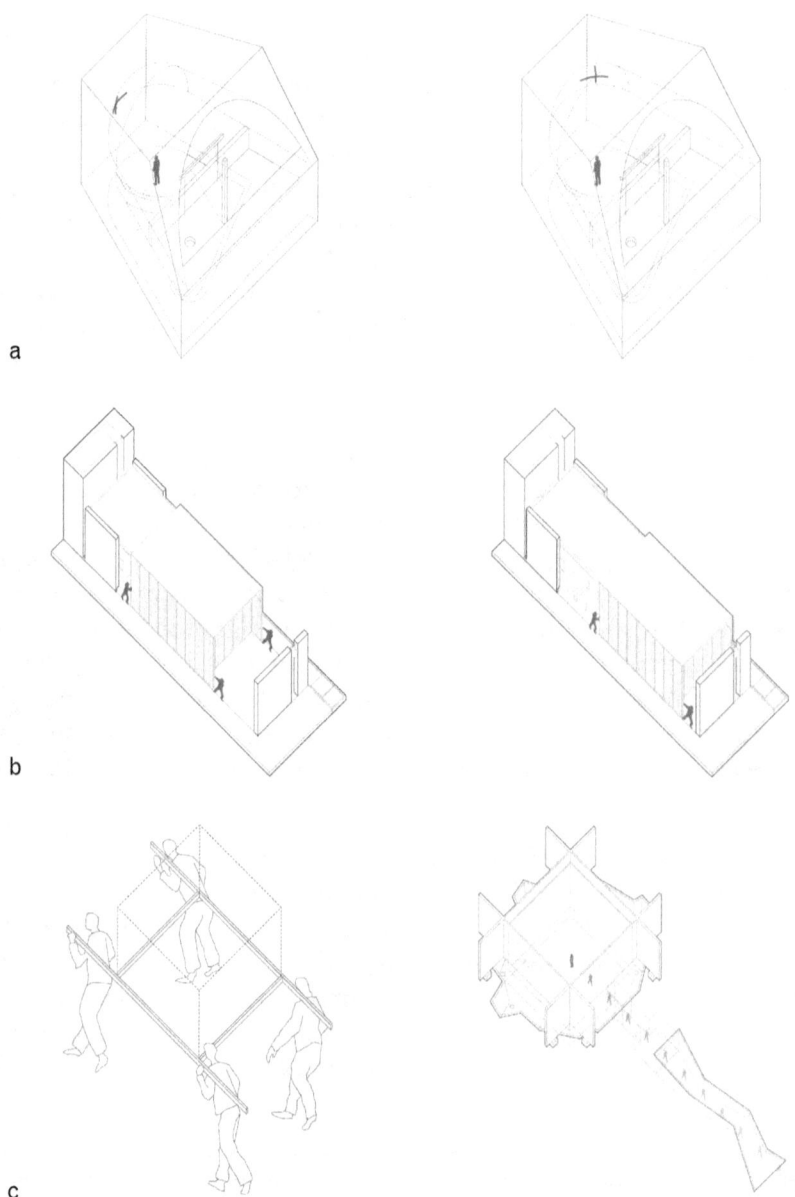

Fig.132. Síntesis de la 'escenificación de tiempo a través del movimiento' en las tres obras: un movimiento que corresponde al desplazamiento de la luz y de la sombra en la Capilla de San Bernardo (a); al desplazamiento accionado de la propia edificación en la Capilla de La Milagrosa; y al desplazamiento recreado y aludido en la Capilla del Retiro (c). Créditos: elaboración propia en colaboración con Paula Guayara.

Los actos en los que puede dividirse dicho evento son fundamentalmente seis, siendo el primero de ellos el momento en que la luz de la tarde hace su aparición en el espacio (Fig. 133a); el segundo, el instante en el que la sombra del madero horizontal surge dentro de la creciente franja de luz entrante (Fig. 133b); el tercero, el punto en el que irrumpe la sombra del madero vertical (Fig. 133c); el cuarto, el momento en el que se intersecan las sombras de los dos elementos (Fig. 133d); el quinto, el intervalo en el que el centro de la cruz alcanza el borde superior del tambor de la media cúpula (Fig. 133e); y por último el instante en el que se desvanece la totalidad de la figura en coincidencia con la puesta del sol (Fig. 133f).

Dadas estas circunstancias, el funcionamiento de la capilla se asemeja notoriamente al de un reloj solar, con los maderos haciendo las veces del estilo o gnomon, y la superficie continua del ladrillo sustituyendo al cuadrante sobre el que se proyecta la sombra del elemento vertical. Pero a diferencia de un reloj de sombra común[128], en donde el tiempo se mide en horas y minutos, según los intervalos temporales graficados sobre la superficie del cuadrante, en la capilla el tiempo se mide en un conjunto de intervalos temporales que no están representados sobre una escala graduada, sino que simplemente acontecen a lo largo de la tarde como una progresión sucesiva de hechos, y que, más que una determinada hora cuentan una narración:

«Hoy sabemos que Jesucristo sólo cargaba con el palo transversal sobre su espalda en su camino al Gólgota. Conceptualmente, la crucifixión se concreta con la reunión de ambos maderos para formar la cruz. Diariamente las sombras de los palos recorren por separado el camino necesario, tal como fuera el «via crucis», para finalmente encontrarse y conformar [una] cruz, ya no simbólica, sino ritual, donde la pasión vuelve a ocurrir cada día a partir del sol, comprometiendo una dimensión cósmica»[129].

---

[128] Aquello que conocemos como relojes solares son en realidad relojes de sombra, en los que el movimiento percibido lo marca la sombra proyectada del estilo del gnomon. Un auténtico reloj solar sería aquel en el cual el movimiento dentro de la escala graduada lo marca visiblemente la luz, como por ejemplo el Panteón. A estos este tipo de estructuras se les conoce –curiosamente– como relojes de sombra negativos.

[129] Descripción de Nicolas Campodónico sobre el significado de los maderos en el proyecto. Tomado de la página oficial del Estudio.

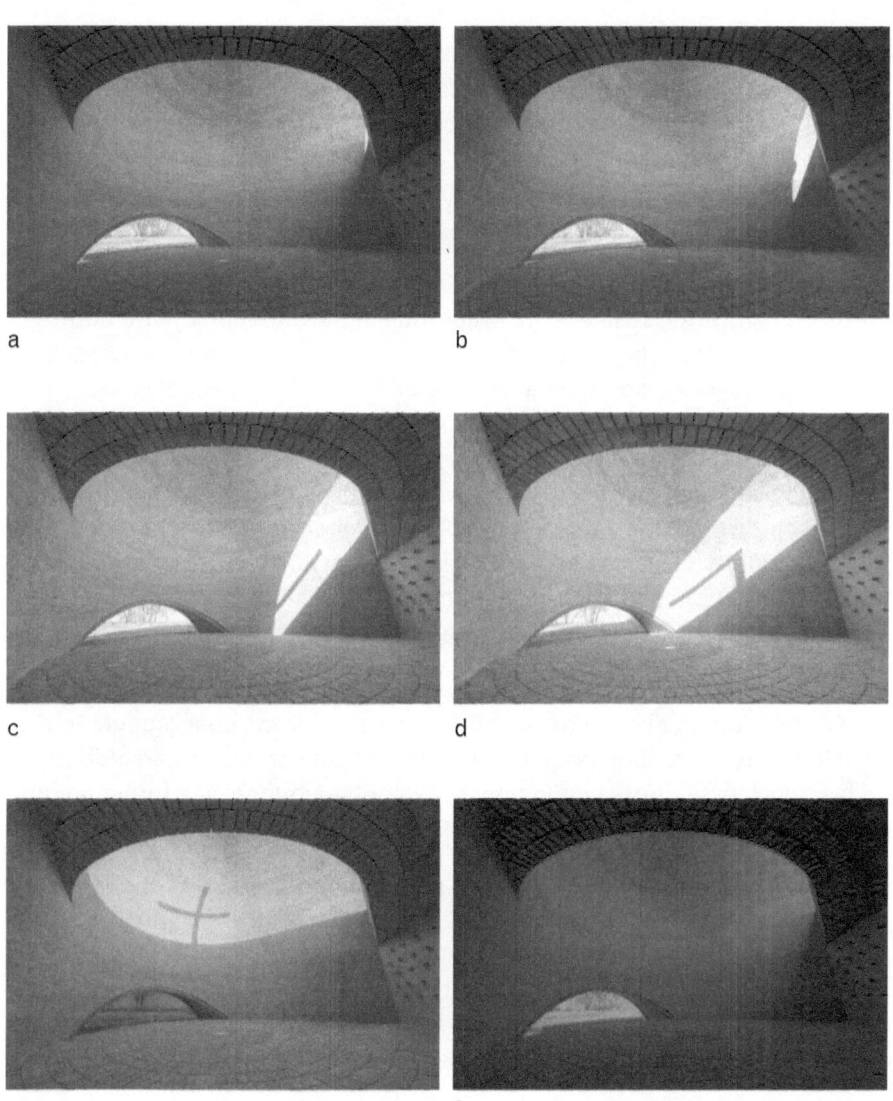

Fig.133. Capilla de San Bernardo. Los 6 instantes en los que puede dividirse el evento del via crucis simbólico son: el ingreso de la luz por el óculo (a), la aparición de la sombra del madero horizontal (b), la aparición de la sombra del madero vertical (c), el momento en que se juntan las sombras de ambos maderos (d), el intervalo en el que la cruz alcanza el borde superior del tambor (e), y finalmente el desvanecimiento de la figura tras el ocultamiento del sol (f).Créditos: N.C.

La coincidencia en el proyecto entre paganismo y cristianismo a partir del uso de un reloj solar para conformar la figura de una cruz deviene en la manifestación conjunta de dos expresiones temporales distintas: por un lado la representación narrativa[130] de un acontecimiento ligado a la memoria; y por el otro la escenificación del tiempo cronológico a través del movimiento cambiante de la luz.

El carácter narrativo impreso al movimiento de la sombra de los maderos en el interior de la capilla recuerda a un evento semejante que se produce en los atardeceres de las jornadas cercanas a los equinoccios de primavera y otoño en el Templo de Kukulkán, en Chichen Itza, cuando la sombra de la arista noroccidental de la pirámide se proyecta oblicuamente sobre el borde del antepecho de la escalinata noreste del templo, formando progresivamente un haz de luz ondulante que remata en la escultura de una serpiente emplumada a los pies de la baranda. De forma conjunta, el evento se percibe como el descenso del animal desde la cima del templo hasta el suelo, el cual simbolizaba, para los mayas, la llegada del dios Kukulkán a la Tierra.

Si bien el sentido ritual originario de este tipo de acontecimientos ha desaparecido con el paso de los años, las recurrentes congregaciones anuales en torno a ellos ponen de manifiesto su carácter trascendental en la experiencia directa de las personas con el mundo, y la forma en que la arquitectura contribuye al fortalecimiento de dicha relación.

Un evento semejante ocurre en el ya mencionado caso de Stonehenge durante los solsticios de verano e invierno, cuando el sol se alza y se pone «en medio» del trilito mayor del anillo principal; y también en El Templo de las Siete Muñecas en Dzibilchaltún, en los equinoccios de primavera y otoño, cuando el sol queda situado justamente entre los vanos de las puertas este y oeste del edificio durante el atardecer.

---

[130] «En toda arquitectura hay siempre una narración. La arquitectura no es construcción, porque la arquitectura tiene en su interior el tiempo, y la expresión humana del tiempo es la narración». Josep Quetglas, *Eneas en Canaveses* (conferencia presentada en la Fundación Serralves en Oporto, en el marco del ciclo de conferencias titulado «The Álvaro Siza Talks – Discursos sobre arquitectura», el 17 de julio de 2018).

En el panorama reciente cabe destacar el alineamiento que se produce en el patio del Salk Institute de Louis Kahn, en California, también en los equinoccios, entre la posición del sol en el horizonte y el centro de la plataforma –relación acentuada además por el cuerpo de agua lineal que atraviesa el plano longitudinalmente–; así como la célebre instalación de Olafur Eliasson en la sala de turbinas de la Tate Modern Gallery en Londres –titulada *The Weather Project* (2003)–, que si bien constituye un fenómeno artificial[131], recrea fielmente el carácter congregacional que supone la contemplación de los hechos ligados al amanecer y el atardecer.

Si bien todos estos ejemplos presentan algún tipo de semejanza «utilitaria[132]» respecto a la Capilla de San Bernardo, como proyectos que construyen un acontecimiento a partir de la tematización de los movimientos del sol, es sin lugar a duda el Panteón de Agripa el edificio que sostiene una mayor filiación respecto a la obra. Algunas de las coincidencias más significativas entre el templo romano y la ermita son: la definición geométrica del espacio interior a partir de gajos de esferas (FIG. 134); la tensión implícita en planta entre el cuadrilátero y la circunferencia (FIG. 135a); la relación tangencial existente entre los espacios de ingreso y congregación (FIG. 135b); el énfasis del centro en el despiece del pavimento y el revestimiento (FIG. 136a-b); el contraste material que existe entre las superficies internas y externas de los edificios (FIG. 136c-f); e incluso la ya mencionada posición tangencial de los volúmenes principales respecto a los patios de antesala, tomando como referencia el espacioso recinto que hipotéticamente servía de preámbulo a la entrada del Panteón (FIG. 96).

No obstante, la circunstancia más sugerente a partir de la cual es posible establecer un puente analógico entre ambas obras es el hecho de que en los dos casos, si bien la figura proyectada a través del óculo

---

[131] Instalada en la Sala de Turbinas del Tate Modern Gallery, la puesta en escena de «The Weather Project» consistió fundamentalmente en la colocación de un panel circular iluminado por lámparas de monofrecuencia, cuyo efecto emulaba en el interior de la sala la imagen del sol durante el alba o el ocaso.
[132] En el sentido no funcionalista del término.

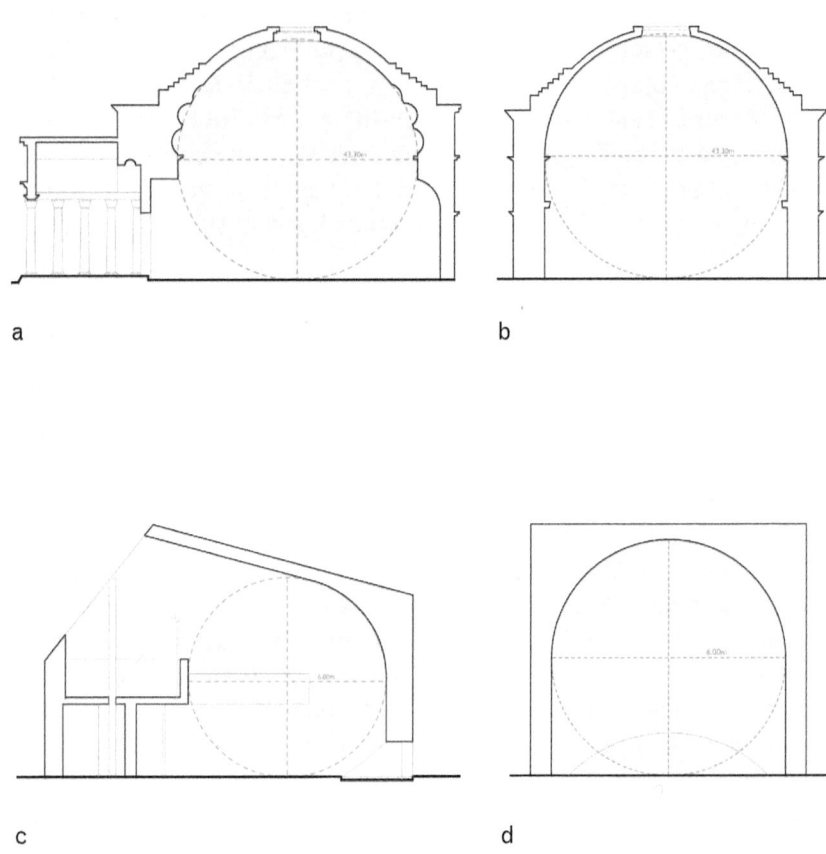

Fig.134. Imagen comparativa de la sección longitudinal y transversal del Panteón de Roma (a-b) y la Capilla de San Bernardo (c-d). Los espacios principales de ambos edificios están definidos geométricamente por una esfera: de 43.3 m de diámetro en el Panteón y 6m en la Capilla. Créditos: elaboración propia.

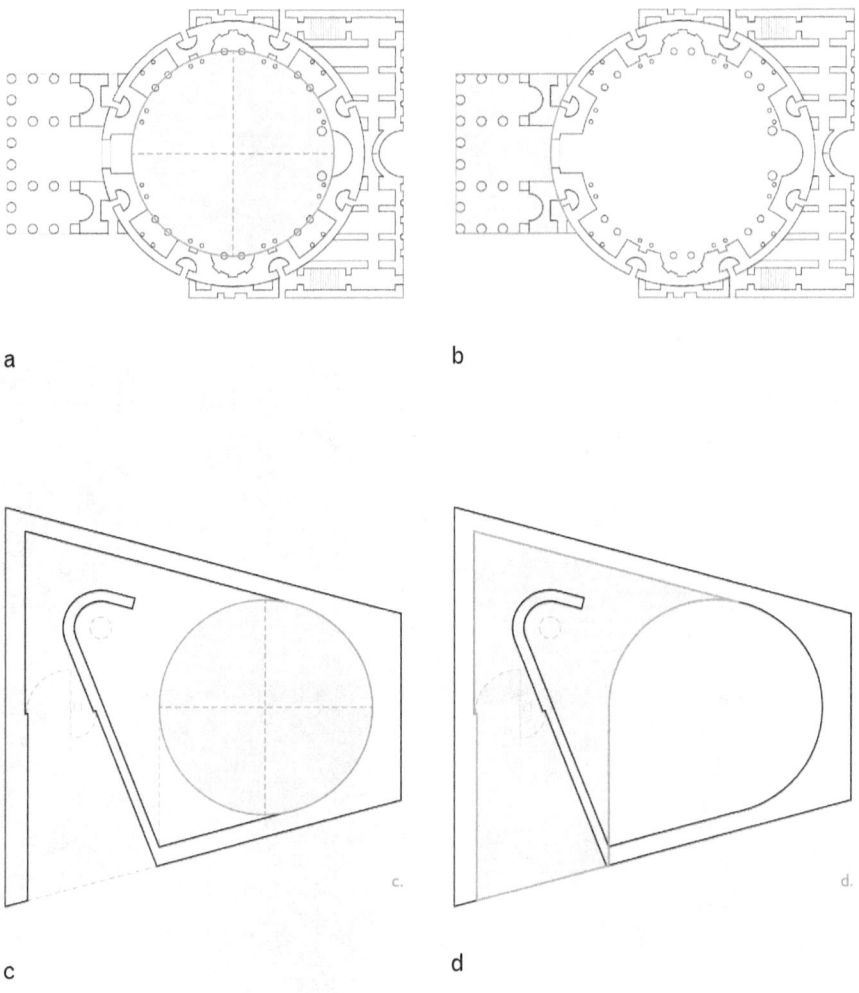

a

b

c

d

Fig.135. Imagen comparativa de la planta general del Panteón de Roma (a-b) y la Capilla de San Bernardo (c-d).En planta se verifica la correspondencia entre ambos proyectos en cuanto a la relación tangencial que existe entre los espacios de ingreso y los de congregación. Esta sucesión espacial ocurre de forma lineal en el caso del templo romano y de forma no lineal en el templo cordobés. Créditos: elaboración propia.

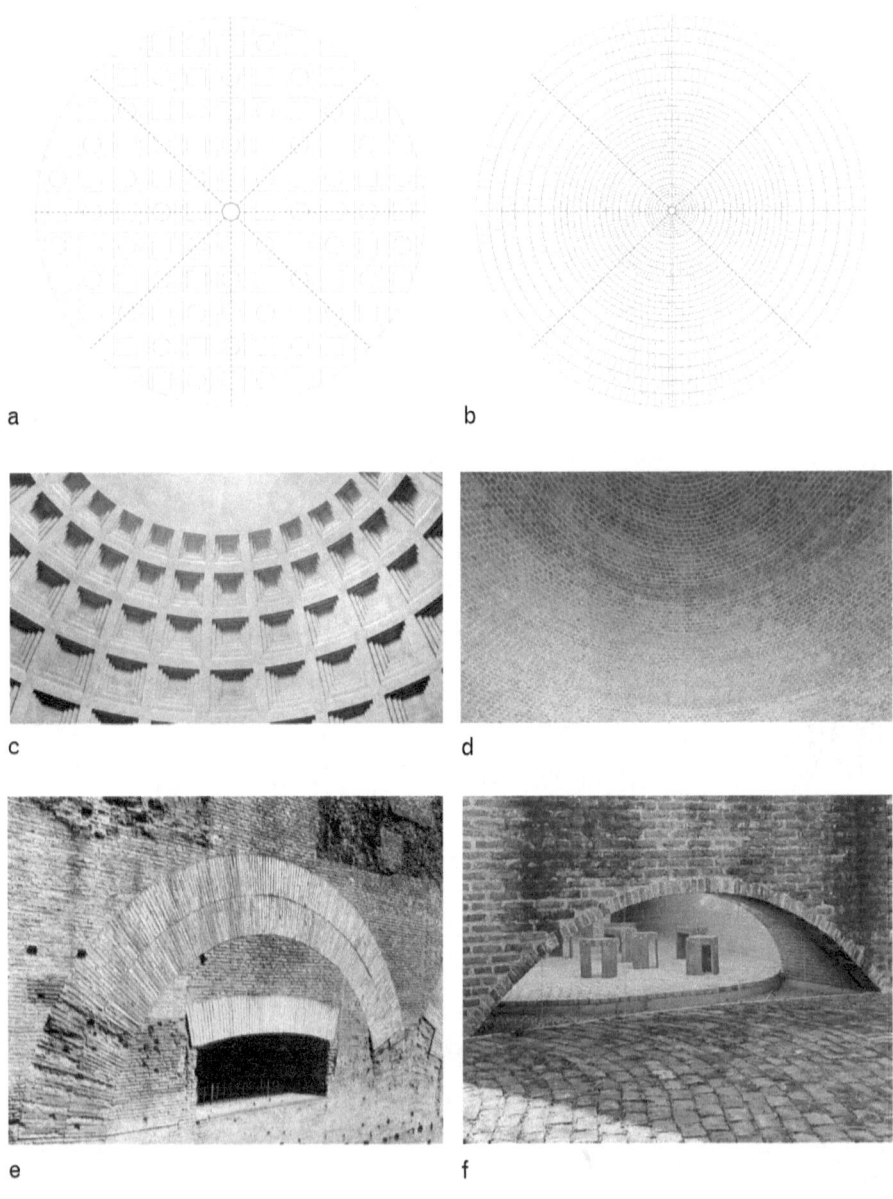

Fig.136. Imagen comparativa de la composición del pavimento (a-b), y la conformación material interior (a-b) y exterior (c-d) del Panteón de Roma y la Capilla de San Bernardo.

varía dentro del cuenco del domo según el momento del día y del año, el instante preciso en el que ambas siluetas quedan situadas sobre la parte anterior del espacio principal coincide con la conmemoración anual de una jornada en particular.

Como ya lo hemos adelantado, en el Panteón, en torno al mediodía de los equinoccios de otoño y primavera, pero más importante aún, en torno al mediodía del 21 de abril –día que conmemora la fundación de Roma–, la luz que ingresa desde la abertura cenital del domo se proyecta justamente sobre el umbral que da acceso al templo sobre el eje central del conjunto, iluminando así el espacio de transición entre el atrio y la sala[133]. El hecho es significativo en tanto que, como hemos visto, la jornada del 20-21 de abril corresponde a uno de los periodos en los que la cruz se forma en el centro de la capilla –a las 5:30 pm–, por tratarse de la fecha homóloga al 20-21 de agosto respecto el movimiento del sol en el año, hacia cuyo itinerario solar se encuentra orientado el volumen principal.

Esto quiere decir que, así como el 20-21 de abril la cruz se forma en el centro de la Capilla, el 20-21 de agosto la lentejuela de luz queda situada en el umbral de acceso al Panteón de Agripa (FIG. 137). Se trate de un hecho intencional o no por parte del arquitecto, es sugerente que en hemisferios opuestos ocurran eventos semejantes durante fechas asociadas a un mismo itinerario solar, cuya coincidencia termina por afianzar aún más el parentesco existente entre ambas obras; los acontecimientos ocurren con apenas 10:30 horas de diferencia[134], casi como si, bajo el efecto del aleteo de una mariposa[135], el primero activase remotamente al segundo.

---

[133] «Tanto el día de la fundación como los equinoccios solares eran jornadas especialmente importantes para montar algún festejo y reafirmar, de paso, el poder del Imperio. Así pues, si a esa hora del mediodía a Adriano se le ocurría hacer su entrada en el templo, aparecería iluminado por un rayo de sol mágico como si fuera de veras divino». Álvaro Galmés Cerezo, *La luz del sol*, p. 133.
[134] En horario de verano.
[135] «El aleteo de las alas de una mariposa se puede sentir al otro lado del mundo». Proverbio chino.

a

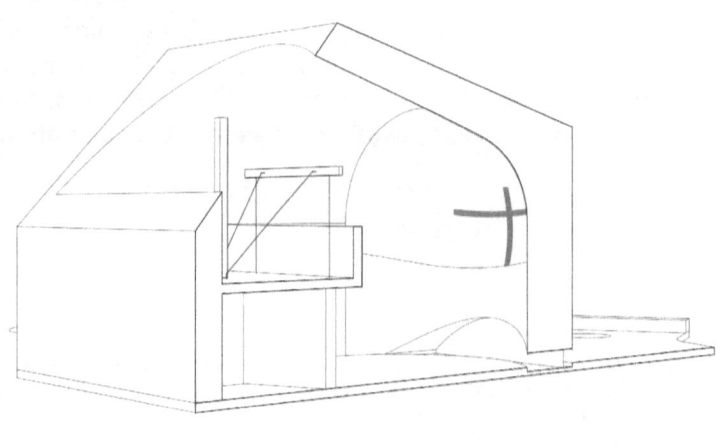

b

Fig.137. Estudio solar de la posición del óculo de luz sobre la entrada del Panteón el 20 de agosto (a), y de la posición de la cruz en el centro del ábside el 21 de abril (b). Créditos: Laura Pineda.

En la Capilla de San Bernardo, la percepción del tiempo varía en función no solo del intervalo de permanencia en el edificio, sino también del momento en que se produce la visita, pues no es lo mismo ingresar y permanecer durante la mañana que durante la tarde o la noche[136].

Quien visita el edificio por la mañana es testigo de la inminencia de un tiempo futuro: de algo que aún no acontece o que, a lo sumo, está por suceder. Con la escenografía dispuesta: el lienzo vacío y los pinceles a punto, el visitante sólo puede imaginar el devenir de los hechos; proyectando sobre el domo, quizás, con su mirada, la ilusoria silueta de los maderos formando la cruz.

Una visita vespertina y fugaz produce, por el contrario, una imagen instantánea, como si al interior de la Capilla el tiempo se detuviese, dado que dentro de un periodo breve de tiempo las figuras apenas se mueven, siendo cómplices de una ilusión de quietud total: un «colapso temporal», en términos de John Hejduk. La figura que el huésped encuentra sobre la pared determina la imagen mental que este se lleva de su experiencia, confrontable con la de cualquier otro devoto durante su visita –o quizás con la de él mismo durante una nueva andanza– y que en todo caso resultará ser distinta.

Quien permanece, por el contrario, varias horas durante la tarde, encuentra en la ermita un auténtico reloj solar, puesto que el movimiento de la luz y de la sombra sobre la superficie del ladrillo transforma la capilla en un artefacto que registra el paso del tiempo; no solo durante el día, sino también durante la noche, en donde el proyecto adquiere la naturaleza de un observatorio astronómico (FIG. 138).

---

[136] La interpretación que sigue está inspirada en un ejercicio realizado por Álvaro Galmés Cerezo, quien describe brevemente seis formas distintas de visitar el Panteón según el tiempo disponible: ya sea este tiempo un minuto, media hora, una hora, un día o varios días durante el año. La imagen resultante es, en cada caso, notoriamente disímil. O bien desde la prisa el Panteón se presenta al visitante como «un bofetón en la cara»; o desde la pausa lo hace como un auténtico reloj solar. Ibid., pp. 129-134.

Fig.138. Capilla de San Bernardo. Imagen del óculo como observatorio astronómico durante la noche. Créditos: N.C. (a); Daro Ceballos (b).

Al igual que el Panteón la Capilla de San Bernardo es monumento a los eventos celestes[137], porque si bien allí pueden realizarse esporádicamente ceremonias religiosas[138], su utilidad trasciende la condición programática del edificio de culto, al convertirse en un artefacto que formaliza simultáneamente el tiempo y el espacio. La inserción del objeto arquitectónico en el sitio no solo inaugura un punto de referencia en medio de un paisaje sustancialmente baldío, sino que desde los eventos que ocurren dentro y fuera de la capilla, intrínsecamente ligados a las condiciones específicas del territorio, el proyecto conforma un espacio en el que el tiempo aminora aparentemente su marcha por las experiencias humanas que allí tienen lugar.

---

[137] No hay que olvidar que el antiguo templo romano fue concebido como una recreación de la bóveda celeste, y por lo mismo, había de ser la representación del cosmos durante el día y durante la noche. Según relata Sigfried Giedion, «en los artesones [de la cúpula] hubo alguna vez estrellas doradas pintadas sobre un fondo azul, en perfecta correspondencia con el "carácter cósmico-astral» de toda la estructura". Giedion. *La arquitectura, fenómeno de transición,* p.186.

[138] Conviene recordar también que el Panteón pasó de templo pagano a templo cristiano en el año 608. Que allí se realizaran eventualmente celebraciones cristianas no priva al edificio de su condición como artefacto de orientación.

La locomoción del edificio como tiempo vivido

En la Capilla de La Milagrosa, la apertura del cuerpo del edificio responde inicialmente a una necesidad programática: la extensión de la longitud de la nave o la instauración de un escenario de misa campal. En los dos casos, el deslizamiento del aparato móvil del edificio es un hecho que, al tener que ocurrir necesariamente antes de que se lleve a cabo cualquier tipo de actividad en el interior, adquiere en consecuencia una importancia significativa, pues se convierte en el evento ceremonial con el que se inaugura la jornada; y asimismo, cuando finaliza la actividad en el interior, el deslizamiento de la caja en el sentido opuesto es el evento con el que esta se clausura.

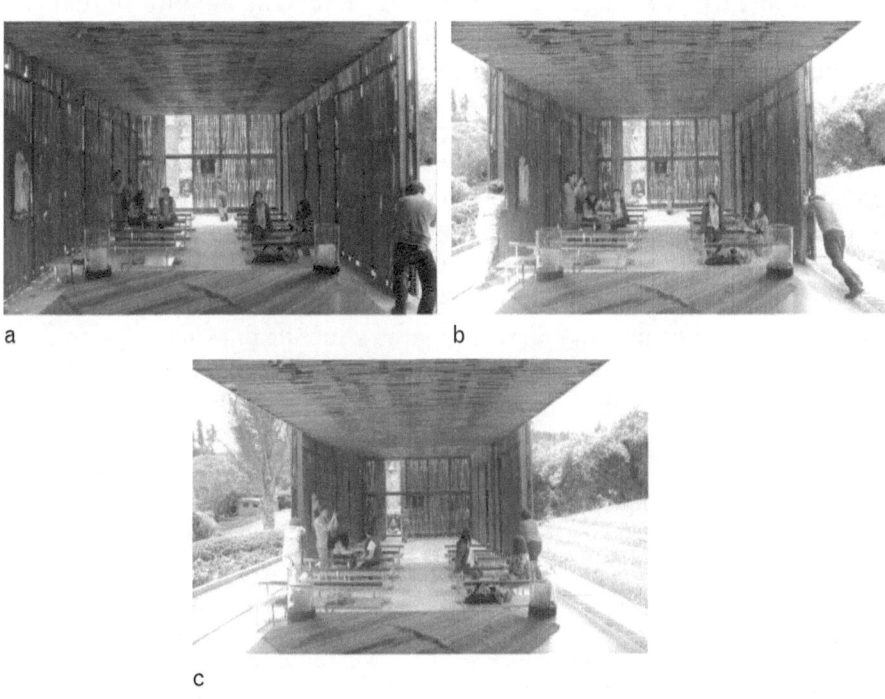

Fig.139. Capilla de La Milagrosa. Secuencia de apertura de la capilla vista desde interior. En tal acontecimiento es imprescindible la presencia de, cuanto menos, un cuarteto de personas para que lleven a cabo el desplazamiento del cuerpo de la nave. Créditos: Daniel Bonilla.

Esta doble condición simbólica de apertura y clausura, materializada a través de un hecho arquitectónico, tiene antecedentes importantes a lo largo de la historia de la arquitectura.

En el contexto romano, por ejemplo, es conocido el ritual de apertura del *mundus*, el cual simbolizaba el libre paso temporal entre el mundo de los vivos y el de los muertos. El *mundus* –supuesta entrada al inframundo–, era un pozo subterráneo sellado con una losa de piedra llamada *lapis manalis*[139], la cual era removida y posteriormente reincorporada solemnemente en las fechas del 24 de agosto, el 5 de octubre y el 8 de noviembre.

En el escenario católico también es célebre el rito de apertura de la Puerta Santa en víspera de las celebraciones navideñas, cuando el papa vigente abre la puerta de la Basílica de San Pedro, debiendo golpearla antes tres veces con un martillo. Un hecho semejante se replica en las demás Basílicas Papales y en las otras cuatro Puertas Santas del mundo; conjuntamente, el evento simboliza el inicio del «Jubileo Ordinario», a cuyo término prosigue un ritual equivalente de clausura.

En el ámbito secular es manifiesto el carácter simbólico de apertura y clausura de los telones de boca en los teatros[140], los cuales no solo ejercen la función de separar las estancias del escenario y la sala, sino que también simbolizan y escenifican mediante su desplazamiento el inicio o final de una determinada representación. Sin ir más lejos, hay quienes en el ámbito cotidiano atribuyen una fuerte carga simbólica al simple gesto de cerrar y abrir las cortinas en la noche y en la mañana, como acto ritual que marca el cierre y el inicio de una nueva jornada[141].

Volviendo a la capilla, es importante resaltar que la doble condición

---

[139] Piedra de los dioses manes.
[140] A propósito de este último ejemplo puede trazarse una nueva analogía entre la estructura arquitectónica del teatro y la de la capilla, en sintonía con las previamente establecidas con el teatro griego y las «Boîtes-à-Miracles»; En este caso, se trata de una metáfora formal entre el funcionamiento del espacio escénico del teatro clásico y el de la ermita, con el aparato móvil del edificio haciendo las veces de un telón de boca; este último, al abrirse, revela tras de sí el espacio del escenario, y hacia el fondo, el telón de fondo compuesto por la imagen enmarcada del paisaje cercano.
[141] Véase: Blundell, *Architecture and ritual*, pp. 7-10.

ritual de apertura y clausura del edificio no siempre está supeditada a la realización de una actividad religiosa. En las visitas seculares a la ermita –algunas de ellas programadas por Bonilla con sus estudiantes de taller de «la Nacional» y de «Los Andes»–, el acto de abrir y cerrar la capilla se convierte en un evento importante de congregación, aun cuando dentro del edificio no se lleva a cabo ningún tipo de actividad programática (Fig. 139); la sola apertura del edificio y el eco de las trasformaciones que esta produce supone ya una experiencia significativa de inmersión en el paisaje:

«Desde sus asientos, los espectadores [participan] no solo del espectáculo sino también del paisaje circundante, y «todo el universo visible de la naturaleza y de los hombres se [unifica] en un único orden armonioso»» [142].

Ahora bien, en el apartado de cierre del primer capítulo no solo hemos hecho hincapié en el carácter ritual de la apertura del edificio, sino también en la dependencia que esta mantiene respecto a la intervención humana. A diferencia de San Bernardo, en donde el rol del visitante es testimonial dentro del desarrollo de los eventos que se producen en el interior de la sala, en La Calera es imprescindible la presencia de, cuanto menos, un cuarteto de personas para que lleven a cabo el desplazamiento del cuerpo de la nave.

El accionamiento colectivo de una estructura arquitectónica también tiene antecedentes importantes. Tal vez el más representativo sea el desplazamiento y posterior levantamiento de un menhir; el cual, habiendo sido extraído de la cantera y trasladado de un punto a otro, era izado, por último, en un sitio previamente determinado, en un acto colectivo que supuso la completa transformación del emplazamiento con el «sólo» cambio de posición de la piedra de una condición horizontal a una vertical.

Este mismo evento ha sido reinterpretado por John Hejduk en el proyecto de «El colapso del tiempo», una puesta en escena itinerante idea-

---

[142] Norberg-Schulz, *Arquitectura occidental*, p. 29.

da por el norteamericano en la década de los 80, la cual consistía en una representación arquitectónica del tiempo a través de la acción[143]. Hejduk es, sin lugar a duda, quien mejor ha trabajado el carácter ritual de la arquitectura móvil –tanto en un sentido dinámico como nómada– a través de sus distintos proyectos de mascaradas. Estas últimas son una serie de esculturas habitables (algunas fijas, otras móviles), pensadas para ocupar un espacio público en cualquier ciudad del mundo, con el objetivo de transformarlo mediante una interacción propiciada entre el objeto y uno o varios sujetos[144]. Cada pieza está concebida como escenario de un acontecimiento que, para que se produzca, ha de ser provocado por quienes habitan, alteran y/o trasladan la propia estructura.

Según lo estipulado por el arquitecto, en «El colapso del tiempo» habrían de intervenir fundamentalmente cuatro estructuras[145] (Fig. 140). La principal es una «torre de reloj» montada sobre un carruaje a modo de grúa, la segunda es una cabina con una silla colgada en la parte trasera, y la tercera es un poste de madera con un sistema incorporado de poleas[146]; una cuarta estructura, *Security,* habría de acompañar el desplazamiento del conjunto de una ciudad a otra. En el inicio de la representación la torre del reloj aparece izada a 90° respecto a la base del carruaje frente al poste de madera (Fig. 141a); la silla colgada en la parte trasera de la cabina es izada en el poste a la altura del punto medio de la torre, y posteriormente es ocupada por un voluntario de la ciudad. A partir de dicho estado inicial comienza un progresivo descen-

---

[143] Dicha representación debía de ser trasladada y presentada en diez ciudades del norte de Italia, con la Plaza de San Marcos en Venecia como punto final de la expedición. Si bien el proyecto no se realiza, sí llega a construirse parcialmente en la Plaza Bedford de Londres, en octubre de 1986, dentro del marco de una exposición organizada por la «AA School of Architecture», dedicada a presentar los dibujos de la propuesta de Hejduk para el concurso de la IBA en Berlín.
[144] Véase el artículo de Carlos Barberá titulado *De la Widow»s Walk a Security. Una interpretación sobre las masques de John Hejduk* (Revista Proyecto, Progreso, Arquitectura, 2018, N19, pp. 84-98).
[145] John Hejduk, *The Collapse of Time and other diary constructions* (Londres: Architectural Association, 1986).
[146] Esta es la única pieza fija de la puesta en escena, y por lo mismo debía de ser erigida *in situ* por los habitantes de cada una de las diez ciudades. Ibid.

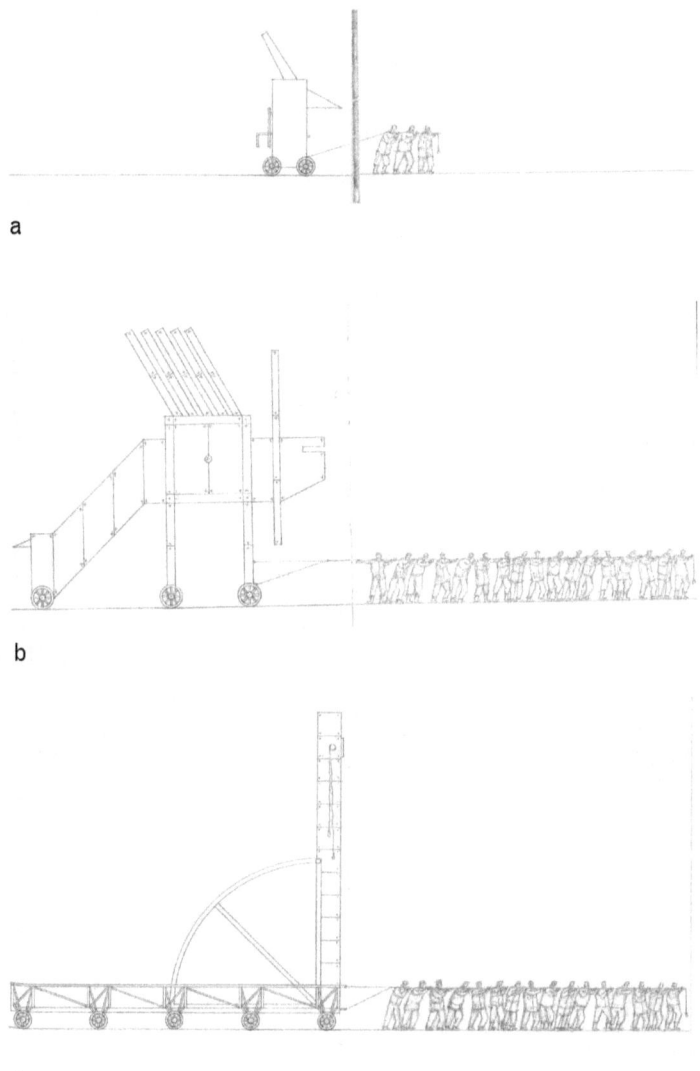

Fig.140. John Hejduk, 'El colapso del tiempo'. Imagen de las tres estructuras móviles que habían de ser trasladadas de una ciudad a otra: la cabina con la silla colgada en la parte trasera (a), la 'Seguridad' (b) y la torre del reloj (c). Una cuarta estructura – el poste de madera - debía de ser erigida *in situ* por los habitantes de cada ciudad.

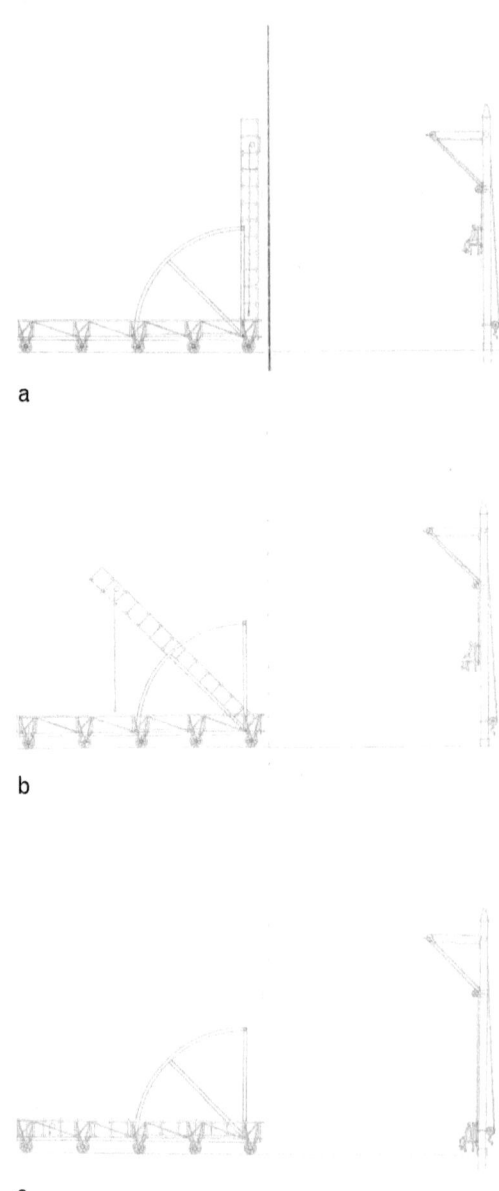

Fig.141. John Hejduk, 'El colapso del tiempo'. Secuencia del arriado de la torre y de la silla, pasando la primera de una posición vertical a una horizontal, y la segunda de la parte alta del poste a la baja.

248

so coordinado entre la torre y la silla, con la primera siendo tumbada hacia atrás en dirección al carruaje, y la segunda siendo arriada hacia abajo en dirección al suelo (Fᴵɢ. 141b-c); ambos descensos ocurren por intermediación de un grupo de personas que operan los sistemas de poleas de las dos estructuras. En el evento hay fundamentalmente tres escenarios significativos, correspondientes a los momentos en los que el ocupante de la silla se enfrenta a la torre en sus sucesivas posiciones vertical, isométrica y horizontal; en esta última la torre queda perfectamente encajada dentro del carruaje, escenificando así la imagen de un sarcófago del tiempo.

Ahora bien, al margen del contenido poético de la obra, que bien puede ser considerada como una subversión de los procesos constructivos de levantamiento de un menhir, puede argumentarse que el funcionamiento de «El colapso del tiempo» es análogo al de la Capilla en tres sentidos:

En primer lugar, en ambos casos, hay dos tipos de actividad diferenciadas según el tipo de interacción que los actores mantienen en el espacio: por un lado está la actividad ligada a la transformación de la estructura, mientras que por el otro está la actividad ligada a su «ocupación». Es decir: del mismo modo que en la capilla hay una distinción entre el acontecimiento que supone la apertura y clausura del edificio, y la actividad que se desarrolla en el interior, asimismo en «El colapso del tiempo» hay una diferenciación entre el acto que supone ir arriando las piezas hacia abajo, y el de quienes ocupan la silla en una determinada representación. Los cambios de estado ejemplifican las distintas variaciones de acción y reacción que se producen entre la estructura y el sujeto, puesto que con cada nuevo escenario la disposición de la persona sentada cambia según la inclinación de la torre, así como en la capilla, con el estado abierto o cerrado del edificio, la disposición de los actores cambia en función del tipo de celebración. Asimismo, las variaciones de la estructura producen una alteración de significado y uso en los componentes principales de la pieza: en la propuesta de Hejduk, con el progresivo colapso de la torre, esta pasa de una condición vertical a una horizontal, y asimismo el carruaje pasa de una condición de podio o basamento a la de un sarcófago. Algo semejante ocurre en La Porciúncula, donde, según los distintos escenarios, un determinado espacio puede variar sustancialmente en términos de forma, uso, significado, área y orientación.

En el estadio inicial la capilla se encuentra cerrada (FIG. 142a) y las interacciones de los actores en el espacio ocurren dentro de un esquema lineal: el oficiante se ubica en el presbiterio en dirección a la nave (FIG. 142b), y los feligreses hacen lo propio en la sala, en dirección al altar (FIG. 142c); el espacio vacío que antecede el ingreso a la capilla funciona como nártex exterior[147] (FIG. 142d).

Con la capilla abierta (FIG. 143a) el aparato móvil recubre el espacio antes ocupado por el patio de antesala y lo transforma en un nártex interior[148] (FIG. 143b), o bien en posible área de extensión de la nave principal (FIG. 143c); el pronaos definido por el retranqueo del plano de acceso del volumen se desplaza junto con la caja hasta la zona del campanario, y configura así un pequeño umbral de paso entre el atrio y el espacio principal (FIG. 143d). En caso de no haber una reorientación del rito la posición y disposición de los actores se mantiene, pero las aperturas producidas hacia este y oeste hacen que el espacio se proyecte transversalmente hacia el paisaje, configurando así una especie de transepto virtual, el cual convierte el esquema axial de la planta en un esquema de cruz latina (FIG. 143e).

Ante un escenario de misa campal el espacio previamente ocupado por los feligreses se transforma en presbiterio (FIG. 144a), el paisaje enmarcado hacia el noreste se convierte en retablo (FIG. 144b) y la explanada adyacente al edificio asume el rol de un anfiteatro (FIG. 144c). Adicionalmente, la zona del presbiterio se transforma en coro (FIG. 144d) y el espacio trasero de la nave original se convierte en nave lateral (FIG. 144e). El oficiante pasa a ubicarse en la zona de la fisura, en dirección la explanada, mientras que los feligreses hacen lo propio en el anfiteatro exterior en dirección a la capilla, o bien en el interior como en el exterior en dirección a un escenario central[149].

---

[147] Catalogable como *exonártex*.
[148] Catalogable como e*ndonártex*.
[149] Estas mismas mutaciones pueden ser corroboradas en su gran mayoría en el proyecto de la Capilla de Los Nogales en donde, de forma semejante, la apertura del edificio devine en la subsecuente transformación del presbiterio en coro, de la nave principal en altar, y de la plaza adyacente en nave exterior.

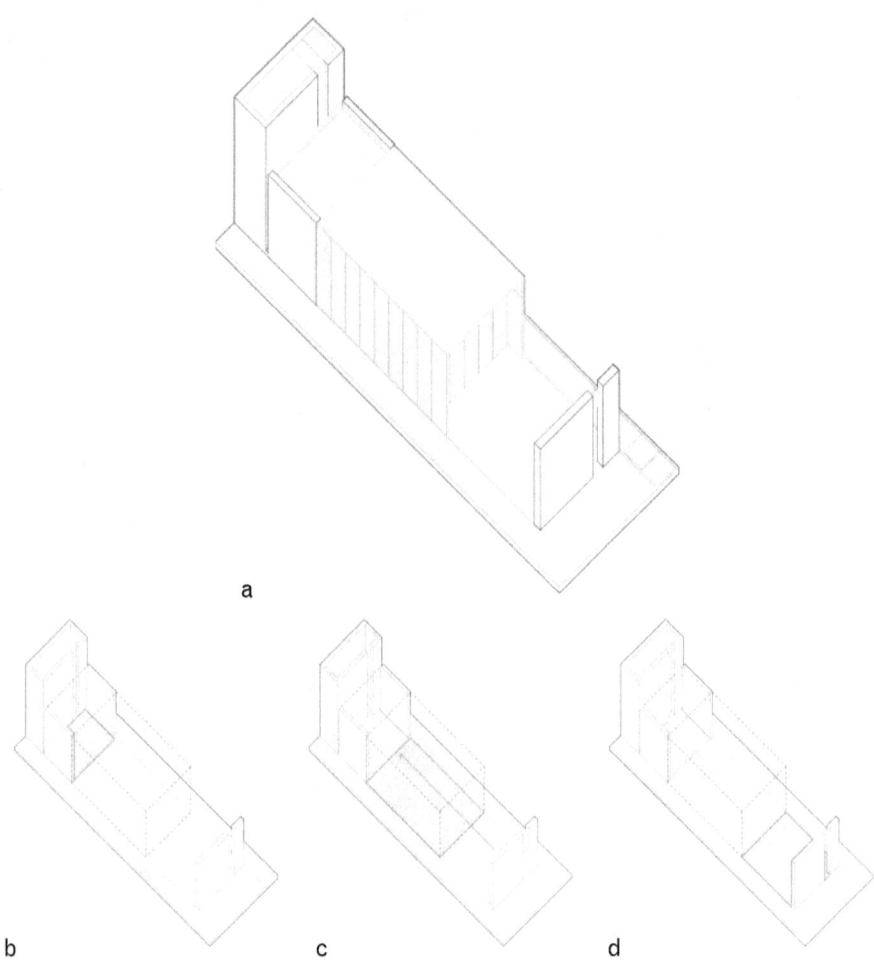

Fig.142. Capilla de La Milagrosa. Esquemas de espacios y relaciones con el edificio cerrado y con la celebración realizándose en el interior. Créditos: elaboración propia..

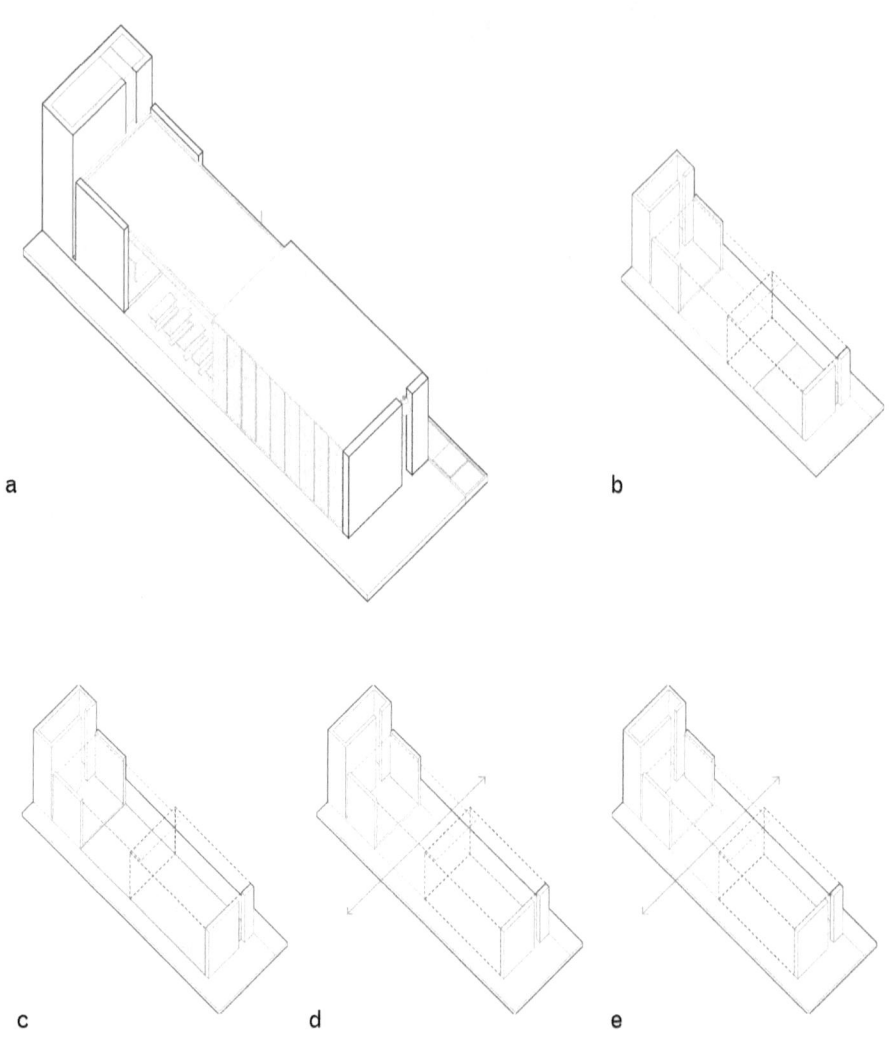

Fig.143. Capilla de La Milagrosa. Esquemas de espacios y relaciones con el edificio abierto y con la celebración realizándose aún en el interior. Créditos: elaboración propia.

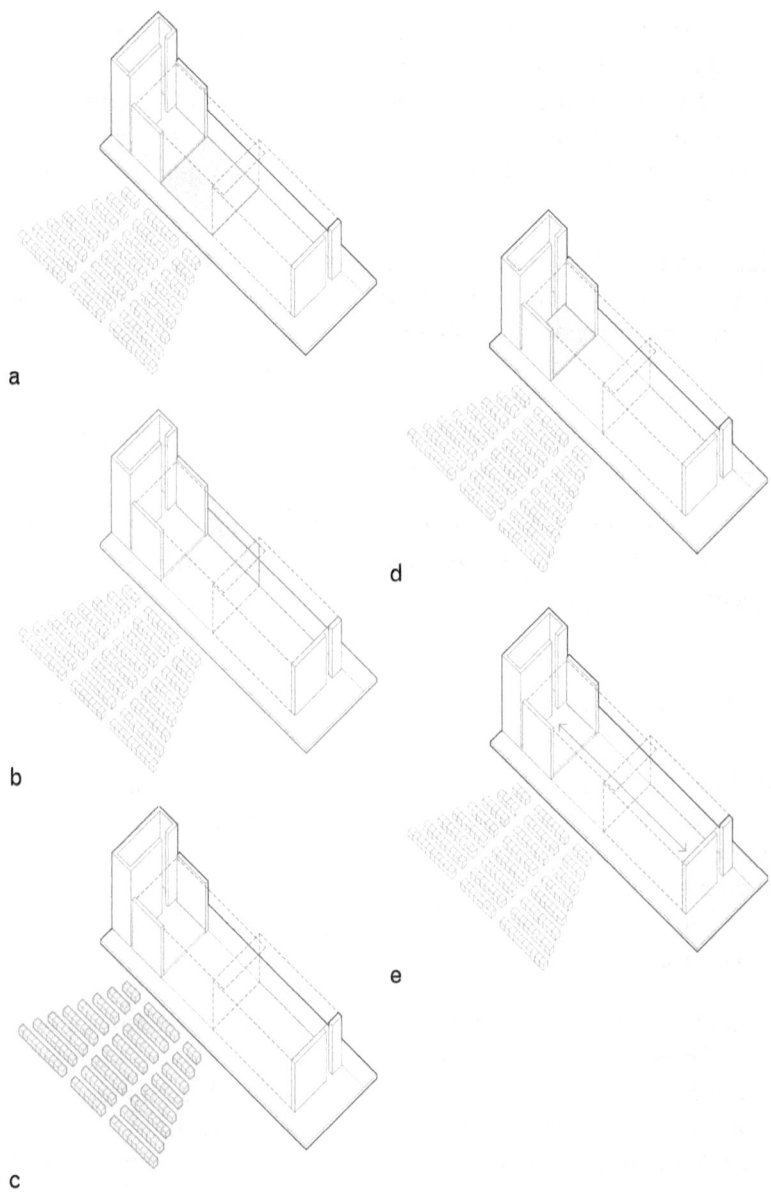

Fig.144. Capilla de La Milagrosa. Esquemas de espacios y relaciones con el edificio abierto y con la celebración realizándose desde el exterior o bien simultáneamente desde el interior como desde el exterior. Créditos: elaboración propia.

El simple gesto –entre comillas– de trasladar 6 m el aparato móvil de una posición a otra, transforma por completo el lugar. Y es solamente a partir de esa transformación temporal y ocasional que el edificio visibiliza una nueva estructura de lugar; haciendo comprensible, además, el porqué de los lineamientos fundamentales que rigen el desarrollo proyectual.

Los distintos cambios de estado producidos por el desplazamiento del volumen de la capilla suponen una exteriorización del tiempo a través de la acción. El accionamiento de la pieza repercute en su configuración y en la forma en que los visitantes se aproximan y se relacionan con el emplazamiento, siendo entonces el proyecto un ente mutable, activo y dinámico, no solo desde un punto de vista programático, sino también en el proceso de apropiación y revelación del lugar:

«*El tiempo que se instala en el espacio habitado es el tiempo que mide las acciones humanas (...). El presente es el tiempo de la presencia; es decir, (...) el tiempo de la acción*» [150].

La recreación de un rito en andas como tiempo concebido

En uno de los dibujos utilizados para presentar el proyecto de la Capilla del Retiro, Cristian Undurraga recurre a la imagen de cuatro personas que sostienen un baldaquino de planta cuadrada sobre sus hombros, el cual alberga, en su interior, la escultura de una figura divina. El texto que acompaña el dibujo es el siguiente: «Cristo en andas. Procesión. Lo sagrado está suspendido en el aire» (Fig. 145a).

Si se compara el dibujo con la planta del proyecto, o con cualquier perspectiva del conjunto en general (Fig. 145b), se puede observar que existe una filiación entre ambos conjuntos, tanto en términos conceptuales como formales. De haber un razonamiento analógico entre la imagen y la obra: ¿cuáles son las características que las hace equivalentes, y cómo

---

[150] Fernando Espuelas, *El claro en el bosque: reflexiones sobre el vacío en arquitectura*, (Barcelona: Fundación Caja de Arquitectos, 1999), p. 157.

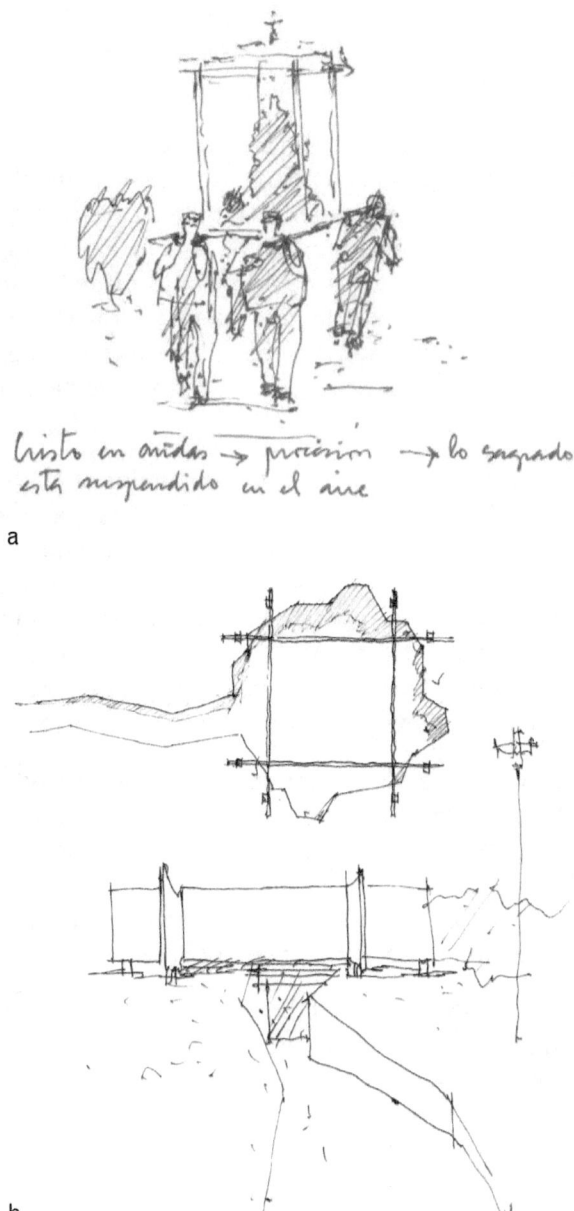

Fig.145. Capilla del Retiro. Sketch ilustrativo de un rito en andas (a) y de la planta y alzado frontal de la Capilla. Créditos: Undurraga-Devés Arquitectos.

se produce la materialización de la primera como fuente imaginativa del proyecto, a la segunda como forma arquitectónica?

Conviene recordar que, en todo rito en andas, se trate de una procesión fúnebre o religiosa, de la jornada de mudanza de una comunidad nómada, del traslado de un enfermo en una camilla, o de un aristócrata en una litera, ocurren simultáneamente dos acciones contrapuestas: una en sentido vertical que supone que un cuerpo u objeto sea llevado a cuestas por ser imprescindible su separación del suelo; y otra en sentido horizontal que implica el compromiso de realizar un desplazamiento ininterrumpido, para así transportar aquello que se preserva hacia un destino premeditado (Fig. 146).

En cuanto al primer sentido está claro que, según los análisis adelantados en el primer capítulo[151], muchas de las decisiones que rigen la composición del proyecto se encuentran adscritas a los deseos de Undurraga en el sentido de producir la imagen de un edificio separado del suelo, tanto en el interior como en el exterior. El edificio se lee como «suspendido en el aire» –tanto adentro como afuera–, y a dichas impresiones perceptuales podríamos atribuir, en primera instancia, el razonamiento analógico que liga la imagen del proyecto al dibujo del rito.

No obstante, sería inadmisible pensar que la alusión de Undurraga al rito en andas obedezca tan solo a una búsqueda perceptual –aplicable en cualquier otro proyecto de culto–, dada la ineludible condición del Santuario de Santa Teresa de Los Andes como destino procesional predilecto de la comunidad católica del país; esta última cuestión daría cuenta del segundo sentido del rito en andas: la procesión.

Previamente hemos señalado en el documento una doble circunstancia contextual respecto a tal coyuntura: por un lado, es un rito en andas el que deviene en la consagración del Santuario, con el traslado de la urna fúnebre de la santa desde el antiguo Monasterio Carmelita –en la ciudad de Los Andes–, hasta la actual sede del recinto junto al Monte Carmelo; mientras por el otro lado está la cuestión de las peregrinaciones anuales de casi 30 km de extensión que se realizan desde la

---

[151] Véase el apartado 1.3.3.

Fig.146. Ejemplos de ritos en andas: L'Arche d'Alliance traversant le Jourdain, James Tissot (1902) (a); Funeral Procession, Girolamo Nerli (s.f.) (b); A Rococo Scene, G. Borgelli (s.f.) (c). Créditos: Jean-François Millet (1858) (d).

hacienda de Chacabuco –antiguo lugar de veraneo de la santa– hasta la cripta del Santuario, y que recrean el camino de fe ejercido por Fernández Solar.

De hecho, la misma aproximación del visitante hacia la Capilla del Retiro puede considerarse como una nueva peregrinación aunque a escala menor; en este caso, el itinerario conduce al devoto desde la cripta del Santuario hasta la Casa de Huéspedes, pasando antes por una serie de arboledas y una sucesiva explanada, siempre con el imponente paisaje del valle como fondo escenográfico del trayecto, y la imagen de la capilla como punto final de la procesión.

Inclusive en el edificio la secuencia de umbrales que preceden al interior de la sala son una extensión del recorrido iniciado desde la cripta, tanto por su alineación en el espacio como por su misma dirección. Eso sí, el intervalo de entrada al edificio se distingue notoriamente del resto del trayecto, pues ejerce como una preparación del ingreso al espacio sagrado; su forma recuerda, inequívocamente, a los pasadizos que anteceden al interior de algunos sepulcros megalíticos, o al de ciertos *tholos* abovedados[152] (FIG. 147). La última instancia del recorrido hacia el interior de la ermita representa una oposición al paso desprevenido, en donde los giros del sendero ralentizan el paso del visitante, de forma simultánea a la progresiva «desaparición» del paisaje durante el descenso bajo tierra: ambas circunstancias conducen al neófito a adquirir un determinado grado de consciencia respecto a su tránsito, de forma previa a la revelación del espacio interior.

En términos compositivos, Undurraga reinterpreta el trayecto procesional de un esquema de cruz latina, desprendiéndolo formalmente del cuerpo principal del edificio. Con esto último, el arquitecto logra conciliar y a la vez independizar el eje axial marcado por el recorrido con el aparente esquema tipológico de cruz griega, sugerido en el proyecto por la intersección de las cuatro vigas-pantalla (FIG. 148).

---

[152] Véase: Giedion, *La arquitectura fenómeno de transición,* pp. 26-84.

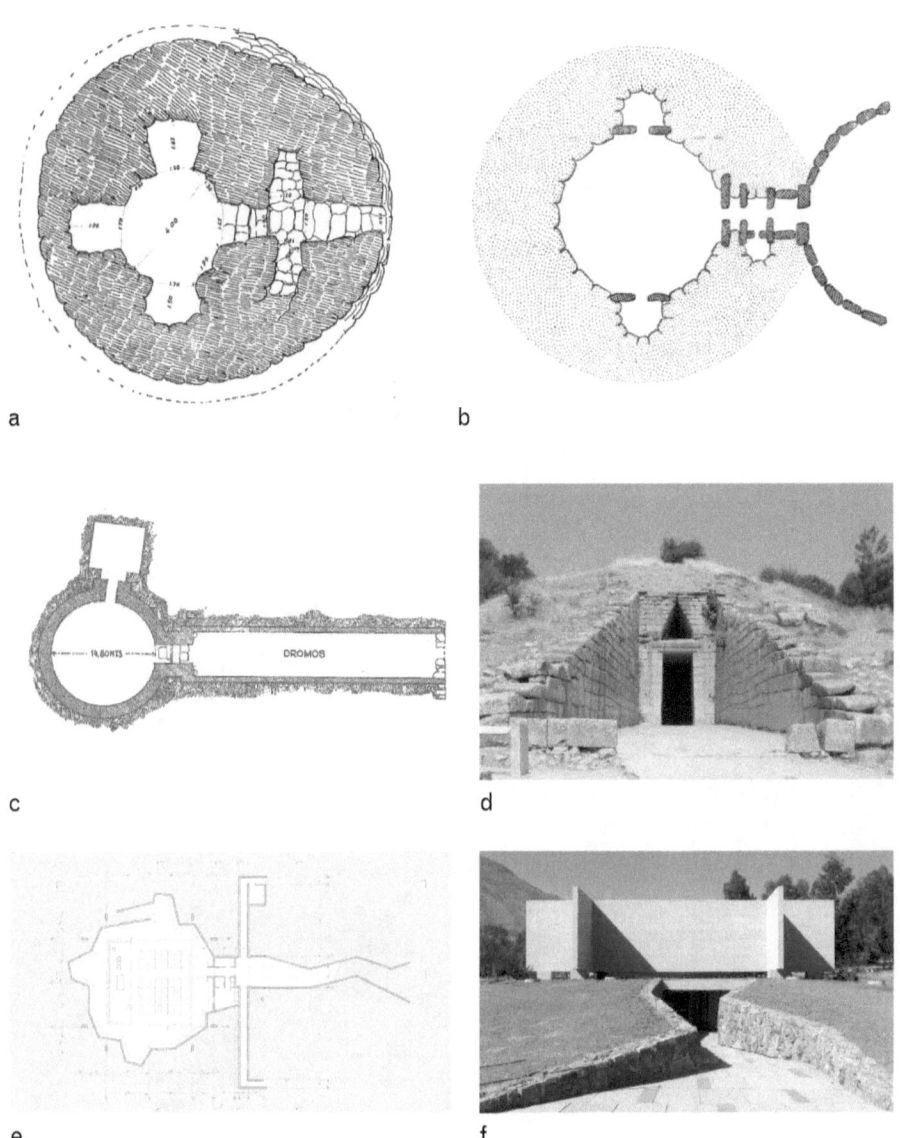

Fig.147. Planta de una nuraga de Cerdeña (a); planta del Sepulcro de Los Miralles en Espala (b); planta y fotografía del Tesoro de Atreo en Micenas (c-d); planta general y vista frontal de la Capilla (e-f).

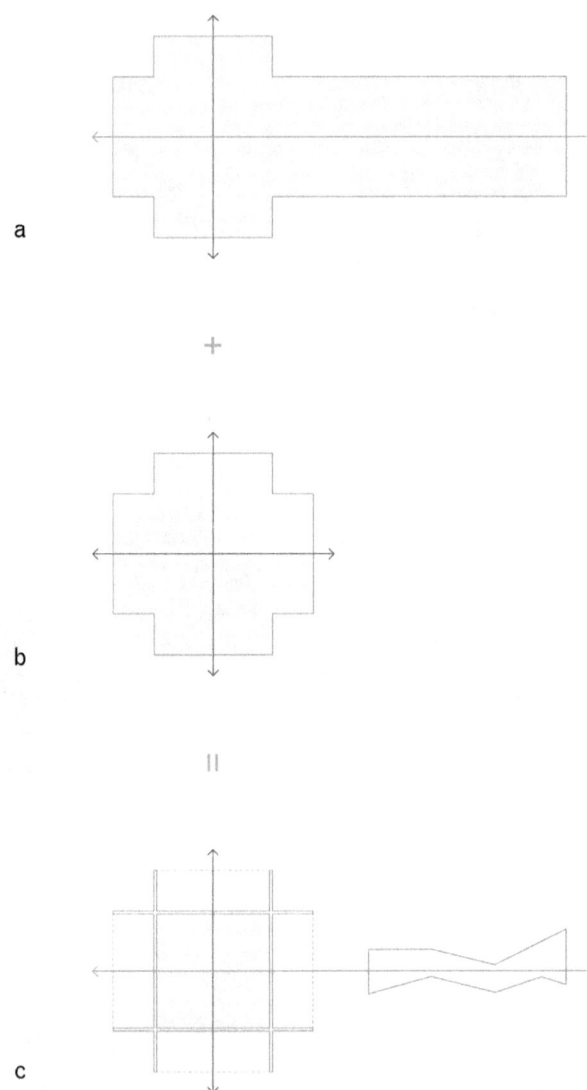

Fig.148. Capilla del Retiro. El edificio de la capilla conforma una síntesis (c) entre la direccionalidad del esquema de cruz latina (a) y la centralidad del esquema de cruz griega (b). Créditos: elaboración propia.

A partir de lo expuesto, puede argumentarse que en la vivencia del proyecto se encuentran reinterpretadas las dos acciones contrapuestas que rigen el desplazamiento de un rito en andas: por un lado, la «suspensión en el aire» tanto de la caja de madera como de las cuatro vigas, y por el otro la «procesión» que se produce hacia y a través de la capilla. No obstante, ambas circunstancias obedecen a un principio de orden mayor; algo que ya había sido sugerido al comparar inicialmente el *sketch* del rito con la planta del proyecto, y es que en uno y otro caso la morfología de los conjuntos –es decir, las relaciones que se establecen entre cada una de sus partes– responden a un mismo esquema formal.

Las ocho zapatas aluden a las figuras humanas que, estando situadas hacia cada una de las esquinas de la planta, y dejando tras de sí la estela de un trayecto recorrido (Fig. 149a), llevan a cuestas unas andas conformadas por cuatro largueros entrecruzados (Fig. 149b), los cuales sostienen una caja de madera desde lo alto (Fig. 1490c): quizás un féretro que desciende hacia una tumba recientemente excavada, evocando la muerte (Fig. 150a); o por el contrario un sepulcro vacío[153] que asciende hacia el cielo evocando la vida (Fig. 150b).

Esta lectura pseudomorfa del proyecto coincide plenamente con la interpretación que realiza Antonio Armesto respecto al origen formal del templo períptero como imagen referida a los ritos en andas:

«Las poderosas columnas que sostienen los techos evocan a las figuras humanas sosteniendo un catafalco sagrado o una bandeja con ofrendas, un cuerpo con un lecho inanimado o enfermo, o el transporte de la imagen de un dios durante las procesiones religiosas; y también el transporte de las cosechas y los enseres en ánforas de barro y arcones familiares. Al descender el arca, las figuras humanas quedan firmes y erguidas a su alrededor, sean sacerdotes,

---

[153] Un cenotafio es un "monumento funerario en el cual no está el cadáver del personaje a quien se dedica": viene, a través del latín, del griego *kenotafion*, que quiere decir sepulcro vacío (...): el cenotafio es puro símbolo, idea vertida en imagen. Nadie lo habita: ni vivo, ni muerto. Su habitante es una idea». Joaquín Arnau-Amo, *Las tres emes de la arquitectura* (EGA: Expresión Gráfica Arquitectónica, 2017, Vol. 22, Núm. 31, pp. 124-131), p. 127.

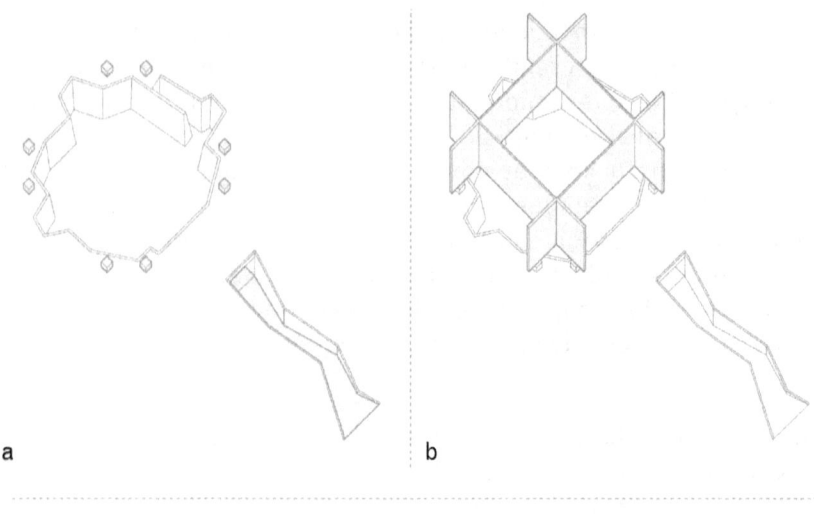

a

b

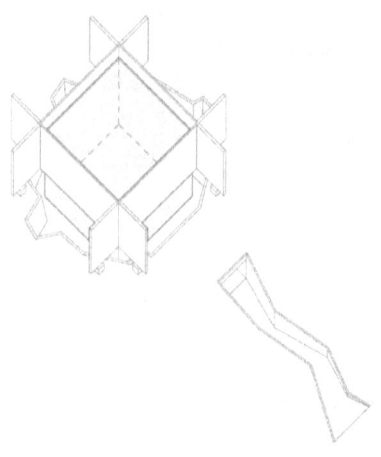

c

Fig.149. Capilla del Retiro. Esquema de despiece del proyecto según sus partes principales. Las ocho zapatas aluden a las figuras humanas que, estando situadas hacia cada una de las esquinas de la planta, y dejando tras de sí la estela de un trayecto recorrido (a), llevan a cuestas unas andas conformadas por cuatro largueros entrecruzados (b), los cuales sostienen una caja de madera desde lo alto (c). Créditos: elaboración propia.

a

b

Fig.150. Capilla del Retiro. Vista aérea de la Capilla desde la esquina noroeste (a) y vista del interior de la Capilla también desde la esquina noroeste (b). Desde afuera la caja parece estar descendiendo hacia un sepulcro excavado, mientras que desde adentro parece estar ascendiendo hacia el cielo. Créditos: Sergio Pirrone.

soldados o campesinos, formando un velo [en torno a ella]: una iconostasis. [Los] rituales que funden la vida y la muerte, la tierra y el cielo, las cosechas y los dioses, [quedan] fijadas en piedra de manera permanente»[154].

Esta analogía entre rito y arquitectura tiene un origen concreto que es la transición del nomadismo a la sedentarización; es decir, el paso de un constante desplazamiento en andas a la conformación de una estructura fija: el hombre nómada lleva consigo sus pertenencias –sus bienes, sus provisiones, sus utensilios, su techo–, pero cuando se detiene, cuando «renuncia a descubrir lugares y se dispone a construirlos, deposita sus enseres sobre el suelo [y] los alza un poco para preservarlos de la pudrición y las alimañas»[155]. Si antes era la acción de llevar a cuestas lo que no solo le permitía al hombre transportar sus objetos sino mantenerlos separados del suelo –sea por cuestiones de religión o de preservación–, ahora dicho desprendimiento se logra a partir de la intermediación de una mesa o un basamento. Por consiguiente, cuando el hombre ya no busca solamente preservar sus enseres sino también y, sobre todo, a sí mismo, replica este modelo de tal forma que el recipiente se traduce en un cerramiento, la tapadera en un techo y el basamento en una terraza[156]; a este último sistema el catedrático lugués lo llama «su cabaña primitiva», en alusión y equivalencia a la de Semper[157].

Algunos ejemplos ilustrativos de esta transición los presenta Bernard Rudofksy en su exposición del MoMA, titulada *Arquitectura sin arquitectos,* en donde pone en evidencia la relación entre techos portables que protegen provisionalmente de la lluvia, ritos de mudanza de comunidades nómadas en Guinea y en Vietnam, y techos fijos; así como entre el transporte de enseres en canastas de carga y en yugos de hombro, silos y graneros suspendidos del suelo, y hórreos en Asturias y Galicia, señalando además la semejanza de estos últimos con «las capillas a "pilotis"»[158].

---

[154] Armesto, *El aula sincrónica,* p. 67.
[155] Ibid., p. 107.
[156] Id. Véase: *Arquitectura contra natura,* pp. 115-117.
[157] Ibid.
[158] «Las leyendas sostienen que los hórreos salen en la noche a pasear». Bernard Rudfosky. *Architecture without architects* (1964). Versión en español, *Arquitectura sin arquitectos* (Buenos Aires: Editorial Universitaria, 1973), p. 90.

En todo caso, el razonamiento analógico a través del cual Armesto induce analíticamente que el rito se traduce a forma, parte de la premisa fundamental de que los elementos constitutivos de ambos sistemas se mantienen, así como las relaciones que se entretejen entre ellas; a saber, la dependencia de un recipiente o un techo respecto a un apoyo, dada la utilidad del segundo para separar del suelo al primero (Fig. 151). Este es, probablemente, el razonamiento según el cual Undurraga opera al concebir el proyecto como representación física de un rito en andas; o por el contrario, a la hora de presentarlo, con el dibujo del rito como síntesis de una inferencia proyectual. En ningún caso se trata de una asociación figurativa, sino de la concepción del objeto arquitectónico como un artefacto a través del cual se gesta la materialización de un rito –o en el caso puntual de la capilla, el artefacto a través del cual se gesta su representación–.

El edificio es capilla pero a la vez es monumento, en tanto que conserva y recrea a través del movimiento la memoria de un hecho significativo ligado a la identidad del lugar: la peregrinación hacia y a través del valle, de la que participan constantemente los devotos que se dirigen procesionalmente hacia la cripta de Santa Teresa de Los Andes, y que a la vez alude directa o indirectamente al propio traslado de la urna fúnebre de la santa hasta la sede del Santuario.

La forma en que Undurraga interpreta y espacializa las acciones implícitas en los desplazamientos en andas evidencia que, al igual que en los casos previos, hay una distinción entre la actividad que el edificio resguarda –la celebración– y la que propicia a través de la experiencia que supone moverse hacia y a través de él. La diferencia fundamental entre estas dos condiciones se vuelve visible a partir de una deducción precisa, y es aquella que surge al tratar de identificar qué decisiones proyectuales respaldan mayoritariamente cada actividad.

Ninguna de las puestas en escena descritas en los casos de estudio es estrictamente necesaria a efecto de que en los edificios se lleven a cabo las funciones para las que han sido concebidos; y sin embargo son estas búsquedas –prescindibles en cuanto a la actividad litúrgica– las que dirigen los procesos de diseño de la obra, y que en cierto modo

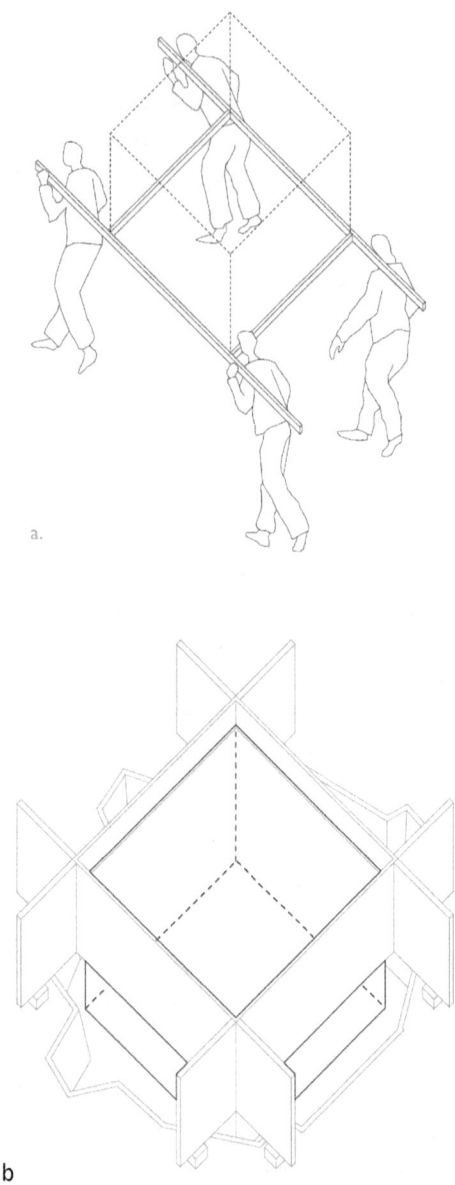

Fig.151. Capilla del Retiro. Vista axonométrica de un rito en andas y del volumen principal del edificio. Créditos: elaboración propia.

definen por qué el edificio adopta una determinada configuración. Las indagaciones referidas en cada capilla a cómo a través del movimiento de la luz y de la sombra se construye una narrativa específica, a cómo el desplazamiento del edificio transforma el espacio a través de un acto colectivo, o a cómo el edificio se suspende en el aire ante la llegada del espectador, son búsquedas proyectuales dirigidas no a la construcción de un habitáculo, sino a la construcción de una experiencia: un cierto modo de ver que el arquitecto espacializa y transmite al visitante, y que en los tres casos surge de una interpretación de las condiciones latentes del lugar. Lo que reúne a estos tres ejemplos, más allá de un uso equivalente, una semejanza de escala, una situación análoga en el paisaje o una coincidencia temporal es el hecho de que en todas ellas hay una exploración común en torno a las capacidades del espacio, más para propiciar una experiencia que para albergar una función.

LA FORMA Y SU RELACIÓN CON LA ORIENTACIÓN

La forma y su relación con el lugar

El tipo de relación que se produce entre la arquitectura y el sitio es de carácter dialéctico; resulta de la inicial confrontación que presupone la inserción de la obra en un emplazamiento determinado, bien sea porque en el proceso instaura una separación y unos límites antes inexistentes, o porque al hacerlo transforma las relaciones que previamente existen en el lugar. Como bien señala Rafael Moneo:

«Construir implica la consunción del lugar. [Y la arquitectura], se quiera o no, trae consigo siempre una cierta violencia sobre [él]» [159].

No obstante en dicha confrontación hay siempre implícita una resolución, la cual surge a partir de los múltiples mecanismos por medio de los cuales el proyecto «dialoga» con lo que lo rodea. El establecimiento de estas relaciones mutuas tiene un doble propósito: hacer ver de una forma distinta aquello que ya está allí, así como crear un sentido de unidad entre lo nuevo y lo prexistente.

Por un lado el proyecto define unos límites que lo separan física y virtualmente del contexto que lo circunda, pero también instaura una serie de vínculos que lo religan con aquello de lo que pareciera estar desligado. Como ha dicho Georg Simmel, «separar y ligar son dos caras de un mismo acto»[160]:

«El hombre que erigió por primera vez una choza [...] manifestó el poder específicamente humano frente a la naturaleza en tanto que recortó una parcela de la continuidad e infinitud del espacio y esta configuró un sentido conforme a una unidad específica. En esta medida, un trozo de espacio fue ligado en sí y [a la vez] fue separado de todo el mundo restante» [161].

En la dialéctica implícita entre la arquitectura y el sitio, la tesis corresponde al estado inicial de las cosas; es decir, a las circunstancias espaciales, geográficas y culturales que presenta un emplazamiento de forma previa a inserción de la obra, independientemente de si se trata de un contexto

---

[159] Rafael Moneo, *Inmovilidad substancial. El murmullo del lugar* (1993) en *Contra la indiferencia como norma* (Santiago de Chile: Ediciones ARQ, 1995, pp. 31-45), pp. 33.
[160] Georg Simmel, *El puente y la puerta* (1909) en *El individuo y la libertad. Ensayos de crítica de la cultura* (Barcelona: Ediciones Península, 1986), p. 31.
[161] Ibid.

rural, urbano, vacío u ocupado. La antítesis corresponde, por lo tanto, a la problematización de aquel estado inicial: en este caso, a la materialización de la obra, puesto que como hemos dicho, esta presupone una inevitable transformación de las relaciones que predefinen el lugar. En este sentido, la síntesis corresponde a la superación de esa aparente contradicción que se produce entre el emplazamiento y la obra, la cual resulta eventualmente en la conformación de un nuevo lugar. Pero así como en todo proceso dialéctico una síntesis se traduce eventualmente en el punto de partida de una nueva tesis, asimismo, en la arquitectura, cada nuevo lugar es susceptible de sufrir nuevas transformaciones mediante nuevas confrontaciones, producto de la permanente intervención humana; de ahí que podamos hablar de «infinitos» lugares a lo largo del tiempo dentro de una misma coordenada geográfica, es decir, dentro de un mismo sitio. Peter Zumthor ilustra esta circunstancia a través de la siguiente reflexión:

«Uno arroja una piedra al agua: la arena se arremolina y vuelve a asentarse. La perturbación fue necesaria y la piedra ha encontrado su sitio. Sin embargo, el estanque ya no es el mismo que antes» [162].

Con esto nos interesa destacar que el emplazamiento del proyecto no presupone un proceso pasivo: no hay una mera *dis-posición* de la obra en el sitio sino que, por el contrario, hay inicialmente una *contra-posición* entre las dos partes, y posteriormente una *com-posición*. En el sentido más literal de la palabra, *com-poner* es conformar una nueva pieza mediante la combinación adecuada de una serie variable de partes, juntadas y recolocadas con un cierto orden y sentido. Así pues, al postular que el proyecto se *com-pone* con el sitio, sugerimos que el edificio no se entiende como una pieza aislada o ensimismada, sino que se complementa con el paisaje natural y cultural que lo circunda.

El establecimiento de tales resonancias ocurre de forma previa a la ejecución de la obra, pues depende considerablemente de un reconocimiento inicial por parte del arquitecto, quien identifica en hechos y situaciones concretas del sitio posibles relaciones que inciden en la forma de la edificación. Tal reconocimiento no conduce a una respuesta inmediata; no es

---

[162] Peter Zumhtor, *Architektur Denken* (1998). Versión en español, *Pensar la arquitectura* (Barcelona: Gustavo Gili, 2004), p. 17.

un procedimiento de causa y efecto en el que ciertas circunstancias conllevan a ciertas contestaciones mecánicas. El reconocimiento del sitio es un proceso difícilmente generalizable por el hecho de que cada emplazamiento es distinto[163], y es por esto mismo que ha sido bautizado elocuentemente por Moneo como el acto de «aprender a escuchar el murmullo del lugar»[164]. Para entendernos, a lo que se refiere Moneo es a la capacidad de:

«...discernir entre aquellos atributos del lugar que deben conservarse, aquellos que deben hacerse patentes en la nueva realidad que emerge [con la aparición del objeto construido], y todos aquellos otros que sobran y que, por tanto, deben desaparecer [...]. Entender qué es lo que hay que ignorar, añadir, eliminar, transformar, etc., de las condiciones previas del solar es [un ejercicio] vital para [cualquier] arquitecto[164] [...]. «El lugar es una realidad expectante, siempre a la espera del acontecimiento que supone construir sobre él. Cuando tal [hecho] ocurra, aparecerán sus atributos ocultos»[165].

No se trataría de pensar que el arquitecto ejerce una especie de rol profético sobre el sitio, sino que con el proyecto dispone de una herramienta con la cual completar y enriquecer sus condiciones previas. El ejercicio de reconocimiento inicial solo cobra pleno sentido cuando la voluntad de lugar del arquitecto se materializa a través de la obra, y por ende pasa a ser corroborada en la vivencia individual o colectiva de otros. La puesta en escena de dichas intenciones determina el modo en que los visitantes reconocen y experimentan ese lugar nuevo, pero también quedan como evidencias del proceso de diseño –como pistas para quien investiga–, pues en la lectura conjunta de la obra y su emplazamiento pueden hallarse las claves del desarrollo proyectual.

Como hemos visto, muchas de las decisiones que rigen la composición de los tres casos de estudio solo se justifican cuando la obra se emplaza en la realidad. Al activarse los sistemas de resonancia ideados por cada arquitecto el edificio se convierte en parte indisociable del sitio,

---

[163] «Todo lugar es sagrado porque es único en relación con el universo». Yago Bonet, citado en Martí Arís, *Las variaciones de la identidad*, p. 92.
[164] Moneo. *Inmovilidad Substancial*, p. 36.
[165] Ibid., 39.

a tal punto que, una vez implantado[166], resulta prácticamente imposible imaginar el uno sin el otro. Para comprobar esta circunstancia basta con realizar un ejercicio hipotético: el de situar las tres capillas en un emplazamiento distinto al verdadero, a fin de examinar hasta qué punto se diluyen o desdibujan los hechos que las hacen singulares.

Si volvemos sobre la dicotomía de la doble utilidad de la arquitectura, queda claro que, con el escenario propuesto, las tres obras mantendrían su condición de resguardo; es decir, su capacidad de albergar las actividades para las que han sido concebidas –en este caso las actividades ligadas al culto católico–, pues sin importar el lugar en el que se encuentren, la oquedad de su forma permitiría que dentro suyo se lleve a cabo cualquier celebración. No obstante, una eventual descontextualización de la obra respecto a su entorno resultaría inevitablemente en su desorientación, y por ende, en la ruptura de muchos de los vínculos que en mayor o menor medida determinan la forma de la edificación. Esto ocurre en la medida en que hay una sobre-determinación de la forma respecto al sitio; es decir, una justificación de las decisiones proyectuales a partir de las circunstancias preexistentes, cuyo objetivo es, valga la redundancia, objetivar la forma: que se entienda que el edificio pertenece a su entorno sin que ello presuponga un proceso de mixtificación o de mímesis, sino el diálogo coherente de la obra respecto a su envoltorio natural.

En la descontextualización del objeto arquitectónico con relación a su entorno se encuentra implícita su desorientación, del mismo modo que en el escenario de una persona que se desplaza de un lugar que conoce y *re-conoce* a otro que *des-conoce*, puesto que allí, al igual que sucedería con el edificio, la desorientación de la persona estaría dada por su desvinculación respecto a unos sistemas de referencia previamente establecidos. Este contraejemplo hace evidente uno de los mecanismos fundamentales a través de las cuales la arquitectura produce orientación: su capacidad para instaurar correspondencias, referencias y relaciones mutuas, entre la forma y el lugar.

---

[166] Implantar significa poner algo en un sitio; y plantar es, en el sentido más literal de la palabra, poner algo en tierra a fin de que arraigue. En la sola afirmación de que un edificio está bien o mal implantado hay ya implícita una redundancia o contradicción, dado que la misma esencia de la operación es el arraigo de la obra al sitio.

La forma y su relación con la actividad

Las actividades humanas tienes una doble condición de dependencia respecto a la arquitectura: o bien la arquitectura sirve de soporte físico para las activadas humanas, o por el contrario, las actividades humanas surgen como resultado de la arquitectura. En el primer escenario la forma posee un carácter pasivo, en donde el edificio da cabida a una serie de actividades preestablecidas; mientras que en el segundo escenario la forma posee un carácter activo, y es el propio edificio el que induce y estimula el desarrollo de actividades no preestablecidas. Esta doble condición de causalidad entre la forma y la actividad es abordada por Martí Arís de la siguiente manera:

«Cuando una actividad se ritualiza está ya implícitamente definiendo una arquitectura, y de un modo recíproco, toda verdadera arquitectura genera una ritualización de nuestros actos» [167].

En el primer caso ocurre que, una cierta actividad, al estar regida por sistemas de reglas y relaciones previas, define ya un esquema formal que hasta cierto punto prefigura la estructura espacial de la edificación. En el segundo caso pasa lo contrario, pues es la propia forma arquitectónica la que suscita que ocurran otros acontecimientos dentro de unas pautas específicas de espacio y tiempo. Ambos escenarios no son excluyentes, y es en ese antagonismo entre la capacidad de la arquitectura para permitir e inducir a actividades que el oficio adquiere la plenitud de su sentido. A esto mismo se refiere Rossi cuando habla del diseño de una mesa o el de una casa, pues dice que el objetivo no es tanto que estas sirvan a una función determinada sino que permitan muchas[168]; de lo que se trata, para Rossi, es de que la arquitectura favorezca el desarrollo de múltiples acontecimientos[169].

Dicho esto, los espacios de culto son un ejemplo bastante ilustrativo de cómo la actividad prefigura la estructura espacial de un edificio, puesto que en ellos intervienen unos esquemas previos de distribución, relación y orientación específicos. No obstante, como ocurre en cualquier proyecto, tales

---

[167] Martí Arís, *Las variaciones de la identidad*, p. 85.
[168] Rossi, *Autobiografía científica*, p. 8.
[169] Ibid.

condiciones están sujetas a una interpretación por parte del autor, quien deliberadamente puede alterar dichos esquemas en función de determinados factores. La circunstancia que universalmente activa este proceso es, como expone Martí Arís, la radicación y pertenencia de la obra a un lugar:

«*[En un edificio] [...] –dice él– la relación con el sitio [...] impone a la regla determinados ajustes, variantes y acuerdos, que tienden a singularizarlo hasta convertirlo en parte indisociable del propio sitio*» [170].

En cierto modo el emplazamiento de una obra trae consigo unas reglas propias: componentes y relaciones previas que se contraponen a aquellas que presupone el esquema formal del que parte la edificación. La cuestión es, por ende, de qué forma el proyecto da prelación a uno u otro sistema de relaciones y bajo qué fin. La posición del altar en las tres capillas es un claro ejemplo de esta situación: en ninguna de ellas la regla de situar el altar hacia oriente predetermina la orientación del edificio, puesto que en los tres casos los arquitectos buscan dar prelación a una relación preexistente o latente del lugar: la tematización de la puesta del sol en el caso de San Bernardo, la conversión de la ladera en anfiteatro en el caso de La Milagrosa, y la continuación del trayecto procesional en el caso de El Retiro.

La razón fundamental por la que estas alteraciones se entienden como anomalías o trasgresiones reside en el hecho de que existe la posibilidad de comparar los objetos respecto a una serie de modelos previos; dicha comparación es la que permite identificar las situaciones atípicas que ocurren en los tres casos de estudio, tales como la recién mencionada *des-orientación* de los altares, la supresión deliberada de determinados componentes litúrgicos, la anulación de la separación entre el interior y el exterior, entre otros. No obstante, la detección de estas infracciones no presupone un fin en sí mismo, sino que forma parte de un proceso analítico más complejo, cuyo objetivo fundamental es develar el porqué de tales circunstancias en función de un principio de orden mayor:

«*Para comprender cualquier proyecto –dice Quetglas– lo que hay que hacer es localizar el error: cuál es la anomalía, aquello que no comprendemos; y ponernos en la posición de comprender esa absurdidad, hasta que*

---

[170] Martí Arís, *Las variaciones de la identidad*, p. 92.

lo absurdo se vuelva necesario [...]. Nos conviene siempre suponer que un autor jamás se equivoca, que en una obra jamás hay errores, y que los errores son necesidades que aún no sabemos ver» [171].

¿Cuál es, entonces, la necesidad de las anomalías en las tres capillas?

Aquello que se puede inferir a partir de las descripciones, análisis e interpretaciones realizadas a lo largo del documento, es que en los tres proyectos existe una búsqueda común orientada a fundir la actividad con el sitio; es decir, una búsqueda común por instaurar una resonancia entre los eventos y experiencias que ocurren en el espacio, y los hechos del paisaje geográfico y cultural. Esta decantación de la forma hacia el lugar en perjuicio de determinadas normativas litúrgicas no busca demeritar la experiencia religiosa sino potenciarla, mediante la tematización de los distintos atributos sensibles e inteligibles de cada lugar.

El proyecto regula dentro de unas pautas de movimiento e interacción específicas, la forma en que los visitantes experimentan el lugar: la prolongación de los tiempos de entrada mediante cambios de dirección, ascensos y descensos; el repertorio variado de juegos de ocultación y revelación del paisaje mediante encuadres, oclusiones, luces y reflejos; y los distintos medios con los que, en cada caso, la arquitectura favorece el desarrollo de una serie de acontecimientos ligados a cada sitio, hacen que los edificios sean, en paralelo a su condición de contenedores de una actividad programática, dispositivos que recrean y visibilizan una estructura de lugar antes oculta o inadvertida.

De este modo el edificio sirve como escenario de dos actividades contrapuestas: aquella en donde la arquitectura ejerce como soporte de una actividad universal prestablecida –en este caso el rito católico–, y aquella en donde la arquitectura induce a una nueva actividad que surge en la especificidad del sitio, y es la ritualización de la propia experiencia del visitante en el lugar.

La doble condición de causalidad que se produce entre la actividad y la forma es la misma que, para Claude Lévi-Strauss, surge como resultado de la con-

---

[171] Quetglas. *Eneas en Canaveses*.

formación del rito y el juego: el rito transforma los acontecimientos en estructuras, mientras que el juego transforma en acontecimientos las estructuras[172].

Aquí el «juego» no debe entenderse como una acto espontáneo o desentendido, pues al igual que el rito tiene unas condiciones particulares de tiempo y espacio, así como de interacción de los participantes dentro de unas pautas específicas de acción y movimiento. Los acontecimientos descritos pueden ser interpretados como «juegos» no porque supongan un desprendimiento de lo sagrado –pues en cada uno hay implícita una fuerte carga simbólica–, sino por el hecho de que conllevan al visitante a una experiencia temporal distinta. Para Giorgio Agamben:

«La finalidad del rito es resolver la contradicción entre pasado y presente, anulando el intervalo que los separa y reabsorbiendo todos los acontecimientos en una estructura sincrónica. El juego, en cambio, ofrece una operación simétrica y opuesta, [pues] tiende a destruir la conexión entre pasado y presente, disolviendo y desmigajando toda la estructura en acontecimientos. Si el rito es entonces una máquina [que transforma] la diacronía en sincronía, el juego es por el contrario una máquina que transforma la sincronía en diacronía» [173].

En los ritos la experiencia temporal es lineal, continua, repetitiva, fundada en una vivencia de carácter objetivo; mientras que en el juego el tiempo se experimenta a ritmos desiguales y discontinuos, fundados en una vivencia de carácter subjetivo. El edificio da cabida a ambos escenarios, dentro del mismo espacio pero no necesariamente dentro de los mismos tiempos. Si al interior se lleva a cabo una celebración litúrgica el espacio adopta el escenario de una estructura sincrónica, por el hecho de que alberga una ceremonia instaurada en la costumbre; mientras que en la experiencia que se produce a través del edificio este adopta una estructura diacrónica en donde el acontecimiento se convierte en protagonista, al ser «la apertura de la dimensión originaria en la que se funda toda dimensión espaciotemporal»[174].

---

[172] Claude-Levi-Strauss, parafraseado por Giorgio Agamben en *Infanzia e Storia* (1979). Versión en español, *Infancia e Historia. Destrucción de la experiencia y origen de la historia* (Buenos Aires: Adriana Hidalgo Editora, 2007), p. 106.
[173] Ibid., pp. 106-107.
[174] Jaime Llorente Sanz, *La experiencia entre el rito y el juego* (Prácticas Cronotópicas, Hipo 3, noviembre 2015, pp. 28-34), p. 33.

La forma y su relación con la utilidad

Hemos partido de la premisa de que la utilidad de la forma arquitectónica es doble: orienta y resguarda; sin embargo la naturaleza de esa forma varía sustancialmente según el uso de destino.

En principio, todo objeto arquitectónico es un artefacto porque es producto de una creación humana, y porque como tal se distingue de los objetos naturales. Un objeto es un artefacto en tanto que está hecho con un cierto ingenio o destreza dentro de la lógica interna de un oficio, y en tanto que sirve a una determinada función. Ahora bien, cuando dicho objeto es considerado al margen de su utilidad se entiende como un artefacto, mientras que cuando es considerado en situación, es decir, en relación con su utilidad o con quien(es) lo opera(n)[175], este pasa a ser entendido como una herramienta, un utensilio o un instrumento[176].

La utilidad de una herramienta es aplicar una determinada fuerza sobre un objeto (palas, picos, llaves, martillos), la de un utensilio, primordialmente, es almacenar o permitir la manipulación de líquidos, alimentos y otros objetos (platos, vasos, jarras, vasijas), y la de un instrumento es proporcionar una determinada información acerca del mundo (instrumentos ópticos, de medición y de navegación)[177].

Si se nos permite trazar una analogía formal entre la utilidad de estos objetos y la doble utilidad de la arquitectura, cabría la posibilidad de interpretar que la forma de la arquitectura es análoga a la de un utensilio en cuanto a su capacidad de resguardo, y a la de un instrumento en cuanto su capacidad de orientación.

Con relación al primer caso, el propio Armesto se ha encargado de evidenciar la semejanza que existe entre la concavidad de los utensilios de reco-

---

[175] La condición de dependencia del objeto respecto al sujeto es aquella que diferencia sobremanera los útiles de las máquinas, ya que las últimas están concebidas para funcionar con absoluta independencia de la interacción humana. De este modo, la idea de la arquitectura como máquina sólo tiene cabida en un sentido inhóspito –como en Vitrubio y Alberti–, figurado –como en Le Corbusier– y utópico –como en las Walking Cities de Ron Herron–.
[176] Según la *Enciclopedia de ciencias y tecnologías en Argentina* (https://cyt-ar.com.ar/cyt-ar/index.php/Herramienta,_instrumento,_utensilio,_útil).
[177] Ibid.

lecta agrícola y de las construcciones arquitectónicas, dada su mutua utilidad para guarecer a lo largo del tiempo[178]. A saber, el recipiente preserva los objetos, tanto mundanos como sagrados, mientras que la arquitectura preserva al ser humano a lo largo de su vida y más allá de su muerte[179].

Por el contrario, en lo que respecta a la utilidad ligada a la orientación, la naturaleza de la forma es de carácter instrumental[180], pues la arquitectura, en tanto que límite entre el ser humano y la naturaleza, adquiere una condición intermediaria en la forma en que las personas se relacionan con el mundo en un determinado lugar; dicha condición reside, fundamentalmente, en la capacidad de una obra para proporcionar a través del espacio una cierta información de orden visual[181] y temporal.

En primera instancia la arquitectura orienta la mirada; es un instrumento óptico, de contemplación, en tanto que designa a través la forma –en este caso a través de los distintos mecanismos de apertura y clausura del edificio, y del tipo de relación que estas establecen entre el interior y el exterior– hacia dónde podemos o debemos mirar:

«El paisaje está para ser visto. Y la arquitectura, como el ojo telescópico de la Einsteinturm, o el que encierra en su globo el Teatro de Ledoux, está para ver»[182].

---

[178] Armesto, *El aula sincrónica*, p. 108.

[179] El recipiente preserva los objetos, tanto mundanos como sagrados, mientras que la arquitectura preserva al ser humano a lo largo de su vida y muerte: «La arquitectura [...] es también un recipiente, pero lo que este recipiente contiene es al hombre mismo y, con él, a sus otros recipientes. El hombre se desea conservar por cierto tiempo y se pone, a sí mismo, en la situación que ocupan los enseres y los víveres [...] . Lo determinante no es de qué desea preservarse sino para quién [...] : el devenir, la historia, la eternidad, los dioses». Ibid.

[180] Luis Figueredo, en su tesis de maestría –trabajo con el que esta investigación comparte varias preocupaciones y puntos de partida–, ya había insinuado la condición instrumental de la arquitectura en su relación con el sitio al analogar el funcionamiento del proyecto arquitectónico con el de un sextante, utilizando como vehículo de análisis el Centro Cultural Gabriel García Márquez de Rogelio Salmona. Figueredo sustenta la analogía en la medida en que relaciona el objeto construido con el funcionamiento de un espejo fijo, y los distintos mecanismos de relación visual del proyecto respecto al sitio con el funcionamiento de un espejo móvil. Véase: Luis Figueredo, *El proyecto como instrumento de orientación. Procedimientos para la construcción del lugar en el Centro Cultural Gabriel García Márquez de Rogelio Salmona* (Bogotá: Punto Aparte, 2013).

[181] "Lo visible siempre ha sido y sigue siendo la principal fuente humana de información sobre el mundo. Uno se orienta a través de lo visible». John Berger, *Y nuestros rostros, mi vida, breves como fotos*, p. 77.

[182] Arnau-Amo, *Arquitectura, ritos y ritmos*, p. 53.

Toda visión supone a la vez una no-visión. Hay una selección tácita en la relación que la arquitectura construye con el paisaje, y que filtra la mirada hacia unos motivos concretos. En la propia raíz etimológica de la palabra «con-templar» –que quiere decir «mirar atentamente un espacio delimitado»–, ya está implícito ese sentido de selección. El término remite a los *templums* romanos, espacios de observación en los que se realizaban los augurios durante los ritos fundacionales de las ciudades[183], los cuales daban paso a la recreación del mundo en un determinado lugar. Etimológicamente hablando, un templo –un *templum*– es un mecanismo primigenio de orientación de la mirada, pues construye un sentido de lugar a través de la actividad que propicia y su resonancia con el paisaje que lo rodea.

La arquitectura «se vuelca» hacia el exterior y, al hacerlo, lo vuelve partícipe de las actividades que se llevan a cabo en el interior. Ya hemos visto que esta operación no siempre supone una exteriorización de la mirada, puesto que la arquitectura también se vale de otros medios para llevar el paisaje hacia el interior. Lo que logra la arquitectura con estos mecanismos es extender los límites virtuales de la obra, y por lo tanto ampliar el espectro de referencias con el cual el visitante interactúa. El punto en donde inicia y termina el proyecto no está determinado por los límites físicos del emplazamiento, sino que se extiende hacia los hechos del paisaje con los que se establecen puentes visuales y perceptuales, tanto en el ámbito cercano como en el lejano.

En segunda instancia la arquitectura es un instrumento de temporización; es decir, no solo orienta espacialmente a las personas en un sentido visual, sino que también lo hace en un sentido temporal. «El tiempo huye» –dice un verso célebre de las Geórgicas de Virgilio[184]–, e irrefutablemente no está dentro de las potestades humanas detenerlo. No obstante la arquitectura ofrece resistencia ante dicha coyuntura, pues como señala John Berger, si bien el tiempo tiende a ser medido de forma homogénea –con cada nuevo intervalo temporal idéntico y equivalente a todos los que le preceden[185]–, la arquitectura es capaz de producir la impresión de que el tiempo se acumula o se disipa a través de la expe-

---

[183] Véase: Joseph Rykwert, *The Idea of a Town* (1964). Versión en español, *La idea de ciudad* (Madrid: Hermann Blume, 1985).
[184] «Pero huye entre tanto, huye irreparablemente el tiempo». Virgilio, *Geórgicas*, III, 284-285.
[185] Véase: John Berger, *And Our Faces, My Heart, Brief as Photos* (1984). Versión en español, *Y nuestros rostros, mi vida, breves como fotos*, (Madrid: Nórdica Libros, 2017), p. 58-59.

riencia. «El espacio, por el hecho de demorarnos y de morar en él, retiene aunque sea de un modo ilusorio el discurrir del tiempo»[186].

Para Josep Quetglas, «la arquitectura no ocurre en el tiempo, [sino que] el tiempo ocurre en la arquitectura»[187]. Decir que la arquitectura ocurre en el tiempo es fijar un escenario en donde la obra se encuentra insertada en una línea temporal histórica, y los edificios son medidos, de modo abstracto, por la extensión de su huella vitalicia; es decir, por el tiempo acumulado que ocupan dentro de la existencia de las cosas, en donde aparecen, se transforman y desaparecen[188]. Decir, por lo contrario, que el tiempo ocurre en la arquitectura, es sugerir que no son los edificios los que ocurren en el tiempo, sino que es el tiempo el que ocurre en los edificios, y queda «espacializado».

Este sentido se mide a través de las experiencias de carácter vivencial que una persona tiene a través de una obra, la cual hace visible o cuanto menos comprensible, una cierta manifestación de orden temporal. Hemos visto a través de los tres ejemplos que la arquitectura conjura el trascurrir del tiempo mediante la dilatación del movimiento, de tres formas distintas: mediante la ritualización de los ciclos de la naturaleza, mediante la ralentización de los movimientos del visitante, y mediante la conmemoración de los hechos del pasado.

Esta misma triple distensión temporal ya había sido abordada varios siglos antes por Agustín de Hipona –más conocido como San Agustín– de un modo quizá más explicativo. Para San Agustín, pasado y futuro no habitan en la realidad sino en la mente, dado que no es posible dimensionar lo que ya no existe ni lo que aún está por existir[189]. Toda dimensión temporal está referida a un eterno presente en el cual el espíritu humano tiene la capaci-

---

[186] Ibid.
[187] Quetglas, *La danza y la procesión*, p.152.
[188] "Una obra de arquitectura envejece de modo distinto al de un cuadro. [...] El tiempo no es tan sólo pátina. [...] Con frecuencia los edificios sufren ampliaciones, incorporan reformas, sustituyen o alteran espacios y elementos, transformando la imagen, cuando no perdiéndola, que en su origen tuvieron [...] La obra de arquitectura trasciende al arquitecto, va más allá del instante en que la construcción se produce y puede, por tanto, ser contemplada a lo largo de las luces cambiantes de la historia». Rafael Moneo, *La vida de los edificios: las ampliaciones de la Mezquita de Córdoba* (1985), en el libro *La vida de los edificios: la mezquita de Córdoba, la lonja de Sevilla y el carmen de Granada* (Barcelona: Acantilado, 2017, pp. 17-51). p. 18.
[189] Véase en: Carlos Isler Soto, *El tiempo en las Confesiones de San Agustín* (Revista de Humanidades, vol. 17-18, junio-diciembre, 2008, pp. 187-199).

dad para distender el tiempo mediante una triple operación: la imaginación del futuro a través de la expectación, la dilatación del presente a través de la acción/atención, y la retención del pasado a través de la memoria[190].

En los acontecimientos ligados a la expectación el movimiento está descentrado respecto la persona. Su condición es la de un espectador, pues un expectante es, etimológicamente hablando, alguien que espera observando. En los acontecimientos ligados a la acción el movimiento es producido por la misma persona, pues su condición es la de un actor; el término, proveniente del latín *actoris,* alude a aquel que ejecuta una acción. Por último, en los acontecimientos ligados a la memoria el movimiento está recreado en la mente de la persona; aquí el individuo es alguien que recuerda, que evoca un hecho significativo del pasado: algo que ya ha ocurrido pero que se mantiene vivo a través de la memoria.

Quizá el ejemplo más ilustrativo respecto a esta triple condensación del tiempo sea el mismo con el que ha iniciado la pesquisa (FIG. 152). En el menhir se encuentran implícitas las experiencias temporales ligadas a la acción, a la expectación y a la memoria, en instancias sucesivas: el acto colectivo mediante el cual la piedra es traspasada de una condición horizontal a una vertical; la observación del movimiento de su sombra a lo largo del día y del año; y finalmente, el hecho de que la piedra conmemora la presencia de un hecho significativo.

En cada uno de estos tres escenarios, en el de su construcción, en el de su funcionamiento como gnomon y en el de su representación de un hecho del pasado, la piedra es un instrumento que formaliza un lugar a través de un acontecimiento.

Un templo, un espacio sagrado, es ese punto de intersección entre el tiempo y el espacio: entre la línea vertical que conecta el mundo de los muertos con el de los vivos y los dioses, y la línea horizontal que conecta todos los posibles lugares de la tierra[191]; «en él comparecen, como meridianos celestes proyectados sobre el suelo, el *locus* especificado por el templo y el *tempus* que lo vivifica»[192] (FIG. 153).

---

[190] Ibid.
[191] Véase: Mircea Eliade, *Das Heilige und das Profane: Vom Wesen des Religiösen* (1959). Versión en español, Lo *sagrado y lo profano* (Madrid: Guadarrama / Punto Omega, 4ta edición, 1981), pp. 24-31.
[192] Eugenio Trías, *El templo,* en *La fundación de la ciudad: mitos y ritos en el mundo antiguo* (Barcelona: Ediciones UPC, 2000, pp. 13-19), p.

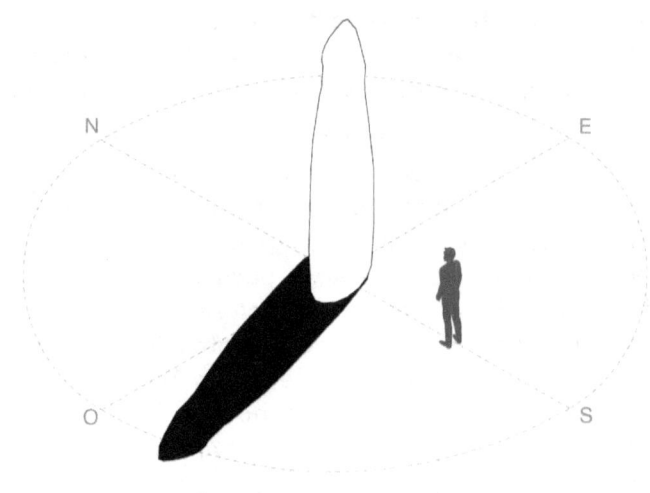

a

b   c

Fig.152. Experiencias temporales ligadas a la acción (a), la expectación (b) y la memoria (c) representadas en el objeto del menhir. Créditos: Paula Guayara.

Fig.153. Un templo, un espacio sagrado, es ese punto de intersección entre el tiempo y el espacio: entre la línea vertical que conecta el mundo de los muertos, el de los vivos y el de los dioses, y la línea horizontal que conecta todos los posibles lugares de la tierra. Menhir Jean en Belle Ile, 2008. Créditos: Remi Jouan.

BIBLIOGRAFÍA

Agamben, Giorgio. *Elogio della profanazione*. En *Profanazioni* (2005). Versión en español, *Profanaciones*. Buenos Aires: Adriana Hidalgo Editora, 2005.

Agamben, Giorgio. *Infanzia e Storia* (1979). Versión en español, *Infancia e Historia. Destrucción de la experiencia y origen de la historia*. Buenos Aires: Adriana Hidalgo Editora, 2007.

Algarín, Mario. *Arquitecturas excavadas. El proyecto frente a la construcción del espacio* (2002). Barcelona: Fundación Arquia, 2006.

Alonso de los Ríos, Silvia. *Materialidad poética. Arquitectura suiza en el entorno de los grisones. 1992-2004*. Tesis Doctoral, Departamento de Proyectos de Arquitectura, Universidad Politécnica de Madrid, 2015.

Armesto, Antonio. *Arquitectura contra natura. Apuntes respecto a la autonomía de la arquitectura con respecto a la vida, el sitio y la técnica* (2008). En *Arquitectura y naturaleza*. Alicante: CTAA, 2009, pp. 79-119.

Armesto, Antonio. *El aula sincrónica: un ensayo sobre el análisis en arquitectura*. Tesis Doctoral, Departamento de Proyectos Arquitectónicos de la Universidad Politécnica de Cataluña, 1993.

Armesto, Antonio. *Entre dos intemperies. Apuntes sobre las relaciones entre el foro y el mercado*. Revista Proyecto, Progreso, Arquitectura, 2010, N2, pp. 15-23.

Armesto, Antonio. *Indagación sobre lo analítico: los conceptos de formalidad y de autonomía en arquitectura*. Conferencia presentada en el Seminario Internacional de Investigación de Proyecto y Análisis en Arquitectura, en la Universidad Nacional de Colombia, Sede Bogotá, 25 de agosto, 2008.

Arnau-Amo, Joaquín. *72 voces para un Diccionario de Arquitectura Teórica*. Madrid: Celeste Ediciones, 2000.

Arnau-Amo, Joaquín. *Arquitectura, ritos y ritmos*. Madrid: Calamar Ediciones, 2014.

Arnau-Amo, Joaquín. *Demoras*. Conferencia presentada en la Sala de Grados Roberto García Payá de la Universitat Politècnica de València, 14 de noviembre, 2017.

Arnau-Amo, Joaquín. *Las tres emes de la arquitectura*. EGA: Expresión Gráfica Arquitectónica, 2017, Vol. 22, Núm. 31, pp. 124-131.

Barberá Pastor, Carlos. *De la Widow»s Walk a Security. Una interpretación sobre las masques de John Hejduk*. Revista Proyecto, Progreso, Arquitectura, 2018, N19, pp. 84-98.

Berger, John. *And Our Faces, My Heart, Brief as Photos* (1984). Versión en español, *Y nuestros rostros, mi vida, breves como fotos.* Madrid: Nórdica Libros, 2017.

Blundell, Peter. *Architecture and ritual: How buildings shape society.* London: Bloomsbury Publisher, 2016.

Bollnow, Otto F. *Mensch und Raum* (1951). Versión en español, *Hombre y espacio.* Barcelona: Editorial Labor, 1969.

Campo-Baeza, Alberto. *Mecanismos de arquitectura* en *Varia architectonica.* Madrid: Mairea Libros, 2016, pp. 43-52.

Cassirer, Ernst. *The Philosophy of Symbolic Forms, Volume 2: Mythical Thinking* (1923). London: New Haven, Yale University Press, 1955.

Ching, Francis D. K. *Architecture: Form, Space & Order,* (1979). Versión en español, *Arquitectura. Forma, Espacio y Orden.* Barcelona: Gustavo Gili, 2002.

De la Torre, Óscar Linares. *Precisiones sobre la luz en el Pantheon de Roma.* VLC arquitectura, Vol. 2, Issue 2, febrero de 2015, pp. 33-55.

Eliade, Mircea. *Das Heilige und das Profane: Vom Wesen des Religiösen* (1959). Versión en español, *Lo sagrado y lo profano.* Madrid: Guadarrama / Punto Omega, 4ta edición, 1981.

Espuelas, Fernando. *El claro en el bosque: reflexiones sobre el vacío en arquitectura.* Barcelona: Fundación Caja de Arquitectos, 1999.

Fernández Cobián, Esteban. *Arquitecturas de lo sagrado. Memoria y proyecto.* Oleiros: Netbiblo, 2009, pp. 206-217.

Fernández-Cobián, Esteban, *De Jean Hani a Le Corbusier: la arquitectura litúrgica y el cosmos.* En *Le Corbusier 2015-1965: modernidad y contemporaneidad.* Argentina: Editorial Diseño Editorial, 2015, pp. 88-109.

Figueredo, Luis. *El proyecto como instrumento de orientación. Procedimientos para la construcción del lugar en el Centro Cultural Gabriel García Márquez de Rogelio Salmona* (Bogotá: Punto Aparte, 2013).

Galmés Cerezo, Álvaro. *La luz del sol.* Valencia: Editorial Pre-textos, 2019.

Gastón, Cristina. *Mies: el proyecto como revelación del lugar* (2002). Barcelona: Fundación Arquia, 2005.

Giedion, Sigfried. *Architecture and the Phenomena of Transition. The Three Space Conceptions in Architecture* (1971). Versión en español, *La arquitectura, fe-*

nómeno de transición: las tres edades del espacio en arquitectura. Barcelona: Gustavo Gili, 1975.

Giedion, Sigfried. *The Eternal Present: The Beginnings of Art and The Beginnings of Architecture.* Oxford: Oxford University Press. 1962.

Gil, Paloma. 1999. *El templo del siglo XX.* Barcelona: Ediciones del Serbal.

Gottarelli, Antonio. *Contemplatio: Templum solare e culti di fondazioni.* Bologna: Te.m.pl.a., 2013.

Hannah, Robert. *Time in Antiquity.* London Routlege, 2009.

Hejduk, John. *The Collapse of Time and other diary constructions.* Londres: Architectural Association, 1986.

Holl, Steven. *Questions of Perception: Phenomenology of Architecture* (2007). Versión en español, *Cuestiones de percepción: fenomenología de la arquitectura.* Barcelona: Gustavo Gili, 2011.

Iodice, Francesco. *Cavitâ e limite.* Siracusa: Lettera Ventidue Edizioni, 2015.

Isler Soto, Carlos. *El tiempo en las Confesiones de San Agustín.* Revista de Humanidades, vol. 17-18, junio-diciembre, 2008, pp. 187-199.

Kiesler, Frederick. *Pseudo-Functionalism in Modern Architecture.* Partisan Review, XVI, 7, Julio de 1949, Nueva York.

Le Corbusier, *Prólogo Americano* en *Précisions sur un* état *présent de l»architecture et de l»urbanisme* (1930). Versión en español, *Precisiones.* Barcelona: Apóstrofe, 1999.

Llorente Sanz, Jaime. *La experiencia entre el rito y el juego.* Prácticas Cronotópicas, Hipo 3, noviembre 2015, pp. 28-34.

Martí Arís, Carlos. *El concepto de transformación como motor del proyecto* (1997). En *La cimbra y el arco.* Barcelona: Fundación Caja de Arquitectos, 2005, pp. 39-51.

Martí Arís, Carlos. *Las variaciones de la identidad. Ensayo sobre el tipo en arquitectura* (1993). Barcelona: Fundación Arquia, 2014.

Martí Arís, Carlos. *Pabellón y patio: elementos de la arquitectura moderna.* dearquitectura, 2008, Núm. 02, pp. 16-27.

Martienssen, Rex D. *The Idea of Space in Greek Architecture* (1956). Versión en español, *La idea del espacio en la arquitectura griega.* Buenos Aires: Ediciones Nueva Visión, 1977.

Martínez, Luis. *El árbol, el camino, el estanque, ante la casa.* Barcelona: Fundación Caja de Arquitectos, 2004.

Moneo, Rafael. *Inmovilidad substancial. El murmullo del lugar* (1993). En *Contra la indiferencia como norma.* Santiago de Chile: Ediciones ARQ, 1995, pp. 31-45.

Moneo, Rafael. *La vida de los edificios: la mezquita de Córdoba, la lonja de Sevilla y el carmen de Granada.* Barcelona: Acantilado, 2017.

Muñoz, María Teresa. *Escritos sobre la invisibilidad: arquitectura y ocultación.* Madrid: ABADA Editores, 2018.

Naranjo, Carlos, *Pensar a través de las cosas: el origen de la arquitectura como artefacto cultural.* Tesis de Maestría, Master of Science in Architecture, University of Pennsylvania, 2003.

Norberg-Schulz, Christian. *Architettura occidentale. Architettura come storia di forme significative* (1973). Versión en español, *Arquitectura occidental.* Barcelona: Gustavo Gili, 1999.

Norberg-Schulz, Christian. *Genius loci: towards a phenomenology of architecture.* New York: Rizzoli Publications, 1979.

Piaget, Jean, *Le développement de la notion de temps chez l»enfant (*París: PUF, 1946).

Plazaola, Juan. *El arte sacro actual.* Madrid: BAC, 1965.

Quetglas, Josep. *Breviario de Ronchamp.* Madrid: Ediciones Asimétricas, 2017.

Quetglas, Josep. *Eneas en Canaveses.* Conferencia presentada en la Fundación Serralves en Oporto, en el marco del ciclo de conferencias titulado «The Álvaro Siza Talks – Discursos sobre arquitectura». 17 de julio de 2018.

Quetglas, Josep. *La danza y la procesión. Sobre la forma del tiempo en la arquitectura de Rafael Moneo* (1992). En *Artículos de Ocasión.* Barcelona: Editorial Gustavo Gili, 2004, pp. 141-159.

Quetglas, Josep. *Les heures claires: Proyecto y arquitectura en la Villa Savoye de Le Corbusier y Pierre Jeanneret.* Massilia. Associació d'idees. Centre d»Investigations Estètiques. Sant Cugat del Vallés, 2008.

Quetglas, Josep. *Miscelánea* (1998). En *Artículos de Ocasión.* Barcelona: Editorial Gustavo Gili, 2004, pp. 227-243.

Rossi, Aldo. *A Scientific Autobiography,* (1981). Versión en español, *Autobiografía Científica.* Barcelona: Gustavo Gili, 2019.

Rossi, Aldo. L»architettura della Città (1966). Versión en español, La arquitectura de la ciudad. Barcelona: Gustavo Gili, 1982.

Rudfosky, Bernard. Architecture without architects (1964). Versión en español, Arquitectura sin arquitectos. Buenos Aires: Editorial Universitaria, 1973.

Rudofksy, Bernard. The Prodigious Builders: Notes Toward a Natural History of Architecture with Special Regard to those Species that are Traditionally Neglected or Downright Ignored. New York: Harcourt, 1977.

Rykwert, Joseph. The Idea of a Town (1964). Versión en español, La idea de ciudad. Madrid: Hermann Blume, 1985.

Simmel, Georg. El puente y la puerta (1909) en El individuo y la libertad. Ensayos de crítica de la cultura. Barcelona: Ediciones Península, 1986.

Simmel, Georg. Philosophie der Landschaft (1913). Versión en español. Filosofía del paisaje. Madrid: Casimiro, 2014.

Siza, Álvaro. Architecture Writings. Milán: Skira, 1977.

Trías, Eugenio. El templo. En La fundación de la ciudad: mitos y ritos en el mundo antiguo. Barcelona: Ediciones UPC, 2000, pp. 13-19.

Vallespín, Aurelio; Cervero, Noelia y Cabodevilla, Ignacio. Los collages de la Casa Resor de Mies van der Rohe como transparencia fenomenal arquitectura. EGA: Expresión Gráfica Arquitectónica, 2017, Vol. 22, Núm. 31, pp. 140-149.

Wright, Frank Lloyd. An Autobiography (1943). Versión en español, Autobiografía 1867-1944. Madrid: El Croquis, 1998.

Zumhtor, Peter. Architektur Denken (1998). Versión en español, Pensar la arquitectura. Barcelona: Gustavo Gili, 2004.

www.ingramcontent.com/pod-product-compliance
Lightning Source LLC
Chambersburg PA
CBHW020049170426
43199CB00009B/220